Vlastimil KOZON

Norbert FORTNER

(Herausgeber)

Kompetenz in der Pflege

ÖGVP Verlag
Wien 2012

Das Buch wurde mit der Unterstützung
von folgenden Firmen gedruckt:

A. MENARINI - Diagnostics GmbH, Wien
ConvaTec (Austria) GmbH, Wien
3M Österreich GmbH, Perchtoldsdorf
KCI - AUSTRIA GmbH, Wien
Schülke & Mayr GmbH, Wien
Smith & Nephew GmbH, Schwechat

Alle Beiträge in diesem Buch wurden fachlich rezensiert.

ISBN 978-3-9502178-5-8

Inhaltsverzeichnis

Vorwort

In den letzten Jahren wird allgemein mehr über die Kompetenz als über die Qualifikation in der Berufsausbildung und in der Berufspraxis gesprochen. Kompetenzen sind in einem Beruf mit der Ausübung bestimmter professioneller Tätigkeiten verbunden. Fachkompetenz bedeutet die Fähigkeit, berufstypische Aufgaben in bestimmten Rahmenbedingungen optimal zu bewältigen. Unter beruflichen Kompetenzen sind dann konkreter die fachlichen Kenntnisse, Fertigkeiten, Einstellungen, Zusammenhänge, vernetztes Denken und Handeln sowie Erfahrungen zu verstehen. Die Grundlagen der Fachkompetenz werden in der sogenannten theoretischen und praktischen Berufsausbildung vermittelt. Die verschiedenen Stufen der Fachkompetenz werden aber erst durch das lebenslange Lernen und Handeln erreicht.

Demographische Veränderungen und der damit steigende Anteil an chronisch Kranken haben die Anforderungen an die Gesundheits- und Krankenpflege in den letzten Jahren stark verändert. Als größte Gruppe im Gesundheitswesen hat die Pflege – nach vielen Jahrzehnten Hilfstätigkeit für die Medizin – den Sprung in die Eigenständigkeit geschafft. Für Gesundheit und Lebensqualität unserer PatientInnen ist heutzutage nicht nur die vielzitierte „Spitzenmedizin", sondern auch eine „Spitzenpflege" notwendig. Die Gesundheits- und Krankenpflege nimmt durch ihre zentrale Position im Gesundheits- und Sozialsystem eine entscheidende Rolle ein. Gleichzeitig sieht sie sich zunehmend mit der Frage konfrontiert, ob ihre Kompetenzen im Berufsalltag effektiv eingesetzt sind, inwieweit das Bildungsangebot für Pflegeberufe zu reformieren ist und welche Maßnahmen dem wachsenden Fachpersonalmangel entgegenzusetzen sind.

Pflegekompetenzen werden stets angesprochen und herausgefordert. Im Pflegealltag begegnen wir immer wieder neuen Herausforderungen, denen wir uns stellen müssen. Deshalb sind wir auch gefordert, uns mit unseren Fähigkeiten und Verhaltensweisen auseinanderzusetzen und selbst Möglichkeiten zur Weiterentwicklung zu ergreifen. Wir müssen auch anhaltend unser Wissen und Handeln reflektieren und daraus lernen.

Vaskuläre Erkrankungen wie beispielsweise die arterielle Verschlußkrankheit und die damit verbundenen chronischen Einschränkungen für PatientInnen erfordern zunehmend eine Spezialisierung mit entsprechender Fachkompetenz der Pflegenden in diesem, sowie in allen anderen Bereichen der Pflege. Dies verlangt stets aktuelles Wissen und Fähigkeiten für den Pflegealltag, um den anhaltend wachsenden Herausforderungen gerecht zu werden. Die Gesundheits- und Krankenpflege ist eine verantwortungsvolle, kreative, anspruchsvolle, professionelle Tätigkeit, die lebenslanges Lernen und Kompetenz erfordert.

In diesem Buch sind verschiedene hochaktuelle Themen beschrieben. Die Thematik der österreichischen „Fürsorgeschwester" und der „Gesundheits- und Krankenschwester Public Health" sind in einem historischen Kontext exemplarisch dargestellt. Dazu passt auch die Analyse und das Konzept der Familiengesundheitspflege in einer Region in Österreich. Weitere interessante Themen sind in diesem Buch veröffentlicht: Implementierung des Expertenstandards, eine bisher nicht beachtete „Dekubitusentstehungsursache", ethische Entscheidungen am Lebensende, Schlüsselindikatoren für die PatientInnenzufriedenheit, Palliative Care sowie das diabetische Fußsyndrom, Wundinfektionen und Wundheilungsstörungen, Einfluss von Übergewicht in der Schwangerschaft bzw. die wenig untersuchte Thematik der Männer in der Pflege. All diese Buchbeiträge können zur Erweiterung des Wissens und damit der Pflegekompetenz dienen. Insbesondere die ethische Kompetenz hat eine große praktische Relevanz für die Pflege. Es sind die tagtäglichen Handlungen und Entscheidungen mit den PatientInnen über Gesundheit und Krankheit, Sinn des Lebens, Lebensqualität, Autonomie, Haltung zum Sterben und Tod, die unsere Kompetenzen herausfordern. Diese ethische Kompetenz der Pflegefachpersonen hat Auswirkungen auf die Praxis aller anderen Gesundheitsberufe und die professionelle Pflege spielt hier eine Schlüsselrolle. Für die Gesundheits- und Krankenpflege sind große Herausforderungen im Gesundheitswesen zu erwarten. Viele Probleme und Sorgen von PatientInnen und pflegenden Angehörigen ließen sich durch professionelle Hilfe und Beratung relativ einfach beheben. Dazu brauchen wir optimierte Organisationsstrukturen, Personalressourcen, kontinuierliche Fort- und Weiterbildungen und praxisorientierte Spezialisierungen der Pflegenden.

Die gesellschaftlichen Strukturen haben sich in den letzten Jahren für die Pflege allmählich verbessert. Deshalb ist es notwendig die Pflegehandlungen zu optimieren, um die bestmöglichen Ergebnisse für unsere PatientInnen, die unser Gesundheitssystem derzeit ermöglicht, zu erreichen. Dazu braucht die professionelle Pflege eine ständige Weiterentwicklung ihrer Kompetenzen.

Vlastimil KOZON
Norbert FORTNER

Wien, im Januar 2012

Die österreichische „Fürsorgeschwester" und die „Gesundheits- und Krankenschwester Public Health"
Bemühungen um die Zusammenführung von Pflege, Prävention und Gesundheitsförderung vor hundert Jahren und heute

ELISABETH SEIDL, ILSEMARIE WALTER
WIEN

I. Vor einem Jahrhundert: die Fürsorgeschwester in Österreich

Einleitung

Mitten im Ersten Weltkrieg, im Jahr 1916, wurde in Österreich eine Weiterbildung für diplomierte Krankenpflegerinnen geschaffen. Die Absolventinnen sollten befähigt werden, als sogenannte „Fürsorgeschwestern" auf allen Gebieten der öffentlichen Gesundheitspflege tätig zu sein.[1] Insbesondere das häufige Auftreten von Tuberkulose,[2] auch unter Soldaten, hatte einen erhöhten Bedarf an Fürsorge und Prävention zur Folge, und man sah in den Pflegerinnen, die an den ab Ende des Jahres 1913 errichteten staatlichen Krankenpflegeschulen ausgebildet wurden, ein gutes Potential für diese Aufgabe. Analog zur Krankenpflege war die Stellung der Fürsorgeschwester als „Hilfskraft des Arztes" festgelegt. Die Weiterbildungskurse sollten zunächst an den öffentlichen Krankenpflegeschulen in Wien, Prag und Triest stattfinden. Ihre Dauer war mit sechs Monaten festgesetzt, doch war eine Verlängerung geplant. Die Teilnehmerinnen mussten eine Abschlussprüfung ablegen und erhielten ein Zeugnis. Zur Durchführung der Praktika sollten die Krankenpflegeschulen an Fürsorgeeinrichtungen angeschlossen werden.

---

[1] Erlass des k. k. Ministeriums des Innern vom 7. August 1916, Z.7582/S, an die politischen Landesbehörden in Wien, im Küstenland und in Prag. ÖStA/AVA, Min.d.Innern, Allgem. Varia, Sanitätsakten, Kt.2987, 6.951S/1917

[2] Vgl. E. Dietrich-Daum, 2007, 233-249

Eine Definition dieser „Fürsorgeschwester" finden wir im 1917 erschienenen Lehrbuch für Krankenpflegeschulen von Teleky: „Wir verstehen darunter eine gelernte Krankenpflegerin, die nicht ausschließlich mit der Pflege von Kranken beschäftigt ist, sondern im Auftrage einer Behörde oder Organisation auf dem gemeinsamen Gebiete der öffentlichen Gesundheitspflege und der sozialen Fürsorge tätig ist, wobei sie die Vermittlerin zwischen den unbemittelten Kranken und seinen Angehörigen einerseits, der in Betracht kommenden Behörde andererseits zu sein hat."[3] Nach Teleky sind die wichtigsten Aufgabenbereiche der Fürsorgeschwester die Säuglings- und Kinderfürsorge, die Bekämpfung der Tuberkulose und die Bekämpfung des Alkoholismus. In ländlichen Gebieten, in denen die Tätigkeiten weniger spezialisiert sein konnten, sollte sie als Gemeindeschwester wirken.

Nicht einmal zehn Jahre später bemerkte Obersanitätsrat Dr. Lamberger auf der Zweiten Konferenz der Rotkreuzgesellschaften von Mittel- und Osteuropa, die im Mai 1925 in Wien abgehalten wurde, zu dieser Weiterbildung zur Fürsorgeschwester trocken an: „Dieser Weg ist jedoch in praxi verlassen worden."[4] Schwester Wadowska, die in einer Fürsorgestelle in Wien tätig war, widmete dieser Tatsache auf derselben Konferenz eine längere Passage: „Sehr schön waren die Anfänge, die in dieser Hinsicht im Jahre 1917 gemacht wurden. Das Volksgesundheitsamt veranstaltete damals Kurse mit einer Dauer von 6-9 Monaten. Man stand dabei auf dem ganz richtigen Standpunkt, dass zur Ausübung des Berufs einer Tuberkulosefürsorgerin Kenntnisse aus dem Krankenpflegeberufe sehr notwendig wären, und es wurden zu diesen staatlichen Kursen in erster Linie diplomierte Krankenpflegerinnen zugelassen. Leider ist das im Verlaufe der nächsten Jahre anders geworden. Die Kurse wurden aus Mangel an Geld aufgegeben, und die so schön begonnene Sache verlief im Sande. Viele der ausgebildeten Kräfte kehrten wieder zur Krankenpflege zurück."[5]

Diese Entwicklung wirft eine Reihe von Fragen auf: Was war inzwischen geschehen? Wieso sind der österreichischen Pflege Aufgaben der Prävention und Gesundheitsförderung, die man ihr damals anvertraut hatte und die sie heute wieder als Teil ihres Tätigkeitsbereichs begreift, so rasch wieder verloren gegangen? Wie verlief die Entwicklung in den anderen Nachfolgestaaten der Österreichisch-Ungarischen Monarchie? Antworten auf diese Fragen können in diesem Beitrag nur angedeutet werden.

Die Weiterbildungskurse für Fürsorgeschwestern

Im Erlass des Ministeriums des Innern, der die Errichtung ständiger Sonderkurse zur Ausbildung berufsmäßiger Krankenpflegerinnen zu Fürsorgeschwestern anordnete, wird ausdrücklich auf den Erlass vom 10. März 1913, Z. 3006/M.I., Bezug genommen, mit dem die Errichtung von Krankenpflegeschulen propagiert worden war. Dort hieß es bereits, „dass durch geschultes Pflegepersonal auch wichtige Interessen der

---

[3] L. Teleky, 1917, 93-94
[4] Lamberger, 1925, 206
[5] Wadowska, 1925, 197-198

öffentlichen Wohlfahrt gefördert werden könnten, wie z. B. Säuglingsschutz und Jugendfürsorge, wirksame Abwehr von Infektions- und Volkskrankheiten – zumal der Tuberkulose –, Fürsorge für Bresthafte, Hebung der sanitären Verhältnisse auf dem Lande überhaupt.[6] In den späteren Bestimmungen über Schlussprüfung und Zeugnisse wird präzisiert, für welche Arbeitsplätze die Absolventinnen in erster Linie gedacht waren: „Durch die staatliche Prüfung für berufsmäßige Fürsorgeschwestern wird der Nachweis der fachlichen Eignung für die berufsmäßige Ausübung sozialer Fürsorgetätigkeit auf allen Gebieten der öffentlichen Gesundheitspflege (insbesondere für den Dienst in Tuberkulosefürsorgestellen, Trinkerfürsorgestellen und Säuglingsfürsorgestellen, für die Verwendung als Hilfskraft im Epidemiedienste und als Gemeindepflegerin) erbracht."[7]

Dass diese Kurse „Sonderkurse" und nicht etwa „Fortbildungskurse" genannt wurden, hatte einen besonderen Grund. Die Bezeichnung „Fortbildungskurse" trugen nämlich bereits die einjährigen Lehrgänge an den Krankenpflegeschulen, mit denen schon längere Zeit im Berufsleben stehende Krankenpflegerinnen befähigt werden sollten, die Diplomprüfung nachzuholen. Es handelte sich dabei ursprünglich um eine für fünf Jahre geplante Übergangsregelung, die sich in der Folgezeit jedoch zu einer Art „zweitem Bildungsweg" entwickelte.[8]

Prinzipiell waren die Fürsorgekurse für diplomierte Krankenpflegerinnen gedacht. Zum Zeitpunkt ihrer Einrichtung war deren Anzahl jedoch noch sehr gering, da die staatliche Krankenpflegeausbildung in Österreich erst 1914 gesetzlich geregelt worden war.[9] Aus diesem Grund wurde eine mindestens dreijährige praktische Tätigkeit in der Pflege ebenfalls als Aufnahmevoraussetzung anerkannt. Die Forderung, dass der Ausbildung zur Fürsorgeschwester eine Ausbildung oder zumindest längere Erfahrung in der Pflege vorausgehen müsse, war jedoch von Anfang an nicht unumstritten. So lehnte sie etwa der Oberstadtphysikus von Wien, August Böhm, mit dem Argument ab, dass der Kreis potentieller Bewerberinnen für die Kurse zu klein sei, um den Bedarf decken zu können.[10]

Sehr bald nach der Einführung der Kurse musste man sich auch mit der Frage beschäftigen, wie bereits länger in der Fürsorge arbeitende Schwestern nachgeschult werden könnten. Dieses Problem betraf ebenso die nicht aus der Pflege kommenden Fürsorgerinnen. Verschiedene Lösungen wurden angeordnet oder vorgeschlagen, etwa, dass nicht alle Lehrveranstaltungen besucht werden müssen oder dass besondere Abendkurse veranstaltet werden sollen.[11]

---

[6] Erlass des k. k. Ministeriums des Innern vom 7. August 1916, Z.7582/S, wie oben
[7] Erlass des k. k. Ministeriums des Innern vom 26. Juli 1917, Z. 3191/S, in: Das österreichische Sanitätswesen, 1917, 29, 27-52, 977-981
[8] Vgl. I. Walter, 1998, 44-50
[9] Vgl. G. Dorffner, 2000, 129-168
[10] Vgl. Ohne Autor, 1918b, 5
[11] Vgl. Erlass des k. k. Ministeriums des Innern vom 29. März 1918, Z. 801/S, in: Das österreichische Sanitätswesen, 1918, 30, 1-26, 171; ÖStA/AdR, BMfsV/Volksgesundheit, Krankenpflege, Kt.1710, 26.823/1921 und 19.318/1921

An der Krankenpflegeschule am Wiener Allgemeinen Krankenhaus wurden in der Zeit vom Frühjahr 1917 bis 1920 nachweislich mindestens fünf Kurse für Fürsorgeschwestern abgehalten, die von insgesamt 75 bis 80 Krankenpflegerinnen absolviert wurden. Die genauesten Angaben sind vom zweiten Kurs erhalten, der von Oktober 1917 bis April 1918 stattfand. Einer Namensliste der insgesamt 19 Teilnehmerinnen lassen sich Vorbildung, Alter und Herkunft der Pflegerinnen entnehmen. Die meisten von ihnen (nämlich 12 Personen) hatten das Krankenpflegediplom in den Jahren 1915 bis 1917 an der Krankenpflegeschule des Wiener Krankenanstaltenfonds am Allgemeinen Krankenhaus erworben.[12] Zwei Personen hatten in Deutschland eine Pflegeausbildung absolviert, die restlichen fünf wiesen eine längere praktische Tätigkeit in der Pflege auf. Das Alter der Teilnehmerinnen lag zwischen 25 und 37 Jahren. Sie waren nicht nur in verschiedenen Gegenden des heutigen Österreich (Wien, Steiermark, Kärnten, Tirol) geboren, sondern auch in Böhmen, Mähren, Galizien und dem heutigen Slowenien.[13]

Auch beim ersten Kurs vom Jänner bis Juni 1917 waren die meisten Teilnehmerinnen Pflegerinnen, die das Krankenpflegediplom an der Schule des Wiener Allgemeinen Krankenhauses oder an der Schule des Roten Kreuzes in Wien erworben hatten. Eine Teilnehmerin hatte die Pflegeausbildung an der Krankenpflegeschule „La Source" in Lausanne/Schweiz absolviert.[14] In den dritten Kurs (ab Mitte 1918) wurden auch in der Säuglingspflege ausgebildete Krankenpflegerinnen aufgenommen.[15]

Die Absolventinnen dieser Kurse arbeiteten an Tuberkulosefürsorgestellen, referierten auf einschlägigen Tagungen, schrieben Artikel über Fürsorgethemen oder unterrichteten an Fürsorgeschulen. Über einige konnten Unterlagen gefunden werden. Karin Hasserück, Absolventin des ersten Kurses, war als leitende Fürsorgerin der Fürsorgestelle für Lungenkranke in Graz tätig. Charlotte Beichler und Theresia Brückmann arbeiteten an der Tuberkulosefürsorgestelle des Vereins „Settlement" in Wien-Ottakring. Eleonore Hecht war Lehrschwester der nur kurz bestehenden staatlichen Fürsorgeschule in Wien.[16] Berta (Hermine) Schwarzott war Fürsorgeschwester im Bezirk Gmunden in Oberösterreich.[17]

Absolventinnen aus den Nachfolgestaaten der Monarchie hatten in ihren Heimatländern teilweise führende Positionen in Pflege und Fürsorge inne. In Slowenien sind Jožica (Josefine) Bezlaj, geboren am 1. 3. 1880 in Laibach/Ljubljana, Paula Boneš, geboren am 4. 1. 1888 in Radkersburg/Radgona und Olga Cvahte, geboren am 12. 7.

---

[12] Zu dieser Schule vgl. G. Dorffner, 2000, 116-128; V. Kozon, 2006, 17-30; V. Kozon, 2011, 155-158

[13] ÖStA/AVA, Min.d.Innern, Allgem. Varia, Sanitätsakten, Kt.2987, 8.421S/1917

[14] ÖStA/AVA, Min.d.Innern, Allgem. Varia, Sanitätsakten, Kt.2987, 7.234S/1917 bei 2.228S/1918

[15] Vgl. Ohne Autor, 1918a, 156

[16] Siehe weiter unten

[17] Vgl. K. Hasserück, 1921, L. Beichler, 1919 und 1921, L. Beichler et al. 1920, B. Schwarzott, 1925, E. Kugler, B. Schwarzott, 1920 und 1921, ÖStA/AdR, BMfsV/Volksgesundheit, Krankenpflege, Kt.1710, 19.898/1921 (für Hecht)

1883 in Gonobitz/Slovenske Konjice bekannt.[18] In der Tschechoslowakei organisierte Božena Březinová (am 18. 11. 1890 in Krchleby bei Gaya/Kyjov in Mähren geboren und in Österreich als Beatrix Brezina geführt) zunächst an der tschechischen Krankenpflegeschule in Prag einen einjährigen Kurs zur Ausbildung von Kinderschwestern. Im Jahr 1920 war sie für einige Monate Oberin der Schule, dann fuhr sie zu einem für drei Jahre geplanten Studienaufenthalt in die USA, den sie wegen einer schweren Erkrankung abbrechen musste. Im Jahr 1925 starb sie.[19] Es konnte allerdings noch nicht mit letzter Sicherheit festgestellt werden, ob Březinová den Weiterbildungskurs abgeschlossen hat oder schon früher von der Oberin der tschechischen Krankenpflegeschule, Františka Fajfrová, nach Prag geholt wurde, um dort zu arbeiten. Tschechische Quellen erwähnen diese Fürsorgeausbildung nicht.

Der von 1917 bis 1919 bestehende Berufsverband, dessen Vorsitzende die Oberin des Allgemeinen Krankenhauses, Helene Sternberg, war, nannte sich „Fachverband der diplomierten Krankenpflegerinnen und Fürsorgeschwestern Österreichs". Er gab eine Zeitschrift mit dem Titel „Fachzeitschrift für Krankenpflegerinnen und Fürsorgeschwestern" heraus. Schriftleiterin war Hanna Katz, die zunächst Lehrschwester am Allgemeinen Krankenhaus, dann am Wilhelminenspital war, wo sie später Schuloberin wurde.

Der Lehrplan der Kurse für Fürsorgeschwestern an der Krankenpflegeschule am Allgemeinen Krankenhaus in Wien enthielt einen allgemeinen und einen speziellen Teil. Ersterer umfasste Gegenstände wie etwa „Soziale Fürsorge in der öffentlichen Gesundheitspflege" oder „Allgemeine Hygiene (unter besonderer Berücksichtigung der Wohnungshygiene) mit Übungen in der Technik der Wohnungsinspektion". Die speziellen Gegenstände waren in zwei Gruppen eingeteilt. Eine erste Gruppe hatte den Fokus auf Maßnahmen zur Bekämpfung übertragbarer Krankheiten, insbesondere der Tuberkulose und der Geschlechtskrankheiten sowie des Alkoholmissbrauchs. Die Gegenstände der zweiten Gruppe waren der Säuglings- und Kinderfürsorge sowie dem Mutterschutz gewidmet. Das von der Schule ausgestellte Zeugnis mit dem vollständigen Lehrplan ist im Anhang dieses Beitrags zu finden.

Ursprünglich war die Abhaltung solcher Kurse für Fürsorgeschwestern auch an der Krankenpflegeschule des Roten Kreuzes in Wien geplant. Das Rote Kreuz war vom Kriegsministerium in die Tuberkulosebekämpfung eingebunden worden, da die große Anzahl tuberkulosekranker Soldaten dem Ministerium Anlass zu Besorgnis gab. Daneben wurde auch befürchtet, der aus der Tuberkulose resultierende Geburtenausfall könnte die Schlagkraft künftiger Armeen schwächen.[20] Es bewarben sich jedoch nicht genügend Rotkreuz-Schwestern für diese Kurse, so dass denen, die Interesse hatten, ermöglicht wurde, die Kurse an der Krankenpflegeschule am Allgemeinen Krankenhaus zu besuchen.[21]

---

[18] Persönliche Mitteilung von Majda Šlajmer Japelj vom 23. 2. 2011
[19] Vgl. M. Staňková, 2001, 27
[20] Vgl. E. Dietrich-Daum, 2007, 247-251
[21] ÖStA/AVA, Min.d.Innern, Allgem. Varia, Sanitätsakten, Kt.2986, 8.667S/1916, 9.859S/1916 und 1.805S/1918

In Prag existierten seit 1916 zwei Krankenpflegeschulen, eine deutsche und eine tschechische. Es ist sehr wahrscheinlich, dass auch hier solche Kurse stattgefunden haben. An der deutschen Schule wurde der erste sechsmonatige Kurs zur Ausbildung von Fürsorgeschwestern für den Beginn mit Anfang April 1918 ausgeschrieben, aufgenommen wurden sowohl weltliche wie geistliche Krankenpflegerinnen.[22] Für die tschechische Schule konnten nur einige eher vage Hinweise gefunden werden.[23] Die Statthalterei für Triest erklärte sich zur Abhaltung der Kurse bereit, suchte jedoch um eine Sondergenehmigung für das „Küstenland" an, und zwar sollten auch Bewerberinnen mit Hebammendiplom oder dem Reifezeugnis einer Lehrerinnenbildungsanstalt aufgenommen werden dürfen. Die Verhandlungen zogen sich hin, durch das Kriegsende und den Zerfall der Monarchie wurde die Angelegenheit gegenstandslos.[24]

„Public Health Nursing" in der Zwischenkriegszeit

Die Fragen nach den Beziehungen zwischen Krankenpflege und Fürsorge in Österreich sind vor dem Hintergrund der internationalen Entwicklung von Public Health Nursing in der Zwischenkriegszeit zu sehen. Brieskorn-Zinke macht darauf aufmerksam, dass diese Entwicklung in den einzelnen Ländern teilweise sehr unterschiedlich verlief, was nicht nur mit den unterschiedlichen Bedürfnissen der betroffenen Bevölkerung, sondern auch mit dem zu einem bestimmten Zeitpunkt gegebenen Stand der professionellen Entwicklung der Pflege und der angrenzenden Berufe wie etwa Sozialarbeit oder Geburtshilfe zusammenhing. Insbesondere in den USA waren die Professionalisierungsbestrebungen in der Pflege stark darauf ausgerichtet, wichtige Aufgaben im ambulanten Bereich zu erobern.[25]

Länderübergreifende Vergleiche werden durch die Tatsache erschwert, dass die einzelnen Berufsbezeichnungen wie „Public Health Nurse" oder „District Nurse" etc. nicht nur schwer zu übersetzen sind, sondern auch innerhalb eines Sprachraums nicht immer einheitlich gebraucht wurden und werden. Zu beachten ist auch, dass „Public Health" im angelsächsischen Sprachraum die inhaltlichen, im deutschen Sprachraum jedoch die strukturellen bzw. institutionellen Aspekte der Gesundheitssicherung umschreibt.[26] Interessanterweise wird dann, wenn in der englischsprachigen Literatur der Zwischenkriegszeit von der österreichischen „Fürsorgerin" die Rede ist, fast immer das deutsche Fremdwort gebraucht. Man war sich also offensichtlich dessen bewusst, dass Übersetzungen zu Fehlschlüssen führen könnten.

---

[22] Vgl. Ohne Autor, 1918c

[23] ÖStA/AVA, Min.d.Innern, Sanitätsakten, Indices 1917 und 1918, Ohne Autor, 1918a, 156, V. Kafková, 1992, 19

[24] ÖStA/AdR, BMfsV/Volksgesundheit, Krankenpflege, Kt.1618, 3.830/1919 bis 3.833/1919

[25] Vgl. M. Brieskorn-Zinke, 2007, 18-21

[26] Vgl. a.a.O., 16-17 bzw. 14. Zu Public Health Nursing in den USA vgl. auch M.S. Gardner, 1926

International (und analog dazu auch in Österreich) wurden in der Zwischenkriegszeit im Zusammenhang mit „Public Health Nursing" und der dazugehörigen
Ausbildung vor allem zwei prinzipielle Fragen diskutiert. Die erste Frage war: Welche
Aufgaben im Bereich des öffentlichen Gesundheitswesens bzw. des Fürsorgewesens
werden am besten von Pflegepersonen ausgeführt? Oder – je nach Interessenslage
– anders gefragt: Sind für eine Tätigkeit als Fürsorgerin Kenntnisse in Krankenpflege
nötig? Wie verschieden diese Frage beantwortet wurde, zeigt unter anderem die unterschiedliche Entwicklung in den USA und Großbritannien. In den USA war Mitte
der 1930er Jahre die Absolvierung einer Pflegeausbildung eine unbedingte Voraussetzung für eine Spezialisierung in Public Health Nursing. In Großbritannien war
hingegen nur die „district nurse" eine ausgebildete Pflegeperson mit einer einjährigen
Zusatzausbildung, während die „health visitors" keine Pflegepersonen sein mussten,
sondern eine zweijährige Ausbildung mit sozialer, erzieherischer und präventiver
Ausrichtung absolvierten.[27]

Die zweite Frage bezog sich darauf, was sinnvoller ist, eine allgemeine Ausbildung
für alle Zweige der Fürsorge oder Spezialausbildungen wie etwa für Tuberkulose- oder
Säuglingsfürsorge. Beide Fragen wurden dadurch kompliziert, dass sich der Bedarf
an Fürsorge in der Großstadt anders darstellte als in ländlichen Gegenden. Während
in der Großstadt eine Spezialisierung ohne weiteres zielführend sein konnte ebenso
wie es kein Problem war, wenn ein Teil der in der Fürsorge tätigen Arbeitskräfte keine
Kenntnisse in Krankenpflege hatte, bestand in ländlichen Gebieten ein dringender
Bedarf an „Allroundkräften", die für gesunde wie für kranken Menschen sorgen
konnten und sich in allen Spezialgebieten auskannten.

Eine wichtige Rolle bei der Verbreitung der Idee von Public Health Nursing in den
Ländern Europas spielten die internationalen Kurse, die ab 1920 am Bedford College
for Women der University of London abgehalten wurden. Die Liga der Rotkreuzgesellschaften hatte nach dem Ersten Weltkrieg nicht nur ein umfassendes Hilfsprogramm
für die gesundheitlich schwer leidende Bevölkerung vieler Staaten gestartet, bei dem
Public Health Nursing eine wichtige Rolle spielte, sondern 1920 auch eine internationale Ausbildung in Public Health Nursing ins Leben gerufen. Für Pflegepersonen aus
zehn Ländern, die besonders unter den Kriegsfolgen litten – darunter auch Österreich
– wurden Stipendien zur Verfügung gestellt.[28]

Andere Fürsorgeausbildungen in Österreich

Ebenfalls noch zur Zeit der Österreichisch-Ungarischen Monarchie entstand in Wien
auch eine Spezialausbildung für „Fürsorgeschwestern für die Mutter-, Säuglings- und
Kleinkinderfürsorge" an der 1911 gegründeten Reichsanstalt für Mutter- und Säuglingsfürsorge in Wien-Glanzing. Die Ausbildung dauerte zunächst neun Monate,

---

[27] Vgl. I. Kalnins, 1999, 49
[28] Zu den internationalen Kursen am Bedford College for Women vgl. I. Kalnins, 1999; Ohne
    Autor, 1936; OStA/AdR, BMfsV/Volksgesundheit, Krankenpflege, Kt.1710, 16.602/1921

später ein Jahr und endete mit einer Diplomprüfung.[29] Im Jahr 1921 wurden jährlich 40 Schülerinnen ausgebildet; insgesamt hatten in diesem Jahr bereits mehr als 150 Schülerinnen die Ausbildung absolviert. In der slowenischen Pflegegeschichte hat sich Angela Boškin, die mit großer Wahrscheinlichkeit noch in der Zeit der Monarchie diese Schule absolviert hat, einen Namen als Fürsorgeschwester („skrbstvena sestra") gemacht.[30]

Schon etwas früher waren aus privater Initiative Lehrgänge geschaffen worden, in denen Fürsorgerinnen unabhängig von einer Krankenpflegeausbildung unterrichtet wurden. Die erste solche Einrichtung waren die „Vereinigten Fachkurse für Volkspflege", die Ilse Arlt 1912 in Wien ins Leben rief.[31] In Graz hatte der „Allgemeine deutsche Frauenverein" 1915 zum ersten Mal „Fürsorgekurse der deutschen Frauen" veranstaltet. Deren Absolventinnen wurden zunächst ebenfalls als „Fürsorgeschwestern" bezeichnet, da der Lehrplan auch pflegerische Inhalte und Praktika beinhaltete. Diese Kurse fanden großen Anklang und entwickelten sich im Laufe der Jahre zur „Staatlichen Fürsorgeschule in Graz".[32] Allerdings war die Bezeichnung „staatliche Schule" nicht ganz korrekt, wie das Ministerium für soziale Verwaltung im Jahr 1924 bemerkte, da die Schule nur zum Teil vom Staat finanziert wurde.[33]

1916 begann die „Social Caritative Frauenschule der Katholischen Frauenorganisation für Wien und Niederösterreich", später als Schule der Caritas der Erzdiözese Wien geführt, ihre Tätigkeit.[34] An dieser Schule kritisierte im Jahr 1921 der Leiter der staatlichen Fürsorgeschule in Wien, dass nur ein relativ geringer Teil der Unterrichtsstunden den eigentlichen Fürsorgegegenständen gewidmet war. Einen größeren Anteil hatten Fächer wie etwa Bibelkunde, Kirchengeschichte, christliche Glaubens- und Sittenlehre oder Chorgesang.[35] Im Jahr 1918 wurde auch eine „Evangelische Soziale Frauenschule" gegründet.[36]

Ab 1917 existierten in Wien Fachkurse in Jugendfürsorge (vermutlich auch in Tuberkulosefürsorge), die im Rahmen einer geplanten „Akademie für Soziale Verwaltung der Stadt Wien" veranstaltet wurden. Harmer spricht genauer von „Fachkursen zur Heranbildung eigener Fürsorgerinnen und zur Weiterbildung bereits berufstätiger Erzieherinnen in Tagesheimstätten aller Art". Im Jahr 1921 wurden dann die einzel-

---

[29] Vgl. L. Moll 1918, 1919 und 1926; ÖStA/AdR, BMfsV/Volksgesundheit, Krankenpflege, Kt.1851, 47.916/1924, gedrucktes Statut der Reichsanstalt für Mutter- und Säuglingsfürsorge in Wien; ÖStA/AVA, Min.d.Innern, Allgem. Varia, Sanitätsakten, Kt.2969, Kinderfürsorge in genere, 1.360S/1918, S.29 und 33-34.

[30] Persönliche Mitteilung von Majda Šlajmer Japelj vom 23. 2. 2011; vgl. Ohne Autor, 1999, S.148

[31] Vgl. W. Steinhauser, ca.1993, 112-116

[32] Zur Grazer Schule vgl. insbes. ÖStA/AdR, BMfsV/Volksgesundheit, Krankenpflege, Kt.1765, 11.231/1922 und W. Steinhauser, ca.1993, 110

[33] ÖStA/AdR, BMfsV/Volkgsgesundheit, Tuberkulose, Kt.1980, 14.829/1924 (bei Konvolut 58.147/1929)

[34] Vgl. ausführlich W. Steinhauser, ca. 1993; B. Pichl, 1925

[35] M. Winter, 1921, 52

[36] Vgl. W. Steinhauser, ca. 1993, 110

nen Kurse dieser Akademie zu einer zweijährigen Ausbildung für Fürsorgerinnen vereinigt.[37]

In der Ersten Republik entstanden weitere Schulen oder Lehrgänge für Fürsorgerinnen. Im Jahr 1922 wurde die Fürsorgeschule des Landes Niederösterreich in Baden errichtet, die bis 1930 bestand.[38] In Linz begann 1926 die Landespflege- und Fürsorgeschule Riesenhof des Landes Oberösterreich ihre Tätigkeit,[39] es dürfte jedoch auch schon zu Beginn der 1920er Jahre in Linz Fürsorgekurse gegeben haben.[40] Im Jahr 1927 plante auch das Kärntner Landesjugendamt, eine Landesfürsorgeschule in Klagenfurt einzurichten.[41] Diese Pläne dürften allerdings nicht realisiert worden sein, da Steinhauser in seiner Geschichte der Sozialarbeiterausbildung keine Kärntner Schule erwähnt.

Eine gesetzliche Regelung der Ausbildung in der Fürsorge gab es auch in den folgenden Jahren nicht,[42] was immer wieder beklagt wurde. Damit wurde auch keine klare Abgrenzung zwischen gesundheitlicher (sozialhygienischer) und sozialer (sozialpädagogischer) Fürsorge getroffen. Erschwert dürfte eine solche Abgrenzung auch die Tatsache haben, dass sich Ärzte für beide Arten von Fürsorge zuständig fühlten. So sagte etwa der Arzt Theodor Altschul bei einer Besprechung im Auftrag der Gesundheitsbehörde: „Es gibt keinen einzigen Zweig der sozialen Fürsorge, namentlich der sozialen Jugendfürsorge, in welchem der Arzt nicht die entscheidende Stimme hat. Wir Ärzte dürfen uns nicht das Heft aus den Händen winden lassen und müssen die Aufgaben stellen, welche die soziale Fürsorge zu erfüllen hat."[43] Nicht aus der Pflege kommende Fürsorgerinnen wehrten sich gegen diesen Machtanspruch der Ärzte.[44]

Nur kurz soll hier erwähnt werden, dass es auch in den anderen deutschsprachigen Ländern, in Deutschland und in der Schweiz, „Fürsorgeschwestern" gab. Am genauesten arbeitet dies Daniel Gredig für die Schweiz am Beispiel der Tuberkulosefürsorgestelle Basel heraus. Dort war Louise Probst 1910 die erste fix angestellte Fürsorgeschwester, eine Krankenschwester mit Pflegeausbildung an der Schweizer Pflegerinnenschule in Zürich und in Berlin. Sie wurde zwar in einem zeitgenössischen Dokument als „zur Fürsorgeschwester ausgebildet" bezeichnet, doch konnte es sich dabei, wie Gredig bemerkt, um keine formale Fort- oder Weiterbildung in Fürsorge handeln, da eine solche für Krankenschwestern in der deutsch- wie in der französischsprachigen Schweiz erst wesentlich später, nämlich im Jahr 1922, eingeführt wurde.[45] Bei anderen von Gredig erwähnten Schweizer „Fürsorgeschwestern" konnte nicht ein-

---

[37] Vgl. M.D. Simon, 1995; dies., 2004, 3; W. Steinhauser, ca. 1993, 110; A. Harmer, 1948, 239
[38] Vgl. ÖStA/AdR, BMfsV/Volksgesundheit, Krankenpflege, Kt.1941, 58.437/1928; W. Steinhauser, ca.1993, 110
[39] Vgl. W. Steinhauser, ca.1993, 185-190
[40] ÖStA/AdR, BMfsV/Volksgesundheit, Index 1921 und 1922
[41] ÖStA/AdR, BMfsV/Volksgesundheit, Krankenpflege, Kt.1918, 70.704/1927
[42] Z. B. ÖStA/AdR, BMfsV/Volksgesundheit, Krankenpflege, Kt.1941, 23.243/1928
[43] ÖStA/AVA, Min.d.Innern, Allgem. Varia, Sanitätsakten, Kt.2969, Kinderfürsorge in genere, 1.360S/1918, 36
[44] Vgl. M.D. Simon, 1995, 18
[45] Vgl. D. Gredig, 2000, 173-175

deutig festgestellt werden, ob sie eine Ausbildung in Krankenpflege absolviert hatten, oder sie waren Krankenschwestern ohne zusätzliche Kenntnisse in Fürsorge. In Bezug auf andere Tuberkulosefürsorgestellen aus der Zeit um 1907 ist von „Fürsorgerinnen" die Rede, eine Bezeichnung, die auch in der Darstellung, die Gredig von der weiteren Entwicklung in Basel gibt, immer häufiger wird. Viele von ihnen haben eine soziale Frauenschule oder eine ähnliche Ausbildungseinrichtung besucht.

Für Deutschland verwendet Sylvelyn Hähner-Rombach in ihrer „Sozialgeschichte der Tuberkulose" die Ausdrücke „Fürsorgeschwester" und „Fürsorgerin" mehr oder minder synonym. In den Quellenzitaten aus dem ersten Viertel des 20. Jahrhunderts ist fast immer von „Fürsorgeschwestern" die Rede, doch ist nicht ersichtlich, ob dies ein Hinweis auf eine Krankenpflegeausbildung der betreffenden Personen ist.

Das Ende der Ausbildung zur Fürsorgeschwester am Wiener Allgemeinen Krankenhaus

Nach den Wirren des Kriegsendes und dem Zusammenbruch der Österreichisch-Ungarischen Monarchie wurden die staatlich verordneten Weiterbildungskurse für Fürsorgeschwestern an der Schule im Wiener Allgemeinen Krankenhaus zunächst weitergeführt. Der vierte Kurs (Dezember 1918 bis Juli 1919) und der fünfte (Schluss-prüfung am 25. 2. 1920) fielen bereits in die Zeit der Ersten Republik. Beim fünften Kurs ist nicht ersichtlich, wann er begonnen hat; möglicherweise hat er in verkürzter Form stattgefunden. Bereits im Dezember 1918 hatte der Fachverband energisch gegen ein Sinken des Niveaus nicht nur bei den diplomierten Schwestern, sondern auch bei den Fürsorgeschwestern protestiert.[46] Und im März 1919 hatte der Fachverband der diplomierten Krankenpflegerinnen und Fürsorgeschwestern Österreichs das Staatsamt für soziale Fürsorge eindringlich ersucht, von Plänen, Kurse für Fürsorgerinnen mit viermonatiger Kursdauer zu veranstalten, Abstand zu nehmen.[47]

Der sechste Kurs war für Herbst 1919 ausgeschrieben, doch ergaben sich Proble-me, als überraschend die Bedingungen geändert wurden. Die Kosten für Wohnung und Verköstigung sollten nicht mehr wie bisher vom Volksgesundheitsamt getragen werden, und auch weitere Vergünstigungen wurden gestrichen. Es sollen sich bereits viele Bewerberinnen, zum größten Teil diplomierte Schwestern, gemeldet haben, von denen die meisten jedoch ihr Gesuch zurückziehen mussten, als sie von den geänderten Bedingungen erfuhren. „Schließlich sollte im Frühjahr doch ein Kurs begonnen werden, aber er ist jetzt wieder so lange hinausgeschoben worden, daß eine zweckmäßige Einteilung des Unterrichtes nicht mehr möglich ist", äußerte sich Teleky bei einer Diskussion am II. Deutschösterreichischen Tuberkulosetag am 25. April 1920.[48] Der Kurs wurde zwar am 20. April 1920 mit den Worten „Demnächst

---

[46] ÖStA/AdR, BMfsV/Volksgesundheit, Krankenpflege, Kt.1591, 3.186/1918
[47] ÖStA/AdR, BMfsV/Volksgesundheit, Krankenpflege, Kt.1618, 7.937/1919
[48] L. Teleky, 1920b, 151. Vgl. auch Ohne Autor, 1920, 39

beginnt im Allgemeinen Krankenhaus ..." angekündigt, wobei Wohnung und volle Verpflegung wieder unentgeltlich sein sollten. Es ist aber sehr fraglich, ob er tatsächlich stattgefunden hat, da es zu dieser Zeit beim Volksgesundheitsamt bereits Pläne zu einer Fürsorgeausbildung in anderer Form gab.

Als diese Pläne – die zunächst nicht näher beschrieben werden – Anfang 1920 bekannt wurden, meldeten die in der Bezirkszentrale für die Bekämpfung der Tuberkulose in Wien vereinigten Fachorganisationen Bedenken an. Sie fürchteten, zu wenig ausgebildete Fachkräfte für die Erfüllung ihrer Aufgaben zu bekommen und stellten den Antrag, die Kurse sollten den Bestimmungen des Erlasses vom 7. August 1916 entsprechend weitergeführt werden.[49] Zur gleichen Zeit erschien in der Fachzeitschrift für Krankenpflegerinnen und Fürsorgeschwestern ein Artikel zur Reform der Krankenpflegerinnen- und Fürsorgerinnenausbildung, für den die Fürsorgeschwestern Lotte Beichler und Eleonore Hecht, Hanna Katz und Ludwig Teleky, Geschäftsführer des Österreichischen Zentralkomitees zur Bekämpfung der Tuberkulose, verantwortlich zeichneten.[50] Hanna Katz hatte vor ihrer Pflegeausbildung am Wiener Allgemeinen Krankenhaus die Fürsorgeschule von Ilse Arlt besucht und besaß daher auch Kenntnisse auf dem Gebiet der Fürsorge. Die Debatten um die Fürsorgeschwesternausbildung spielten sich hauptsächlich im Rahmen der Tuberkulosebekämpfung ab, da für die Säuglings- und Kinderfürsorgeausbildung die oben erwähnte Schule an der Reichsanstalt für Mutter- und Säuglingsfürsorge ihre Kurse anbot und dabei sehr erfolgreich war.

Im Herbst 1920 verwirklichte das Volksgesundheitsamt am Ministerium für soziale Verwaltung seine eigenen Ideen. Mit einem Erlass vom 8. September 1920 wurde beschlossen – Julius Tandler war zu dieser Zeit Unterstaatssekretär im Volksgesundheitsamt – in Wien eine staatliche Fürsorgeschule zu errichten. Als Begründung wurde angegeben, dass die soziale Fürsorgetätigkeit ausgestaltet werden müsse, die bisherige Schulung jedoch nicht genügend einheitlich sei.

Es hat den Anschein, dass mit dieser Regelung ein Kompromiss verfolgt werden sollte zwischen der Fürsorgeausbildung als Weiterbildung für Krankenpflegerinnen und der Ausbildung von Fürsorgerinnen als eigenem Beruf. Die neue Schule sollte nämlich zwei Zweige (Abteilungen genannt) umfassen. In der sogenannten sozialhygienischen Abteilung sollten mindestens 24 Jahre alte Krankenpflegerinnen für die Städte und das Land zu Fürsorgeschwestern geschult werden, die dann in der Tuberkulosefürsorge, der Mutter- und Säuglingsfürsorge usw. arbeiten könnten. Aufnahmebedingung war entweder ein Krankenpflegediplom oder eine Lehrbefähigungsprüfung für Volksschulen oder Haushaltungsschulen plus hinreichender Erfahrung in der Krankenpflege in einem Krankenhaus. Die Ausbildung sollte ein Jahr dauern und kein Schulgeld verlangt werden. Diese Abteilung sollte bereits Ende Oktober 1920 eröffnet werden.

In der zweiten Abteilung, der „allgemeinen Abteilung", die offensichtlich für später vorgesehen war, sollte als Voraussetzung eine über das Ausmaß der dreiklassigen Bürgerschule hinausgehende Allgemeinbildung und eine einjährige entgeltliche praktische Tätigkeit an staatlichen geeignet befundenen Fürsorgeanstalten verlangt werden. Als

---

[49] ÖStA/AdR, BMfsV/Volksgesundheit, Fonds-Krankenanstalten, Kt.1651, 2.837/1920
[50] Vgl. L. Beichler et al., 1920

Mindest-Eintrittsalter waren 20 Jahre vorgesehen, die Dauer der Ausbildung sollte zwei Jahre betragen.[51]

Für das Internat der Schule wurden Räumlichkeiten im Schwesternheim des Roten Kreuzes gemietet.[52] Eine Analogie zu dieser Ausbildung in zwei Varianten findet sich übrigens ein Jahrzehnt später in einem Lehrgangsangebot am Krankenhaus der Stadt Wien in Wien-Lainz, die für Diätschwestern (mit vorherigem Krankenpflegediplom) und Diätassistentinnen (bei denen höhere Schulbildung gewünscht wird) angeboten wurde.[53] Diese Entwicklung ist jedoch noch unerforscht.

Der neuen Fürsorgeschule war jedoch kein langer Bestand beschieden. Der Lehrgang in der sozialhygienischen Abteilung dürfte nur ein- bis höchstens zweimal stattgefunden haben, die allgemeine Abteilung vermutlich überhaupt nicht eröffnet worden sein. Im Jahr 1921 hatte die Schule insgesamt 11 Schülerinnen, davon 8 diplomierte Krankenpflegerinnen.[54] Am 11. September 1922 schrieb die Direktion der staatlichen Fürsorgeschule in Wien an das Bundesministerium für soziale Verwaltung: „Die Befürchtung, die die Direktion in ihrem Berichte vom 30. VI. 1922, Z: 21 geäußert hatte, daß die unzulänglichen Besoldungsverhältnisse der angestellten Fürsorgerinnen die Aufstellung des neuen Jahrganges erschweren werden, haben sich leider erfüllt. Es wiederholten sich die Fälle, daß vorsprechende Bewerberinnen auf Grund der wahrheitsgemäßen Aufklärung über die Aussichten nach Absolvierung der Schule sofort erklärten, dass sie unter diesen Umständen von ihrem Plane absehen müßten. Im ganzen liefen trotzdem 17 schriftliche Ansuchen ein. Trotz der Erweiterung der Aufnahmsbedingungen gegenüber denen des ersten Jahrganges kommen von diesen höchstens fünf in Betracht und selbst bei diesen fünf Bewerberinnen lässt sich nicht mit Sicherheit behaupten, daß ihre Ausbildung sehr viel versprechend ist. Infolgedessen kann der neue Jahrgang nicht aufgestellt werden. Die Direktion muß nochmals betonen, daß nach ihrem Dafürhalten nur die mangelnde einheitliche Ordnung des Fürsorgewesens und die unzureichende Besoldung ihrer Angestellten die Ursache ist. Die Direktion bittet daher um die Ermächtigung, am 1. Oktober vierteljährlich die Wohnräume im Roten-Kreuz Schwesternheim zu kündigen und ersucht zu diesem Zwecke um die Überweisung eines Betrages von 170.000 Kronen." Das Ministerium gab die Bewilligung zur Kündigung. [55]

Sucht man nach den Gründen für das rasche Ende einer für die Pflege so vielversprechenden Entwicklung, ist es nützlich, sich auch mit der Entwicklung der Tuberkulosebekämpfung in den letzten Jahren der Österreichisch-Ungarischen Monarchie zu beschäftigen. In diesen Jahren forcierte das Ministerium des Innern die Einrichtung von Fürsorgestellen zur Bekämpfung der Tuberkulose.[56] Gegen Mitte des

---

[51] Erlass des Ministeriums für soziale Verwaltung/Volksgesundheit vom 8. Sept. 1920, Z.20.723/ V.G.A. ÖStA/AdR, BMfsV/Volksgesundheit, Krankenpflege, Kt.1662, 23.046/1920; vgl. auch E. Dietrich-Daum, 2007, 257-259

[52] ÖStA/AdR, BMfsV/Volksgesundheit, Krankenpflege, Kt.1710, 19.898/1921

[53] Vgl. Ohne Autor, 1930

[54] M. Winter, 1921, 52

[55] ÖStA/AdR, BMfsV/Volksgesundheit, Krankenpflege, Kt.1765, 24.711/1922

[56] Vgl. Ohne Autor, 1917

Jahres 1918 berichteten die Statthaltereien bzw. Landesregierungen der einzelnen
Länder dem k. k. Ministerium des Innern über den aktuellen Stand. Die einzelnen
Behörden schildern dabei ihre Bemühungen zur Bekämpfung der Tuberkulose, aber
auch zahlreiche Hindernisse, die sich diesen Anstrengungen und der Einrichtung von
Fürsorgestellen entgegenstellten. Öfters wird dabei auch auf die Fürsorgeschwestern
bzw. Fürsorgerinnen Bezug genommen. Als Hindernisse für die Tuberkulosebekämpfung werden insbesondere genannt: Ärztemangel und deren Überlastung infolge des
Krieges, Mangel an Interesse an der sozialen Fürsorge von Seiten der Ärzte, Mangel
an geschulten Fürsorgeschwestern sowie deren schlechte Bezahlung, Platzmangel
und das Fehlen ausreichender finanzieller Mittel. Besonders aufschlussreich für
unser Thema ist der Bericht der niederösterreichischen Statthalterei. Darin heißt
es u.a.: „Allerdings kann nicht verschwiegen werden, dass bei vielen Aerzten das
Verständnis für die Bedeutung der Fürsorgestellen im Kampfe gegen die Tuberkulose
noch ganz fehlt oder zumindest nicht in ausreichendem Masse (sic) vorhanden ist.
Dies zeigte sich bei einer am 17. Mai l. J. stattgefundenen Sitzung der Aerztekammer
für N. Oe. mit Ausnahme von Wien, bei welcher sich die Kammermitglieder gegen
die Errichtung von Fürsorgestellen aussprachen, da sie in diesen eine Schädigung
ihres Ansehens und eine Beeinträchtigung der Privatpraxis durch Kurpfuscherei der
Fürsorgeschwestern befürchteten. Von dieser, ihrer vorgefassten Meinung ließen sie
sich durch Aufklärungen des anwesenden Vertreters des Sanitätsdepartements nicht
abbringen und stellten eine an das Ministerium des Innern zu richtende diesbezügliche Eingabe in Aussicht."[57]

Nimmt man alle erreichbaren Dokumente zusammen, so kommt man zum Schluss,
dass nicht mangelndes Interesse österreichischer Pflegepersonen der Grund für die
Einstellung der Weiterbildung zur Fürsorgeschwester war, sondern dass offensichtlich
einige Gründe für deren Scheitern zusammengekommen sind, die im Folgenden kurz
dargestellt werden.

• Die Sparmaßnahmen des Volksgesundheitsamtes in der wirtschaftlich extrem
schwierigen Situation der Nachkriegszeit bewirkten, dass sich viele potentielle
Bewerberinnen die Weiterbildung nicht mehr leisten konnten.
• Ebenso war die Bezahlung der Arbeitskräfte in der Fürsorge und damit der materielle Anreiz, sich dafür auszubilden, äußerst niedrig, was sowohl in den Akten als
auch in der Literatur immer wieder erwähnt wird. Teleky spricht sogar über das
„Elend" der Fürsorgerin.[58]
• Die Zeit, die für die Ausbildung in Krankenpflege und anschließend für die Weiterbildung zur Fürsorgeschwester aufgewendet werden musste, war insgesamt lang.
Dies gilt insbesondere für Wien, da im Jahr 1920 die Dauer der Pflegeausbildung
an allen Wiener Schulen auf drei Jahre verlängert worden war und die Gesamtzeit
daher ungefähr vier Jahre betragen hätte. Für die Weiterbildung zur Fürsorgeschwester an der Wiener staatlichen Fürsorgeschule mussten sich die bereits im

---

[57] ÖStA/AVA, Min.d.Innern, Allgem. Varia, Sanitätsakten, Tuberkulose in specie, Kt.3156,
5.453S/1918, bei Konvolut 6.221S/1918
[58] Vgl. L. Teleky, 1920a, 97

Beruf stehenden Pflegerinnen unbezahlten Urlaub nehmen,[59] was sich viele nicht leisten konnten. Für die Grazer Fürsorgeschule, in der keine Vorbildung in Pflege verlangt wurde, scheint es leichter gewesen zu sein, von verschiedenen Stellen Stipendien zu erhalten.[60]

- Die Berufsgruppe der Fürsorgerinnen, die nicht aus der Pflege kamen, kämpfte um den Status eines eigenen Berufs. Für die Mädchen und Frauen aus bürgerlichen Kreisen, die sich für einen Beruf ausbilden wollten, war die Ausbildung zur Fürsorgerin auf direktem Weg vermutlich attraktiver, als sich zunächst zur Pflegerin auszubilden, deren Status in Österreich äußerst niedrig war. Insbesondere die Absolventinnen der Schule von Ilse Arlt verfügten über eine höhere Vorbildung und wurden spöttisch „Hofratstöchter" genannt.[61] Die österreichische bürgerliche Frauenbewegung förderte die Pflege als Beruf wenig, eher noch den Fürsorgeberuf, am meisten jedoch gewerbliche und hauswirtschaftliche Ausbildungen sowie allgemeinbildende Einrichtungen – auch wenn der Wiener Frauen-Erwerb-Verein schon Ende der 1860er Jahre die Errichtung einer Schwesternschule für Mädchen des Mittelstandes ins Auge gefasst hatte, ein Vorhaben, das nicht verwirklicht wurde.[62]

- Bei der Etablierung der Ausbildung zur Fürsorgeschwester im Jahr 1916 spielte zweifellos die prekäre Situation auf dem Gebiet der Tuberkulosebekämpfung eine wichtige Rolle, auch wenn die Schwestern für alle Zweige der Fürsorge ausgebildet werden sollten. Für die Tuberkulosefürsorge galten gute pflegerische Kenntnisse als unumgänglich. In eingeschränktem Maß galt dies auch für die Säuglings- und Kleinkinderfürsorge. Wenn andere Schwerpunkte wie etwa die Kinder- und Jugendfürsorge an Bedeutung gewannen, traten – insbesondere in der Großstadt, wo sich die Aufgaben leichter auf spezialisierte Berufe aufteilen ließen – pflegerische Aspekte in den Hintergrund.

- Die Ärzte als wichtigste Berufsgruppe im Gesundheitswesen in Österreich haben die Weiterbildung zu Fürsorgeschwestern nicht durchwegs unterstützt. Vor allem die praktischen Ärzte sahen im Gegenteil in gut ausgebildeten pflegerischen Fachkräften, die abseits der Überwachung im Krankenhaus ihre Tätigkeit ausübten, eine unangenehme Konkurrenz (siehe oben). Diese Animosität galt allerdings nicht nur den Fürsorgeschwestern, sondern – ähnlich wie in Deutschland[63] – auch den Fürsorgestellen als Institution und den dort angestellten Ärzten. In der Fürsorge tätige Ärzte wie Ludwig Teleky haben sich hingegen für die Fürsorgeschwestern eingesetzt.

---

[59] ÖStA/AdR, BMfsV/Volksgesundheit, Krankenpflege, Kt.1710, 21.164/1921 und 2.911/ 1921

[60] Z. B. ÖStA/AdR, BMfsV/Volksgesundheit, Tuberkulose, Kt.1980, 3.067/1920, bei Konvolut 58.147/1929

[61] Vgl. M.D. Simon, 1995, 17

[62] Vgl. M. Friedrich, 1999, 198; dies., 1991/92, 276 u. 288-289

[63] Vgl. S. Hähner-Rombach, 2000, 243-248

Die Rotkreuzkonferenz in Wien im Jahr 1925

Die Übergangssituation in den 1920er Jahren, als einerseits in Österreich wie in anderen Nachfolgeländern der Monarchie noch zahlreiche Zusammenhänge zwischen Pflege und Fürsorge existierten, andererseits sich viele der in der Fürsorge arbeitenden Personen bereits als eigene Berufsgruppe verstanden, zeigt anschaulich die Tagung, die die Rotkreuzgesellschaften von Mittel- und Osteuropa im Mai 1925 in Wien abhielten. Die Anregung dazu soll von „Pflegerinnen und Fürsorgerinnen der österreichischen Grenzländer", insbesondere der Tschechoslowakei, ausgegangen sein.[64] Als Vermittlerin zwischen der Liga der Rotkreuzgesellschaften und den Oberinnen des Rudolfinerhauses und des Wiener Allgemeinen Krankenhauses trat Marianne Danko auf, die von 1909 bis 1912 die Pflegeausbildung im Rudolfinerhaus absolviert und 1921/22 als erste Österreicherin den internationalen Lehrgang in Public Health Nursing am Bedford College in London besucht hatte.[65] Der Tagungsband erschien in Paris mit dem Zusatz „Kommission für das Pflegewesen". Auf der Veranstaltung wurden Vorträge sowohl über Pflege und Pflegeausbildung wie über Fürsorgearbeit und Fürsorgeausbildung gehalten, wobei auch innerhalb des Fürsorgethemas eine große Bandbreite bestand mit verschiedenen Schwerpunkten wie Säuglings- und Kleinkinderfürsorge oder Tuberkulosefürsorge. Die ReferentInnen kamen aus Bulgarien, Deutschland, Griechenland, Jugoslawien, Österreich, Polen, Rumänien, der Tschechoslowakei und Ungarn. Einige Länder waren jedoch nur mit der Krankenpflege vertreten.

Am deutlichsten ist die noch bestehende Verbindung von Pflege und Fürsorge in den Referaten über die Situation der Fürsorge in der Tschechoslowakei zu erkennen. In Prag existierte einerseits seit 1919 eine Höhere Schule für soziale Fürsorge, die auch von einer Reihe von diplomierten Krankenpflegerinnen besucht wurde.[66] Andererseits hatten die beiden Referentinnen auf der Tagung, Julie Molnárová und Marie Anzenbacherová, nach dem Erwerb des Krankenpflegediploms an der staatlichen Krankenpflegeschule in Prag die Ausbildung in „Public Health Nursing" am Bedford College in London absolviert. Sie sprechen mit großer Selbstverständlichkeit von der Fürsorgeschwester oder von der Schwester in der Fürsorgearbeit. Molnárová berichtet, dass von den 116 diplomierten Krankenschwestern, die im Absolventinnenverband der tschechischen staatlichen Krankenpflegeschule zusammengeschlossen waren, 29 in der öffentlichen Gesundheitspflege arbeiteten.[67] Neben der Pflege bei Krankheiten nahmen Prävention und Beratung in der praktischen Arbeit der Schwestern einen großen Raum ein. Einige wie Marta Anna Šindlerová oder Jarmila Roušarová hatten wichtige Positionen im öffentlichen Gesundheitsdienst inne.[68] Bei dieser Entwicklung

---

[64] Brief vom 1. 6. 1924 von Marianne Danko an die Oberin des Rudolfinerhauses Alice Pietzker; Archiv des Rudolfinerhauses, Personalakt Danko. Zur Vorbereitung der Konferenz vgl. auch ÖStA/AdR, BMfsV/Volksgesundheit, Heilanstalten, Kt.1846, 61.382/1924

[65] Vgl. Archiv des Rudolfinerhauses; Personalakt Danko, sowie Ohne Autor, 1936, 17

[66] Vgl. M. Staňková, 2001, 17

[67] Vgl. J. Molnárová, 1925, 102

[68] Vgl. H.-P. Wolff, 2004, 243-244 und 264-265; M. Staňková, 2001, 38-39 und 53-54

spielte auch die Tatsache eine Rolle, dass Alice Masaryková, die Tochter des tschechoslowakischen Staatspräsidenten und seiner amerikanischen Frau Charlotte, als Präsidentin des Tschechoslowakischen Roten Kreuzes die Krankenpflege tatkräftig unterstützte. Sie hatte bewirkt, dass die tschechische staatliche Krankenpflegeschule in Prag zwischen 1920 und 1923 von drei amerikanischen Krankenschwestern geleitet wurde, die die Schule auf ein hohes Niveau brachten. Durch die Unterstützung von MitarbeiterInnen des amerikanischen Gesundheitswesens, insbesondere Miss Bessom, war auch die tschechoslowakische Gemeindepflege bzw. das dortige „Public Health Nursing" (sociální ošetřovatelství oder komunitní ošetřovatelská péče) „von der amerikanischen Pflege geprägt".[69]

Die ungarische Fürsorge war auf der Tagung ebenfalls durch zwei Krankenschwestern vertreten, die beide den Kurs in „Public Health Nursing" in London absolviert hatten. Marie von Steller beschreibt die Fürsorge in Ungarn mit Worten, die heutigen Diskussionen um Familienpflege sehr nahe kommen: „In Ungarn haben wir eine Form der Fürsorge, die wir ‚Familienfürsorge' nennen ... Das heisst, dass wir die Familie als eine organische Einheit betrachten und als solche behandeln. Wir machen nicht die einzelnen Mitglieder der Familie zum Objekt einer speziellen Fürsorge. Ein Kind z. B. wird nicht als Mitglied der Säuglingswelt befürsorgt, sondern als Mitglied seiner Familie ..."[70] Die Rolle der Fürsorgeschwester sei dabei zwar hauptsächlich eine beratende und belehrende, aber es sei unmöglich, nur zu lehren und zu raten, ohne zu helfen, das heißt, ohne auch die Kranken zu versorgen. Für eine solche Aufgabe müsse die Fürsorgeschwester sowohl diplomierte Krankenpflegerin sein als auch eine Fürsorgerinnenausbildung besitzen. Die zweite Referentin, Gizella von Hodossy, schildert die Fürsorgearbeit an einer Polyklinik für Säuglinge und Kinder: hier wird eher die Trennung, aber auch die Zusammenarbeit von gesundheitlicher und sozialer Hilfe betont.

Jelka von Labaš, die ihre Pflegeausbildung am Wiener Rudolfinerhaus absolviert hatte, berichtet für Jugoslawien, dass 1921 die erste Krankenpflegeschule in Zagreb als Schule für Tuberkulose-Fürsorgeschwestern errichtet wurde. Der erste Kurs dauerte, da die Schwestern dringend gebraucht wurden, nur ein Jahr, der nächste bereits 18 Monate. Im Jahr des Kongresses, 1925, war die Ausbildungsdauer bereits zwei Jahre und wurde in zwei Zweigen angeboten: einem Lehrgang „für die weltlichen Schülerinnen, welche hauptsächlich zu Fürsorgeschwestern ausgebildet werden" und einem „für die geistlichen Schülerinnen, welche sich der allgemeinen Krankenpflege widmen." Unter „allgemeiner Krankenpflege" war die Pflege im Krankenhaus gemeint. Die theoretischen Vorträge waren für beide Zweige gleich. In beiden wurde ein Diplom verliehen (als Fürsorgeschwester oder als Krankenschwester) und die Absolventinnen konnten jeweils, wenn sie wollten, durch eine 10monatige Praxis auf den verschiedenen Krankenhausabteilungen bzw. in den diversen sozialen Institutionen das andere Diplom zusätzlich erwerben.[71] Jelka von Labaš war die erste Oberin dieser Schule.[72]

---

[69] V. Kafková, 1992, 56. Vgl. auch H.-P. Wolff, 2004, 196; M. Staňková, 2001, 17-18

[70] M. von Steller, 1925, 116

[71] J. v. Labaš, 1925, insbes. 95

[72] Vgl. Zdravstveno veleučilište, 2005, 78, und Archiv des Rudolfinerhauses, Personalakt Labaš

Die österreichischen Referentinnen aus dem Fürsorgebereich lassen in ihren Referaten die Unsicherheit spüren, die in Bezug auf die Position der Fürsorgetätigkeit und ihre gesetzlich nicht geregelte Ausbildung bestand. Ilse Arlt und Berta Pichl, beide Leiterinnen sozialer Fürsorgeschulen, die ihre Schülerinnen unabhängig von der Krankenpflege ausbildeten, setzen sich mit der Beziehung zwischen Fürsorge und Pflege auseinander. Pichl konstatiert, dass in manchen Staaten die Fürsorgeschulen mit den Pflegerinnenschulen verbunden sind, bezeichnet dies als „gewiss wünschenswerte Ausbildungsweise" und führt dann Gründe an, warum dies in „durch den Weltkrieg wirtschaftlich schwer geschädigten Ländern" wie Österreich „derzeit" noch kaum möglich ist: die lange Ausbildungsdauer, die schlechte Bezahlung der Fürsorgerin, die Konzentration der Pflegeausbildung auf die Pflege in geschlossenen Institutionen. Es gäbe jedoch zahlreiche Berührungspunkte zwischen den beiden Berufen.[73] Ilse Arlt bezeichnet einen gesonderten Aufbau des Krankenpflegeunterrichts und des Fürsorgeunterrichts als wünschenswert, „jedoch mit regen Beziehungen zwischen beiden, denn es gibt spezielle Fürsorgefälle (Tuberkulosefürsorge), wo Krankenpflegekenntnisse unerlässlich sind. Jede Fürsorgerin muss soviel von Krankenpflege wissen, als eine gute Mutter wissen – sollte."[74]

Die anderen österreichischen Rednerinnen, die selbst eine Krankenpflegeausbildung absolviert haben, sehen vor allem die Vorteile der Kombination von Pflege und Fürsorge. So meint Wadowska, deren Bedauern über das Auflassen der Kurse für Fürsorgeschwestern wir schon erwähnt haben, bei der Beschreibung der Hausbesuche der Fürsorgerin: „Schon beim ersten Hausbesuch trifft die Fürsorgerin oft die verschiedenartigsten Probleme an, nicht nur was den Kranken selbst angeht, sondern auch seine Angehörigen. Wie sehr einer Fürsorgerin dabei Kenntnisse aus der Krankenpflege sowohl praktischer, wie auch theoretischer Art zugute kommen, hat gewiss jede Fürsorgerin erfahren, die Krankenpflegerin war. Der Kontakt mit den Parteien ist ein viel besserer und innigerer wenn die Familie das Gefühl hat, die Schwester versteht auch *davon* <im Original kursiv> etwas."[75]

Berta (Hermine) Schwarzott, Absolventin der Krankenpflegeschule des Roten Kreuzes in Wien und des ersten Kurses für Fürsorgeschwestern, die als Tuberkulosefürsorgerin im Bezirk Gmunden in Oberösterreich arbeitet, gibt Beispiele aus ihrer praktischen Arbeit am Land. Gesundheitliche und soziale Aspekte sind eng verbunden. „Der Bauer" sei am Anfang ihren Ratschlägen gegenüber oft sehr ablehnend, schreibt sie, er „wird aber wärmer, wenn man von seinem *Viehstand* < im Original kursiv> zu sprechen anfängt und ihn frägt, ob er die Perlsucht der Rinder kennt, was ja meist der Fall ist. Er kennt und fürchtet sie. Man erklärt ihm nun die Zusammenhänge, und nun wird er zutraulicher, und man darf auch wagen, über die Krankheit seiner Familienangehörigen zu reden. Hat man das Glück, ihm bei einer

---

[73] B. Pichl, 1925, 83-84
[74] I. Arlt, 1925, 91
[75] Wadowska, 1925, 199

Invaliden- oder Steuersache guten Rat geben zu können, so fängt das Vertrauen an Wurzel zu schlagen ...“[76]

Das Referat von Marianne Danko bezieht sich auf einen Spezialbereich, die Kranken-hausfürsorge. Die Österreichische Gesellschaft vom Roten Kreuz beabsichtigte, diese probeweise im Wilhelminenspital und im Krankenhaus Wieden in Wien einzuführen.[77] Für diese Spezialaufgabe fordert Danko sowohl Pflegerinnen- wie Fürsorgerinnenaus-bildung. Für die allgemeine Fürsorgetätigkeit betonte Danko in späteren Beiträgen jedoch stärker die Eigenständigkeit des Fürsorgeberufs in Österreich.[78]

Spannungsfeld Institution – Initiativen der Berufsgruppe

Wenn man aus dem zeitlichen Abstand von fast einem Jahrhundert auf die Ereig-nisse zurückblickt, werden einige Charakteristika der Entwicklung deutlicher. Die österreichische „Fürsorgeschwester" entstand „top down", sie wurde durch den Er-lass eines Ministeriums geschaffen und konnte daher auch mit einem Erlass wieder abgeschafft werden. Das Ziel der behördlichen Anordnungen war neben der Hilfe für die Betroffenen auch Kontrolle und Disziplinierung, was zur Folge hatte, dass den Fürsorgeschwestern wie den Fürsorgerinnen von Seiten der Bevölkerung manchmal mit Misstrauen begegnet wurde.[79] Analog zum hierarchischen Gefälle im Kranken-haus wurde die Fürsorgeschwester als Gehilfin des Arztes betrachtet: dies galt in der Tuberkulosefürsorge für die Fürsorgerin noch bis 1945.[80]

Das (amerikanische) Public Health Nursing war hingegen aus der Berufsgruppe der Pflegenden selbst entstanden, die ihr Tätigkeitsfeld erweitern wollte. In Österreich hatten die Pflegepersonen zu Beginn des 20. Jahrhunderts noch keine Möglichkeit zu solchen Initiativen. Als der Erlass über die Ausbildung zur Fürsorgeschwester im August 1916 herauskam, war es nicht viel mehr als ein Jahr her, dass die ersten staat-lichen Krankenpflegediplome in Österreich verliehen worden waren. Ein Teil dieser gerade erst fertig ausgebildeten Pflegerinnen ergriff jedoch die Chance, die in der neu geschaffenen Weiterbildung gelegen war. Durch Hilfsaktionen des Amerikanischen Roten Kreuzes für die notleidende Bevölkerung der vom Krieg schwer beeinträchtig-ten europäischen Länder und vor allem durch die Kurse am Bedford College lernten kontinentaleuropäische Pflegepersonen aber auch „Public Health Nursing" kennen und brachten die neuen Ideen in ihre Heimatländer. Dort versuchten sie das Konzept

---

[76] B. Schwarzott, 1925, 191. Im Fürsorgeschwesternkurs als Hermine Schwarzott geführt, un-terzeichnete sie ihre Beiträge später meistens mit Berta Schwarzott; ein kleiner Beitrag im Tuberkulosefürsorgeblatt, bei dem „Berta Hermine Schwarzott" angegeben ist (E. Kugler/B. H. Schwarzott 1922), zeigt jedoch, dass es sich mit größter Wahrscheinlichkeit um ein und dieselbe Person handelt und einer der beiden Vornamen der sogenannte „Schwesternname" ist.

[77] ÖStA/AdR, BMfsV/Volksgesundheit, Heilanstalten, Kt.1846, 68.898/1924 (bei 61.382/1924)

[78] Vgl. M. Danko, 1925, 183; M. Danko, 1927, 58; M. Danko, 1929, 361

[79] Vgl. E. Dietrich-Daum, 2007, 273-280; für Deutschland: S. Hähner-Rombach, 2000, 359-363

[80] Vgl. E. Dietrich-Daum, 2007, 259

an die lokalen Gegebenheiten anzupassen und mit den bereits bestehenden Strukturen in Einklang zu bringen. In Österreich handelte sich dabei allerdings nur um die
Initiativen von Einzelpersonen. In der öffentlichen Wahrnehmung war „Pflege" noch
sehr lange auf die Pflege kranker Menschen konzentriert und die Frage, was Pflege
zur Gesundheit der Bevölkerung beitragen kann, wurde kaum gestellt.

Ein berufliches Tätigkeitsfeld konnten die in Fürsorge ausgebildeten Schwestern
in Österreich nur im Rahmen der gegebenen Strukturen finden. Marianne Danko
war in den 1920er Jahren als „Oberfürsorgerin" tätig. Eine andere Rudolfinerin, die
im Jahr 1916 zusätzlich zur Pflegeausbildung einen Kurs in Tuberkulosefürsorge
besucht hatte, Emma Jung, arbeitete ab 1918 auf Grund eines Abkommens mit dem
Rudolfinerhaus als Fürsorgeschwester in Oberösterreich. Sie blieb dabei bis 1938 im
Verband der Rudolfinerinnen.[81]

In der nationalsozialistischen Zeit wurde die Gemeindeschwester zur Mitarbeiterin
in der „Volksgesundheitspflege". Sie sollte ganz im Dienst der nationalsozialistischen
Ideologie stehen, weshalb für diese Tätigkeit nach Möglichkeit nur NS-Schwestern
eingesetzt werden sollten. Von ihnen wurde verlangt, an der „Erbbestandsaufnahme"
mitzuwirken und damit nicht nur Kontrolle auszuüben, sondern auch der Vernichtung
„unwerten Lebens" Vorschub zu leisten. Wie weit sie dies tatsächlich getan haben, ist
unbekannt. Jedenfalls wurde damit die Gemeindepflege ebenso wie die Prävention
überhaupt für lange Zeit in Österreich und Deutschland diskreditiert.[82]

In anderen Ländern wie den USA entschieden sich hingegen die im Zweiten Weltkrieg
beim Militär eingesetzten Krankenschwestern, die die relative Selbständigkeit, die sie
dort genossen hatten, nicht aufgeben wollten, vermehrt für eine universitäre Weiterbildung in Public Health Nursing und eine dementsprechende berufliche Karriere.[83]

Auf die Entwicklung nach dem Ende des Zweiten Weltkriegs kann hier nicht eingegangen werden. Zum Abschluss dieses Kapitels möchten wir einige Grundzüge
zusammenfassen, die in der kurzen Geschichte der „Fürsorgeschwester" in Österreich
zu erkennen sind. Es handelt sich vor allem um folgende Aspekte:

- Prävention und Gesundheitsförderung gewannen an Bedeutung. Krankheiten sollten
  wenn möglich gar nicht entstehen.
- Die Behörden begannen, die Pflegepersonen als „Player" im Gesundheitswesen zu
  sehen. Das war für Österreich keineswegs selbstverständlich. Vor 1910 wurde ihre
  Zahl nicht einmal in der amtlichen Statistik über die Krankenanstalten erfasst und
  erst die Erkenntnis der Bedeutung der Pflege in einem eventuellen Krieg führte zu
  einer gewissen Änderung in der Wahrnehmung.[84]
- Prävention und Gesundheitsförderung wurden auch als Aufgabe der Pflegepersonen
  betrachtet. Damit waren diese – gemeinsam mit anderen Berufsgruppen – nicht
  nur für kranke Menschen, sondern auch für gesundheitliche Belange gesunder
  Menschen zuständig, um sie etwa mit Beratung zu unterstützen.

---

[81] Vgl. Archiv des Rudolfinerhauses, Personalakt Jung
[82] Vgl. G. Fürstler/P. Malina, 2004, 128; I. Walter, 2003, 13-14; N. Schmacke, 2002, 179-180
[83] Vgl. N.C. Barnum, 2011
[84] Vgl. M. Grandner, 2004, insbes. 15

- Der Blick auf die Familie als Ganzes gewann an Bedeutung. Die Fürsorgeschwester sollte sich durch Hausbesuche ein Bild von der Situation der Familie machen. Sie übernahm auch Mitverantwortung für bestimmte Bevölkerungsgruppen wie Mütter mit ihren Säuglingen oder Tuberkulosekranke. Damit leistete sie einen „Beitrag zur Bevölkerungsgesundheit".[85]

Die österreichische „Fürsorgeschwester" entstand im Kontext des Bedarfs, des Wissens und der Strukturen ihrer Zeit. Seither ist fast ein Jahrhundert vergangen und die Gesellschaft hat sich grundlegend gewandelt. Dennoch ist nicht zu übersehen, dass in der damaligen Entwicklung Ansätze vorhanden waren, die heute wieder vermehrt für die Pflege wichtig geworden sind. Sie werden im deutschsprachigen Raum nicht nur im Zusammenhang mit klassischen Begriffen der Sozialmedizin wie Prävention und Risikoverminderung diskutiert, sondern auch unter den Aspekten der Gesundheitsförderung, der Familienorientierung, des Empowerments oder der Notwendigkeit eines Bevölkerungs- und Soziallagenbezugs auch innerhalb der Pflege. Einige Initiativen, die zur Realisierung dieser Ansätze in den letzten Jahrzehnten und besonders in den letzten Jahren in Österreich entstanden sind, möchten wir im zweiten Teil dieses Beitrags kurz darstellen.

II. Entwicklungen heute: Public Health Nursing und Familiengesundheitspflege

Ähnlich wie vor etwa hundert Jahren versucht wurde, einen Ausweg aus drängenden Problemen des Gesundheitswesens durch die Schaffung neuer Aufgabenbereiche und Berufsrollen zu finden, stehen auch heute neue Rollen und Aufgaben für die Pflege zur Diskussion. Waren es damals Infektionskrankheiten, Säuglingssterblichkeit, Kriegserfordernisse – um nur einiges zu nennen – so sind heute die Zunahme chronischer Krankheiten, die demographischen Veränderungen, die kaum mehr zu leistenden Kosten der Gesundheitsversorgung und die weltweite Ungleichheit in der Verteilung gesundheitlicher Ressourcen wichtige Gründe für die Notwendigkeit raschen politisches Handelns.

Grundlage für die Überlegungen bieten unter anderem zahlreiche Dokumente der Weltgesundheitsorganisation, auf die hier nicht näher eingegangen werden kann. Beispielhaft nennen wir die Deklaration „Health for All" von Alma-Ata von 1978 mit der Betonung auf „Primary Health Care",[86] die Ottawa-Charta von 1986 mit den Strategien der Prävention und Gesundheitsförderung[87] und die „Strategie Gesundheit

---

[85] „Der Beitrag der Pflege zur Bevölkerungsgesundheit" ist der Untertitel des Buches von M. Brieskorn-Zinke zu Public Health Nursing, 2007

[86] Vgl. http://www.gesundheitsfoerdernde-hochschulen.de/Inhalte/B_Basiswissen_GF/B9_Materialien/B9_Dokumente/Dokumente_international/1978ALMAATA_de_BZgA93.pdf (24. 10. 2011)

21" des WHO-Regionalkomitees für Europa, die im Jahr 1998 im Kopenhagen verabschiedet wurde.[88]

Für Österreich veröffentlichte das Institut für Höhere Studien im Frühjahr 2011 eine Analyse, die sich mit den Gesundheitsberufen in unserem Land beschäftigt. Ausgehend von Statistiken über die derzeit in den verschiedenen Ländern Europas im Gesundheitswesen tätigen Personen wird die bekannte arztlastige Versorgung und die im Vergleich zum europäischen Durchschnitt geringere Dichte an Krankenpflegepersonal in Österreich[89] festgehalten. Um einen effizienten und eine möglichst gute Qualität der Versorgung gewährleistenden „Skillmix" zu erhalten, wird vorgeschlagen, nach ausländischem Vorbild und mit entsprechender Anpassung Berufsbilder zu schaffen, die hier noch nicht existieren. Genannt und beschrieben werden als Teilgebiete von Public Health Nursing die Berufsbilder der Family (Health) Nurse und der School Nurse, weiters die Aufgaben von Nurse Practioners; im ärztlichen Bereich wird der Nursing Home Physician vorgeschlagen.[90]

Die gesetzlichen Voraussetzungen für eine solche Erweiterung der Aufgaben der diplomierten Pflegepersonen sind in Österreich seit der Erlassung des Gesundheits- und Krankenpflegegesetzes (GuKG) im Jahr 1997 gegeben. Im § 11 heißt es dort: „Der gehobene Dienst für Gesundheits- und Krankenpflege ist der pflegerische Teil der gesundheitsfördernden, präventiven, diagnostischen, therapeutischen und rehabilitativen Maßnahmen zur Erhaltung oder Wiederherstellung der Gesundheit und zur Verhütung von Krankheiten." Er umfasst außer Pflege und Betreuung von Menschen aller Altersstufen „die pflegerische Mitwirkung an der Rehabilitation, der primären Gesundheitsversorgung, der Förderung der Gesundheit und der Verhütung von Krankheiten im intra- und extramuralen Bereich." Sowohl im eigenverantwortlichen wie im interdisziplinären Tätigkeitsbereich sind wichtige einschlägige Aufgaben enthalten. Im eigenverantwortlichen Bereich wird ausdrücklich die „Gesundheitsförderung und -beratung im Rahmen der Pflege" genannt (§ 14), im interdisziplinären Bereich die „Mitwirkung bei Maßnahmen zur Verhütung von Krankheiten und Unfällen sowie zur Erhaltung und Förderung der Gesundheit" und die „Gesundheitsberatung" (§ 16).[91]

Dementsprechend finden sich unter den vom Bundesministerium für Gesundheit angeführten Beispielen für anerkannte fakultative Weiterbildungen für Angehörige des gehobenen Dienstes für Gesundheits- und Krankenpflege auch Familiengesundheitspflege, Gesundheitsförderung am Arbeitsplatz, Gesundheitsvorsorge und Public Health.[92]

Diese Möglichkeiten sind noch in keiner Weise ausgeschöpft. Einige Ansätze zur Schaffung solcher Berufsbilder sind jedoch in Österreich bereits vorhanden, vor allem

---

[87] Vgl. http://www.euro.who.int/__data/assets/pdf_file/0006/129534/Ottawa_Charter_G.pdf (24. 10. 2011)
[88] Vgl. http://www.apug.de/apug/geschichte/gesundheit21.htm (24. 10. 2011)
[89] Vgl. z. B. E. Seidl, 2003, 35 und 44-45; J. Ladurner et al., 2010, 210-211
[90] Vgl. T. Czypionka et al., 2011
[91] Vgl. http://www.oegkv.at/recht/index-gukg.html (24. 10. 2011, in der aktuellen Fassung)
[92] Vgl. Bundesministerium für Gesundheit, 2011, 80-81

in den Bereichen „Public Health in der Pflege" und „Familiengesundheitspflege". Diese möchten wir in der Folge aufzeigen.

Pflege und Public Health

Auf akademischer Ebene stellten in Österreich gemeinsame Bemühungen von Pflege und New Public Health um universitäre Etablierung eine Vorstufe für „Public Health in der Pflege" dar. Der Nachholbedarf an Pflegewissenschaft war hier enorm. Gegenüber den angelsächsischen Ländern ist die verzögerte Entwicklung der Pflegewissenschaft in den deutschsprachigen Ländern einerseits auf Grund der europäischen Nachkriegsgeschichte zu erklären. Besonders gefördert wurden Studienprogramme in anderen Sprachgebieten. Zentren dieser Entwicklung waren Edinburgh, Lyon und Lublin. Die deutschsprachigen Gebiete waren von diesem internationalen Förderprogramm ausgeschlossen.[93] Andererseits gab es starke bildungspolitische Unterschiede in der Krankenpflege zwischen Nordeuropa und den südlicher gelegenen Ländern, wie Poletti mit Hypothesen untermauert. Sie konstatiert ein höheres Berufseintrittsalter, eine geringere Abhängigkeit von der Medizin, eine stärkere Position der Frau und ein schon sehr langes Bestehen starker Berufsverbände in den nördlichen Ländern.[94]

In Österreich ist die Bedeutung universitärer Ausbildung im Pflegebereich erst in den späten 1980er Jahren in der Öffentlichkeit diskutiert worden. Ende der 80er Jahre beschäftigte sich ein Arbeitskreis mit den Möglichkeiten der Akademisierung des Pflegeberufs in Österreich. 1988 stießen diese Themen auf einem Symposium mit dem Titel „Pflegeberuf und Universität" auf die Zustimmung der führenden Pflegepersonen aus ganz Österreich. Trotzdem dauerte es noch bis 1992, bis auf Grund all dieser intensiven Bemühungen das Institut für Pflege- und Gesundheitssystemforschung an der Universität Linz gegründet wurde, mit einer autonomen Abteilung Pflegeforschung in Wien.[95]

Unter den Zielen der Abteilung Pflegeforschung stand schon damals eines an der Spitze: „Entwicklung und Förderung von pflegewissenschaftlichen Fragestellungen in einem gesundheitswissenschaftlichen Gesamtzusammenhang."[96] Die Interessen waren breit ausgelegt, was dazu führte, dass wir die Gründung der Gesellschaft für Gesundheitswissenschaften und Public Health im Jahr 1995 mit allen Kräften unterstützt haben. In einer Pressemitteilung zu dieser Gründung heißt es: „Um die anstehenden Fragen wissenschaftlich besser in den Griff zu bekommen und verlässliche Daten für notwendige Taten zu erarbeiten, wurde vor kurzem in Anwesenheit von mehr als 30 Gründungsmitgliedern die Österreichische Gesellschaft für Gesundheitswissenschaften und Public Health gegründet. Sie hat sich zum Ziel gesetzt, die Forschung, Lehre und Anwendung der bevölkerungsbezogenen interdisziplinären Gesundheitswissen-

---

[93] Vgl. E. Seidl, 1995, 28
[94] Vgl. R. Poletti, 1985
[95] Vgl. E. Seidl, 2002; dies., 2010
[96] E. Seidl, 1995, 35

schaften, die in Österreich wenig entwickelt sind, und den Praxisbereich Public Health
zu fördern. Die Pflegewissenschaft, in den angelsächsischen und skandinavischen
Ländern schon fest etabliert, beteiligt sich als eine der neuen Gesundheitswissenschaf-
ten am Aufbau der Österreichischen Gesellschaft für Gesundheitswissenschaften und
Public Health."[97] Dem Gründungsvorstand gehörte Elisabeth Seidl an, die Leiterin der
Abteilung Pflegeforschung.[98]

Vorausgegangen waren intensive Kontakte zwischen PflegewissenschaftlerInnen
und VertreterInnen von Public Health aus Österreich und Deutschland. In Deutschland hatte es schon vorher Diskussionen über das Verhältnis von Public Health und
Pflege gegeben. Doris Schaeffer et al. beschreiben 1994, wie beide Wissenschaften
Antworten geben könnten auf Probleme und Spannungsfelder, die unter anderem
durch die Zunahme chronischer Krankheiten entstanden sind. „'Public Health' erlebt als ,New Public Health' eine Renaissance, die Pflege eine ungekannte Reflexion
ihrer Aufgaben und Stellung. Beide Entwicklungen zielen auf die Entwicklung und
Umsetzung neuer, nicht-medizinischer Konzepte der Gesundheitspflege und auf die
Minderung zentraler Defizite des Gesundheitswesens."[99] Ebenfalls 1994 veranstaltete
die Abteilung Pflegeforschung, Wien, gemeinsam mit dem Wissenschaftszentrum
Berlin, Forschungsgruppe Gesundheitsrisiken und Präventionspolitik, und dem IFF,
Institut für interdisziplinäre Forschung und Fortbildung der Universitäten Wien,
Innsbruck und Klagenfurt ein zweitägiges Internationales Symposium zum Thema
„Pflege und Public Health im Aufbruch."

Public Health in der Pflege

Während es im letzten Abschnitt noch eher um ein Miteinander bzw. um eine Par-
allelität zwischen Pflege und Public Health ging – wobei Interdisziplinarität bereits
ein Kennzeichen von New Public Health und Public Health Nursing ist - soll hier
aufgezeigt werden, wie in Österreich versucht wird, Pflegepersonen zur Public
Health-Tätigkeit zu befähigen und wo sich die ersten – wenn auch noch sehr kleinen
– Einsatzmöglichkeiten bieten.

Vorausgeschickt werden muss, dass das Tätigkeitsprofil der „Public Health Nurse"
aus dem angelsächsischen Raum, das auch den WHO-Dokumenten zugrunde liegt, in
dieser Form nicht auf Österreich übertragbar ist, ebenso wenig wie auf Deutschland. Zu
verschieden sind dafür die Organisation des Gesundheitssystems als Ganzes, die Zustän-
digkeiten einzelner Berufe oder ihr Professionalisierungsgrad.[100] Um diese Unterschiede
zu berücksichtigen, dabei aber zu betonen, dass es sich durchaus um Elemente von Public
Health Nursing handelt, werden im deutschsprachigen Raum häufig Bezeichnungen wie
„Public Health in der Pflege" oder „Public Health im Pflegewesen" verwendet.

---

[97] Institut für Pflege- und Gesundheitssystemforschung, 1996, 7
[98] Vgl. H. Noack, 2008
[99] D. Schaeffer et al., 1994, 10. Vgl. auch A. Heller, 1995
[100] Vgl. M. Brieskorn-Zinke, 2007, 17

Eine Definition von Public Health Nursing, die auch für den deutschen Sprachraum sehr brauchbar erscheint, gibt Brieskorn-Zinke. Public Health Nursing ist nach ihr „der Beitrag der Pflege in Wissenschaft und Praxis zur Lösung bevölkerungsbezogener Gesundheitsprobleme."[101] Dieser Beitrag kann die Gestaltung der Versorgung betreffen, aber auch Prävention und Gesundheitsförderung zur Erhaltung der Gesundheit der Bevölkerung. Um die notwendigen Kompetenz- und Wissenserfordernisse für Pflegepersonen abzuleiten, die auf diesem Gebiet tätig sein wollen, unterscheidet Brieskorn-Zinke fünf Kernelemente von Public Health Nursing:

- Bevölkerungsbezug: Damit ist gemeint, dass Hauptfokus und Zielsetzung von Public-Health-Aktivitäten auf Bevölkerungsgruppen liegen, auch wenn die konkreten Handlungen letztlich einzelne Menschen, Familien oder kleine Gruppen betreffen.
- Gesundheitsorientierung: Präventive Maßnahmen und therapeutische Konzepte orientieren sich nicht nur an der Verhinderung von Krankheiten und an Risikofaktoren, sondern auch an der Förderung von Gesundheit.
- Gesundheitliche Chancengleichheit („Soziallagenbezug"): Ziel soll sein, dass alle Menschen unabhängig von Bildung, Status, Einkommen usw. die gleiche Chance haben, gesund zu bleiben oder gesund zu werden.
- Interdisziplinarität und Zusammenarbeit: Es ist in hochspezialisierten Gesellschaften nicht mehr möglich, dass eine Disziplin oder Berufsgruppe allein den komplexen Anforderungen an eine adäquate Prävention und Gesundheitsförderung gerecht wird.
- Intervention- und Projektplanung: Gezielte Interventionen im Rahmen der Pflege, mit denen Prävention und Gesundheitsförderung umgesetzt werden sollen, können sich auf eine einzelne Person, Familie oder Gruppe beziehen, aber auch auf ganze Bevölkerungsgruppen im Rahmen groß angelegter Maßnahmen.[102]

„Pflegende müssen das österreichische Gesundheitssystem aus Sicht der Pflegewissenschaften und einer reflektierten Pflegepraxis mitgestalten. Inwieweit Pflegende in der Gesundheitssystemgestaltung und der Entscheidungsfindung mitwirken können, hängt sicherlich auch davon ab, wie viele Pflegefachkräfte in Public Health geschult werden, d. h. von ihren Kompetenzen nicht nur bei der Lösung individueller Versorgungsprobleme, sondern vor allem von ihren Kompetenzen bei der Lösung von Versorgungs- und Systemproblemen auf der Ebene von Bevölkerungsgruppen und Bevölkerungen."[103] Dies schrieb Horst Noack, Vorreiter auf dem Gebiet von New Public Health in Österreich, im Jahr 2004 in einem Artikel mit dem Titel „Herausforderungen für die Pflege aus der Perspektive von Public Health".

Ab dem Jahr 1999 wurde im Auftrag der Europäischen Union und von ihr finanziert von ExpertInnen aus den damaligen EU-Ländern und dem WHO-Regionalbüro für Europa ein Weiterbildungsprogramm „Public Health For Nurses" ausgearbeitet.[104] Basierend auf diesem Programm, bot im Studienjahr 2002/03 die Medizinische Fakultät der

---

[101] M. Brieskorn-Zinke, 2010, Folie 5
[102] Vgl. M. Brieskorn-Zinke, 2007, 121-139; dies., 2010, Folie 10
[103] H. Noack, 2004, 17
[104] Vgl. E. Danielson, 2005; M. Brieskorn-Zinke, 2007, 30-31

Karl-Franzens-Universtät in Graz als erste universitäre Einrichtung in Österreich einen Universitätslehrgang „Public Health im Pflegewesen" für diplomierte Gesundheits- und Krankenpflegepersonen an, der nach der Trennung der medizinischen Fakultäten von den allgemeinen Universitäten von der Medizinischen Universität Graz weitergeführt wurde. Der Zusatz zum Lehrgangstitel „mit Schwerpunkt Gesundheitsförderung" wurde auf „mit den Schwerpunkten Gesundheitsförderung und Gesundheitserziehung" ergänzt. Der Lehrgang wurde zweimal abgehalten, 38 diplomierte Pflegepersonen haben ihn absolviert. Er umfasste 200 Stunden Theorie und 30 Stunden Praktikum, wurde berufsbegleitend durchgeführt und entsprach 30 ECTS-Anrechnungspunkten. Die AbsolventInnen erhielten ein Abschlusszeugnis der Medizinischen Universität Graz und ein Europäisches Zertifikat der European Federation of Nurses Associations (EFN).[105] Wegen ungenügender Anzahl von Anmeldungen – inzwischen hatten sich andere Möglichkeiten zum Studium für Pflegepersonen eröffnet – wurde der Lehrgang leider im Jahr 2008 nicht mehr veranstaltet. Es besteht aber die Absicht, die Ausbildung fortzuführen, sobald die Möglichkeiten gegeben sind.

Die AbsolventInnen dieses Universitätslehrgangs, die berechtigt sind, nach der Berufsbezeichnung die Zusatzbezeichnung „Public Health" anzuführen, sind in der „Arbeitsgemeinschaft Public Health in der Gesundheits- und Krankenpflege" organisiert. Diese hat sich die generelle Information über Public Health, vor allem durch Veranstaltung von Fachsymposien mit internationalen ReferentInnen, und die Mitarbeit in Projekten zur Verbesserung der Gesundheit der steirischen Bevölkerung zum Ziel gesetzt.[106] Das dritte Symposium dieser Arbeitsgemeinschaft fand im Juni 2010 in Graz statt.[107] Einige Pflegepersonen besuchen den Universitätslehrgang „Public Health" mit Master-Abschluss an der Medizinischen Universität in Graz, um sich auf diese Weise einschlägig fortzubilden.

Eine weitere Universität, die Public Health Nursing in ihr Lehrprogramm aufgenommen hat, ist die Private Universität für Gesundheitswissenschaften, Medizinische Informatik und Technik (UMIT) in Hall in Tirol. Hier ist in das Master-Studium der Pflegewissenschaft neben einem Modul für Epidemiologie ein Modul für Public Health Nursing integriert. Die Studierenden sollen „das Tätigkeitsfeld ‚public health nursing' in seinem internationalen Facettenreichtum" kennen lernen, „um daraus für die Weiterentwicklung der pflegerischen Prävention und Gesundheitsförderung eigene konzeptionelle Schritte ableiten zu können."[108] An der Karl-Franzens-Universität in Graz ist derzeit im Universitätslehrgang für Lehrer und Lehrerinnen der Gesundheits- und Krankenpflege (5 Semester, 150 ECTS-Anrechnungspunkte, Abschluss mit dem „Master of Science (in Pflegepädagogik)") ein Seminar Public Health enthalten.[109]

---

[105] Vgl. http://www.meduni-graz.at/ismwww/ULPHPW/Folder.pdf (23. 9. 2011)
[106] Vgl. G. Ambrosch, 2008, 189
[107] Vgl. http://www.meduni-graz.at/images/vkdokumente/6493.pdf (26. 10. 2011)
[108] Information der UMIT, Stabstelle Rektorat – Qualitätsentwicklung und Akkreditierungsangelegenheiten, vom 24. 10. 2011
[109] Vgl. https://online.uni-graz.at/kfu_online/wbMitteilungsblaetter.displayHTML?pNr=1315 16&pQuery= und https://online.uni-graz.at/kfu_online/lv.detail?clvnr=300273&sprache=1 (27. 10. 2011)

Familiengesundheitspflege

Grundlegend für die Einführung der Familiengesundheitspflege (family health nursing) ist die Strategie „Gesundheit 21" des WHO-Regionalkomitees für Europa. Unter den 21 aufgestellten Zielen lautet das Ziel 18: „Qualifizierung von Fachkräften für gesundheitliche Aufgaben". Die WHO hat ein Rahmenkonzept inklusive eines Curriculums für die Family Health Nurse erstellt,[110] das an die Situation in den einzelnen Mitgliedsländern angepasst werden kann. Bente Sivertsen, ehemalige Regional Advisor Nursing and Midwifery der WHO-EURO, beschreibt die Aufgaben der „Family Health Nurse", international gesehen, wie folgt: „Die Familiengesundheitspflegerinnen und -pfleger nehmen zusammen mit dem Hausarzt eine Schlüsselfunktion ein und vereinen die Elemente von Public Health, inklusive Gesundheitsschutz und -förderung sowie kurativer und palliativer Versorgung. Sie erleichtern zudem die Zusammenarbeit zwischen Individuen, Familien, der Gemeinde und dem Gesundheitssystem. Diese Pflegenden nehmen eine wichtige Rolle im Lebensverlauf und bei kritischen Ereignissen und Perioden während des Lebens ein und sichern den Zugang zur Gesundheitsversorgung für alle Mitglieder einer sozialen Gemeinschaft."[111]

Verschiedene Länder haben bereits eigene Curricula entwickelt und erprobt bzw. Lehrgänge eingerichtet, so unter anderem Deutschland, wo auch ein Kompetenzzentrum Familiengesundheitspflege eingerichtet wurde und die wissenschaftliche Begleitung durch die Universität Witten/Herdecke erfolgt,[112] wie auch Finnland oder Slowenien.[113] Es handelt sich dabei nicht um neue Gesundheitsberufe, sondern um eine Erweiterung der Aufgaben der Pflegenden und der Hebammen in den Bereichen Gesundheitsförderung und Prävention mit dem Fokus auf das Arbeiten mit Familien.[114]

In Österreich wurde ebenfalls ein Curriculum zur Familiengesundheitspflege entwickelt, und zwar vom Österreichischen Roten Kreuz. Es sieht drei teilweise aufeinander aufbauende Lehrgänge im Umfang von je 30 ECTS-Anrechnungspunkten vor, die an Universitäten oder Fachhochschulen angesiedelt werden sollen. Die Lehrgänge tragen die Bezeichnungen „Case- und Care-Management im Kontext familiärer Pflege", Public Health im Pflegewesen mit Schwerpunkt Gesundheitsförderung" und „Familiengesundheitspflege". Die Absolvierung aller drei Lehrgänge plus einer Masterarbeit (30 ECTS-Punkte) soll zu einem Masterabschluss führen.[115]

Die Realisierung dieses Projekts als Ganzes konnte leider bisher noch nicht erreicht werden. Bausteine des Curriculums konnten jedoch bereits in verschiedene Lehrgänge und Fortbildungen integriert werden, meist auf tertiärem Bildungsniveau. Im speziellen ist bekannt:

- An der Karl-Franzens-Universität in Graz findet ein zwölf Monate dauernder, berufsbegleitender Universitätskurs „Case und Care-Management mit integriertem

---

[110] Vgl. Weltgesundheitsorganisation, 2000; A. Büscher, 2001

[111] B. Sivertsen, 2011, 11-12

[112] Vgl. F. Wagner/W. Schnepp, 2011; http://www.familiengesundheitspflege.de

[113] Vgl. F. Seitz et al., 2008, 266

[114] Vgl. I. Eberl/W. Schnepp, 2011, 16

[115] Vgl. M. Wild et al., 2007; M. Wild, 2007

Mittleren Pflegemanagement" statt. Diplomierte Pflegepersonen, die diesen Kurs absolviert haben, sind berechtigt, weiterführende Module in Public Health und Familiengesundheitspflege zu besuchen und mit dem „Master of Science (Family Health Nurse)" abzuschließen.[116]

- An der Fachhochschule OÖ in Linz ist im Weiterbildungslehrgang für diplomierte Pflegekräfte zum/r „Advanced Nursing Practioner" (insgesamt 4 Semester, 90 ECTS-Punkte) eine Vertiefung durch Wahlpflichtfächer in drei Richtungen vorgesehen. Eine dieser Richtungen ist die Familiengesundheitspflege, eine andere betrifft Versorgungssysteme. Die dritte Richtung bezieht sich auf die Pflege bei Demenzkranken und ihren Angehörigen.[117]
- In der „Universitären Weiterbildung für basales und mittleres Pflegemanagement im Bereich der Gesundheits- und Krankenpflege" am Ausbildungszentrum des Wiener Roten Kreuzes, die gemeinsam mit der Sigmund Freud Privat Universität in Wien angeboten wird, sind Inhalte wie Case- und Care-Management, Gesundheitsförderung, Prävention oder Beratung zu finden.[118]
- Zu den Kerninhalten des Curriculums des Bachelorstudiengangs „Advanced Nursing Practice" an der Fachhochschule Krems (5 Semester) gehören „Familien- und gemeindenahe Pflege", Case- und Care-Management sowie Gesundheitsförderung.[119]

Außerdem bietet das Österreichische Rote Kreuz seit Jahren betriebsinterne Fortbildungen zu Familiengesundheitspflege an, um insbesondere die Angehörigenintegration in der mobilen Pflege und Betreuung besser zu gewährleisten.[120] Ein aktuelles Beispiel ist die Veranstaltung des 3. GSD-Intensivtags des Österreichischen Roten Kreuzes am 22. Oktober 2011 in Linz.[121] Der Österreichische Gesundheits- und Krankenpflegeverband, Landesverband Tirol, veranstaltet einen Fortbildungskurs in Familiengesundheitspflege für diplomierte Krankenpflegepersonen.[122] Ein weiterer Kurs ist für Anfang 2012 in Kärnten geplant.

Projekte und Ansatzpunkte für die Praxis

Eine Grundlage zur Realisierung von Elementen von „Public Health Nursing" oder Familiengesundheitspflege in der Praxis ist für diplomierte Krankenpflegepersonen

---

[116] Vgl. http://www.uniforlife.at/index.php?lang=de&page=content/ukurs-casecare-de.html (22. 10. 2011)

[117] Vgl. http://www.fh-ooe.at/campus-linz/studiengaenge/weiterbildung/advanced-nursing-practitioner/lehrgangsinhalte-advanced-nursing-practitioner/struktur-und-ausbildungs-schwerpunkte/ (22. 10. 2011)

[118] Vgl. http://www.roteskreuz.at/wien/kurse-aus-weiterbildung/basales-und-mittleres-pflege-management/ (22. 10. 2011)

[119] Vgl. http://www.fh-krems.ac.at/de/studieren/bachelor/advanced-nursing-practice/studien-plan (24. 10. 2011)

[120] Persönliche Mitteilung von Monika Wild vom 20. 10. 2011

[121] Vgl. http://www.roteskreuz.at/ooe (20. 10. 2011)

[122] Vgl. http://www.oegkv/at (28. 10. 2011)

durch die Möglichkeit gegeben, ihre Tätigkeit freiberuflich auszuüben, was im Gesund-
heits- und Krankenpflegegesetz (GuKG § 35 und 36) vorgesehen ist. Ein Beispiel dafür
ist das Zentrum für Gesundheits- und Pflegeberatung in Purkersdorf, an dem unter
anderem Pflegeberatung, Beratung von Familien in Lebensumstellungssituationen
und Casemanagement bei komplexem Pflegebedarf angeboten werden.[123]

Auch im Bereich des Wundmanagements wurden bereits an verschiedenen Orten
von diplomierten Pflegepersonen lokale Zentren gegründet, in denen es möglich ist,
pflegerische Versorgung mit gezielter Beratung, Planung oder Schulung der Betroffenen und ihrer Angehörigen zu verbinden.[124] Die Weiterbildung der Österreichischen
Gesellschaft für vaskuläre Pflege in „Wunddiagnostik und Wundmanagement" vermittelt die dazu nötigen Kenntnisse und Kompetenzen.[125] Auf diese Weise wird es auch
möglich, niederschwellige Angebote im Bereich der Wundversorgung anzubieten.[126]
Eine weitere Möglichkeit ist der Aufbau privater Hauskrankenpflegeorganisationen,
die innovative Elemente in ihr Programm aufnehmen können.

In Vorarlberg wurde von 2007 bis 2009 ein Projekt „Unabhängig leben im Alter"
durchgeführt und evaluiert, bei dem diplomierte Pflegepersonen präventive Hausbesuche vornahmen. 15 Gemeinden waren daran beteiligt; die Akzeptanz durch die Bevölkerung war hoch.[127] Bei der „Seniorenberatung Tennengau" erhalten ältere Menschen
durch diplomierte Gesundheits- und Krankenpflegepersonen kostenlose Beratung zu
Themen wie sicheres Wohnen zu Hause, vorhandene Unterstützungsangebote, Pflege-
geld oder Pflege von Angehörigen.[128] Als Beispiele für Projekte von AbsolventInnen des
Universitätslehrgangs „Public Health im Pflegewesen" in Graz nennen wir eine „Gesund-
heitsstunde bei SeniorInnen", in deren Rahmen in mehreren steirischen Gemeinden
an Personen ab 70 Jahren Gutscheine für eine gesundheitliche Beratung angeboten
wurden, und einen „Angehörigenstammtisch" für pflegende Angehörige.[129]

In den pflegewissenschaftlichen Studiengängen der verschiedenen österreichischen
Universitäten ist bisher schon eine Reihe von Diplomarbeiten entstanden, die sich mit
einschlägigen Themen beschäftigen. Nennen möchten wir vor allem die Arbeit von
Stefan Peter Hagauer mit dem Titel „Familiengesundheitspflege als Erweiterung der
Pflege zu Hause im Bezirk Steyr-Land (OÖ)", die in diesem Band ausführlich dargestellt
wird, und die Arbeit von Elisabeth Macht „'family health nursing' – Szenarien zum
WHO-Konzept am Beispiel der Stadtgemeinde Pulkau". Beide Arbeiten beschäftigen
sich mit dem regionalen Bedarf an Familiengesundheitspflege. Die erstgenannte Studie
baut auf Interviews mit pflegenden Angehörigen einer Gemeinde auf, die zweite auf

---

[123] Vgl. http://www.purkersdorf-online.at/alder/ und www.roteskreuz.at/fileadmin/user_up-
load/LV/Wien/Hauptnavigation/Kurse_Aus-u_Weiterbildung/Fotos/Basales_und_mittle-
res_Management/Andrea%20Alder%20MBA.pdf (27. 10. 2011)
[124] Vgl. z. B. http://www.wundzentrum.co.at (27. 10. 2011)
[125] Vgl. http.//www.oegvp.at/index.php/weiterbildung (2. 11. 2011)
[126] Vgl. z. B. A. Uschok, 2008
[127] Vgl. S. Schmid, 2010
[128] Vgl. www.gesundheitsnetzwerk.at/ihre-gesundheit/seniorenberatung-tennengau.html
(1.11.2011)
[129] Vgl. G.C. Ambrosch, 2006, 18-19 und 21-22

Experteninterviews. Daniela Zanolin erforschte die Wünsche und Bedürfnisse der BewohnerInnen des niederösterreichischen Ortes Falkenstein in Bezug auf eine zu errichtende Seniorentagesstätte.

Mit ihrer Diplomarbeit „Wie sich türkischsprechende Migranten in Wien ihre Zukunft im Alter vorstellen" hat Nevin Altintop einen expliziten Bevölkerungsbezug gewählt und damit ein sehr wichtiges gesundheitspolitisches Thema aufgegriffen. Die Arbeit von Katharina Glavanovits beschäftigt sich mit den Gesundheitsproblemen der Roma in Ostösterreich. Angelika Doberer untersuchte, wie Wohnungslose einen Krankenhausaufenthalt erleben. Soweit nur einige Beispiele von Diplomarbeiten, die im „Individuellen Studium Pflegewissenschaft" an der Universität Wien entstanden sind. In allen Fällen ist zu wünschen, dass die dargelegten Empfehlungen in konkrete Projekte umgesetzt werden können.[130]

Ausblick

Initiativen im Gesundheitswesen und besonders in der Pflege sind nur schrittweise durchzusetzen und mit viel Anstrengung verbunden, wie es sich in den letzten Jahren bei der Implementierung der Pflegewissenschaft wiederholt gezeigt hat. Das berechtigt zu der Hoffnung, dass auch die Ansätze im Bereich von Public Health Nursing und Familiengesundheitspflege in nächster Zukunft Erfolg haben werden. Es wurde in diesem Beitrag darauf hingewiesen, dass auf verschiedenen Ebenen der Weiterbildung und der Praxis bereits Neues geschaffen wurde, wobei diese Angaben selbstverständlich nicht vollständig sein können.

Der Bedarf an neuen Lösungen bei der Versorgung und Gesundheitsförderung der Bevölkerung wird enorm anwachsen und einen Druck ausüben, der die Entwicklung beschleunigt. Im speziellen gibt es drängende Fragen, zum Beispiel:
- Welche sind die vulnerablen Bevölkerungsgruppen in Österreich? Sicherlich sind Migrantinnen und Migranten an vorderster Stelle zu reihen, aber auch zum Beispiel chronisch Kranke und alte Menschen.
- Wie können die Betroffenen selbst in die Planung einbezogen werden?
- Welche Kompetenzen brauchen Pflegepersonen, um „Gesundheit für alle" und damit soziale Gerechtigkeit zu erreichen?

Priorität hätte nach unserer Meinung die Mitsprache speziell ausgebildeter Pflegepersonen auf allen politischen Ebenen des Gesundheitswesens. Bedingungen, die dabei zu schaffen sind, sind eine ausreichende Zahl entsprechender Studiengänge zum Erwerb der erforderlichen Kompetenzen und unter den Pflegepersonen eine „professionelle Haltung, in der Gesundheitsfürsorge Teil der beruflichen Identität ist."[131] Die Pflegeforschung als Stimulator der Entwicklung im Theorie- und Praxisbereich sollte breit ausgebaut werden.

---

[130] Vgl. S.P. Hagauer, 2010; ders., 2011; E. Macht, 2010; D. Zanolin, 2011; N. Altintop, 2010; K. Glavanovits, 2011; A. Doberer, 2008
[131] M. Brieskorn-Zinke, 2010, Folie 6

Es braucht die Zusammenarbeit verschiedener Disziplinen im Gesundheitswesen; eine einzige Fachrichtung kann der Komplexität und dem Umfang der Probleme und Fragen der betroffenen Menschen nicht gerecht werden. Pflege hat eine ganz wesentliche Perspektive mit einem besonderen Zugang zu den Menschen und ihren Alltagserfahrungen. Sie wird auf der Basis eines breiten Bildungsniveaus, das derzeit in rascher Entwicklung ist, als gleichwertiger Partner Anerkennung in der Gesellschaft und bei den Betroffenen finden. Dazu muss es politische Initiativen geben, bei denen die Pflege als wichtiger Player im Gesundheitswesen einbezogen wird.

Als strukturelle Basis sollten Einrichtungen wie beispielsweise Gesundheitszentren oder Beratungsstellen möglichst flächendeckend neu geschaffen werden. In diesem Rahmen sind viele Initiativen denkbar wie etwa Pflegesprechstunden oder präventive Hausbesuche. Modelle für Pflegesprechstunden sind zum Beispiel aus den Niederlanden bekannt, wo sie an verschiedene Gesundheitseinrichtungen wie Ambulanzen von Akutkrankenhäusern oder interdisziplinäre Gemeinschaftspraxen angebunden sind.[132] Die Aufgabenbereiche sind, international gesehen, vielfältig. Sie umfassen etwa gesundheitsfördernde Maßnahmen für junge Familien, niederschwellige Beratung für Jugendliche oder die Begleitung chronisch Kranker bei der Bewältigung der vielfältigen Alltagsprobleme.

Im Bereich von Public Health Nursing hat sich gerade in letzter Zeit in Europa vieles entwickelt, wovon wir in Österreich auch profitieren können, vor allem dann, wenn internationale Netzwerke aufgebaut werden, sowohl im akademischen Feld wie bei Projektentwicklungen in der Praxis und für die Praxis. Eine solche Vernetzung ist auch ein wichtiges Leitmotiv der Österreichischen Gesellschaft für vaskuläre Pflege,[133] die in den Jahren seit ihrer Gründung schon viel erreicht hat. Sie hat den Gedanken der Gesundheitsförderung verbreitet und Pflegepersonen dafür qualifiziert, Initiativen zu setzen, die einen Beitrag zur Chancengleichheit aller im Gesundheitswesen leisten.

Literatur

Altintop Nevin (2010): Wie sich türkischsprechende Migranten in Wien ihre Zukunft im Alter vorstellen. Diplomarbeit an der Universität Wien.

Ambrosch Gisela C. (2006): Prävention als Erfolgindikator für qualitätsorientierte ambulante Betreuung und Pflege. Österreichische Pflegezeitschrift, 59, 3, 18-22.

Ambrosch Gisela (2008): Die Arbeitsgemeinschaft Public Health in der Gesundheits- und Krankenpflege – Arbeitsbereiche der Public Health Nurse. In: Rásky Éva (Hrsg.): Gesundheitsprofi(l) für die Pflege. Pflegewissenschaft in den Berufsalltag: Möglichkeiten auf dem Gesundheitsmarkt. Facultas, Wien, 188-197.

Anzenbacherová Marie (1925): Säuglings- und Kleinkinderfürsorge. In: Liga der Rotkreuzgesellschaften (Hrsg.): Zweite Konferenz der Rotkreuzgesellschaften von Mittel- und Osteuropa, Wien 11.-15. Mai 1925. Paris, 177-180.

Arlt Ilse (1925): Fürsorgerinnenausbildung. In: Liga der Rotkreuzgesellschaften (Hrsg.): Zweite Konferenz der Rotkreuzgesellschaften von Mittel- und Osteuropa, Wien 11.-15. Mai 1925. Paris, 90-92.

---

[132] Vgl. M.E. Schrödter, 2006. Zu präventiven Hausbesuchen vgl. P. Grusdat, 2006
[133] Vgl. http://www.oegvp/at (7.11.2011)

Barnum Nancy C. (2011): Public Health Nursing: An Autonomous Career for World War II Nurse Veterans. Public Health Nursing, 28, 4, 379-386.

Beichler Lotte (1919): Die Tätigkeit und Ausbildung der Fürsorgeschwester. Tuberkulose-Fürsorgeblatt, 2, 11, 157-161.

Beichler L. et al. (1920): Zur Reform der Krankenpflegerinnen- und Fürsorgerinnenausbildung. Fachzeitschrift für Krankenpflegerinnen und Fürsorgeschwestern, 2, 7, 41-52.

Beichler Lotte (1921): Bericht über die Tätigkeit der Tuberkulosefürsorgestelle des Vereines „Settlement" Wien XVI. Tuberkulose-Fürsorgeblatt, 4, 10, 143-149.

Brieskorn-Zinke Marianne (2007): Public Health Nursing. Der Beitrag der Pflege zur Bevölkerungsgesundheit. W. Kohlhammer, Stuttgart.

Brieskorn-Zinke (2010): Public Health Nursing. Der Beitrag der Pflege zur Bevölkerungsgesundheit – ausgewählte Arbeitsfelder in Ländern der EU. Referat, Fachtagung Wien am 23. 9. 2010, http://www.dachverband.at/fileadmin/Bibliothek_Dateien/Fachtag_2010/x3_Brieskorn.pdf (13. 9. 2011).

Bundesministerium für Gesundheit (Hrsg.) (2011): Gesundheitsberufe in Österreich. Wien, http://www.bmg.gv.at (13. 9. 2011).

Büscher Andreas (2001): Das Family Health Nurse Konzept der Weltgesundheitsorganisation. In: Gehring Michaela et al. (Hrsg.): Familienbezogene Pflege. Hans Huber, Bern-Göttingen-Toronto-Seattle, 175-204.

Czypionka Thomas et al. (2011): Health Workforce: Status quo und neue Berufsbilder. Health SystemWatch. Beilage zur Fachzeitschrift Soziale Sicherheit, erstellt durch das Institut für Höhere Studien. IHS HealthECon, I/Frühjahr 2011.

Danielson E. et al. (2005): Nursing and public health in Europe – a new continuous education programme. International Nursing Review, 52, 1, 32-38.

Danko Marianne (1925): Krankenhausfürsorge. In: Liga der Rotkreuzgesellschaften (Hrsg.): Zweite Konferenz der Rotkreuzgesellschaften von Mittel- und Osteuropa, Wien 11.-15. Mai 1925. Paris, 181-189.

Danko Marianne (1927): Die Fortbildung der Fürsorgerinnen. Mitteilungen der österreichischen Gesellschaft für Bevölkerungspolitik und Fürsorgewesen, 5, 57-61.

Danko Marianne (1929): Die Österreichische Fürsorgerin. The I.C.N., IV, 4, 360-364.

Dietrich-Daum Elisabeth (2007): Die „Wiener Krankheit". Eine Sozialgeschichte der Tuberkulose in Österreich. Verlag für Geschichte und Politik, Wien / R. Oldenbourg Verlag, München.

Doberer Angelika (2008): Wohnungslosigkeit im Zusammenhang mit medizinisch-pflegerischer Versorgung. Eine Untersuchung über das Erleben des Settings Krankenhaus bei Wohnungslosen. Diplomarbeit an der Universität Wien.

Dorffner Gabriele (2000): „... ein edler und hoher Beruf". Zur Professionalisierung der österreichischen Krankenpflege. 4/4 Verlag, Strasshof.

Eberl Inge, Schnepp Wilfried (2011): Die multizentrische Pilotstudie der WHO zur Family Health Nurse. Eine Untersuchung über die Machbarkeit der Familiengesundheitspflege in Deutschland. In: Wagner Franz, Schnepp Wilfried (Hrsg.): Familiengesundheitspflege in Deutschland. Bestandsaufnahme und Beiträge zur Weiterbildung und Praxis. Hans Huber, Bern, 15-41.

Friedrich Margret (1991/92): Versorgungsfall Frau? Der Wiener Frauen-Erwerb-Verein – Gründungszeit und erste Jahre des Aufbaus. In: Studien zur Wiener Geschichte. Jahrbuch des Vereins für Geschichte der Stadt Wien, 47/48, 263-308.

Friedrich Margret (1999): „Ein Paradies ist uns verschlossen...". Zur Geschichte der schulischen Mädchenerziehung in Österreich im „langen" 19. Jahrhundert. Böhlau, Wien.

Fürstler Gerhard, Malina Peter (2004): „Ich tat nur meinen Dienst". Zur Geschichte der Krankenpflege in Österreich in der NS-Zeit. Facultas, Wien.

Gardner Mary S. (1926): Changing Emphasis in Public Health Nursing. The I.C.N., I, 1, 39-48.

Glavanovits Katharina (2011): Roma in Ostösterreich. Unter spezieller Betrachtung der Gesundheitsprobleme von Roma in Wien und im Burgendland. Diplomarbeit an der Universität Wien.

Grandner Margarete (2004): Krankenpflege und Sozialpolitik. In: Walter Ilsemarie, Seidl Elisabeth, Kozon Vlastimil (Hrsg.): Wider die Geschichtslosigkeit der Pflege. ÖGVP Verlag, Wien, 11-24.

Gredig Daniel (2000): Tuberkulosefürsorge in der Schweiz. Zur Professionsgeschichte der Sozialen Arbeit. Die Tuberkulosefürsorgestelle Basel 1906-1961. Paul Haupt, Bern-Stuttgart-Wien.

Grusdat Pirjo (2006): Präventive Hausbesuche bei alten Menschen – Eine empirische Untersuchung anhand von Expertenaussagen. In: Hasseler Martina, Meyer Martha (Hrsg.): Prävention und Gesundheitsförderung – Neue Aufgaben für die Pflege. Grundlagen und Beispiele. Schlütersche Verlagsgesellschaft, Hannover, 139-160.

Hagauer Stefan Peter (2010): Familiengesundheitspflege als Erweiterung der Pflege zu Hause im Bezirk Steyr-Land (OÖ). Eine Bedarfsanalyse am Beispiel von pflegenden Angehörigen aus der Gemeinde Großraming mit Empfehlungen für die Umsetzung im Bezirk Steyr-Land. Diplomarbeit an der Universität Wien.

Hagauer Stefan (2011): Familiengesundheitspflege als Erweiterung der Pflege zu Hause im Bezirk Steyr-Land (OÖ). Österreichische Pflegezeitschrift, 64, 10, 24-28.

Hähner-Rombach Sylvelyn (2000): Sozialgeschichte der Tuberkulose. Vom Kaiserreich bis zum Ende des Zweiten Weltkriegs unter besonderer Berücksichtigung Württembergs. Franz Steiner, Stuttgart.

Harmer Anna (1948): Frauenberufsschulen. In: Loebenstein Egon (Hrsg.): 100 Jahre Unterrichtsministerium 1848-1948. Festschrift des Bundesministeriums für Unterricht in Wien. Österreichischer Bundesverlag, Wien, 234-246.

Hasserück Karin (1921): Unsere Wohnungserhebungen. Aus der Fürsorgestelle für Lungenkranke im Graz. Tuberkulose-Fürsorgeblatt, 5, 2, 43-48.

Heller Andreas (1995): Pflege und Public Health. Zur Situation und Entwicklung zweier gesundheitswissenschaftlicher Disziplinen. In: Heller Andreas, Schaeffer Doris, Seidl Elisabeth (Hrsg.): Akademisierung von Pflege und Public Health. Ein gesundheitswissenschaftlicher Dialog. Wilhelm Maudrich, Wien-München-Bern, 192-210.

Hodossy, Gizella von (1925): Die Fürsorgearbeit in Györ. In: Liga der Rotkreuzgesellschaften (Hrsg.): Zweite Konferenz der Rotkreuzgesellschaften von Mittel- und Osteuropa, Wien 11.-15. Mai 1925. Paris, 120-125.

Institut für Pflege- und Gesundheitssystemforschung (Hrsg.) (1996): Abteilung Pflegeforschung/Wien des Instituts für Pflege- und Gesundheitssystemforschung der Johannes Kepler Universität Linz. Vierter Jahresbericht. Wien.

Kafková Vlastimila (1992): Z historie ošetřovatelství. Institut pro další vzdělávání ve zdravotnictví, Brno.

Kalnins Irene (1999). Sowing the seeds of public health nursing – 1920-1939. International Nursing Review, 46, 2, 47-51.

Kozon Vlastimil (2006): Pflegephaleristik Katalog Österreich. ÖGVP Verlag, Wien.

Kozon Vlastimil (2011): Geschichte in Mitteleuropa im Spiegel der Pflegephaleristik. In: Kozon Vlastimil, Seidl Elisabeth, Walter Ilsemarie (Hrsg.): Geschichte der Pflege – Der Blick über die Grenze. ÖGVP Verlag, Wien, 147-202.

Kugler Emil, Schwarzott Berta (1921): Jahresbericht 1920 der Tuberkulosefürsorge Gmunden des Landes- und Frauenhilfsvereines vom Roten Kreuz für Oberösterreich. Tuberkulose-Fürsorgeblatt, 4, 7, 108-109.

Kugler Emil, Schwarzott Berta Hermine (1922): Jahresbericht der Tuberkulosefürsorge – Bezirkszentrale Gmunden, 1921. Tuberkulose-Fürsorgeblatt, 5, 9, 120.

Kutnohorská Jana (2010): Historie ošetřovatelství. Grada Publishing, Praha.

Labaš Jelka von (1925): Ausbildung der Fürsorgegemeindeschwester im Krankenhaus. In: Liga der Rotkreuzgesellschaften (Hrsg.): Zweite Konferenz der Rotkreuzgesellschaften von Mittel- und Osteuropa, Wien 11.-15. Mai 1925. Paris, 93-99.

Ladurner Joy et al. (2010): Public Health in Austria; April 2010. Bericht für den Hauptverband der Österreichischen Sozialversicherungsträger. http://www.hauptverband.at/mediaDB/683474_01_LSE_Public%20Health%20Overview%20report_Austria.pdf (01.10.2011).

Lamberger (1925): Die gesetzlichen Grundlagen der Krankenpflegeschulen in Österreich. In: Liga der Rotkreuzgesellschaften (Hrsg.): Zweite Konferenz der Rotkreuzgesellschaften von Mittel- und Osteuropa, Wien 11.-15. Mai 1925. Paris, 197-201.

Macht Elisabeth (2010): „family health nursing" – Szenarien zum WHO-Konzept am Beispiel der Stadtgemeinde Pulkau. Diplomarbeit an der Universität Wien.

Moll Leopold (1918): Die Bekämpfung der Säuglingssterblichkeit in Österreich mit besonderer Berücksichtigung der Säuglingstuberkulose, nebst einem kurzen Tätigkeitsbericht der Reichsanstalt für Mutter- und Säuglingsfürsorge als Lehr- und Fürsorgeanstalt. Sonderabdruck aus der Zeitschrift Das Österreichische Sanitätswesen, 30, Wien.

Moll Leopold (1919): Die Reichsanstalt für Mutter- und Säuglingsfürsorge in Wien. Verlegt vom Volksgesundheitsamt im Deutschösterreichischen Staatsamt für soziale Verwaltung, Wien.

Moll Leopold (1926): 1915-1925 – Zehn Jahre Kinderfürsorge der Reichsanstalt für Mutter- und Säuglingsfürsorge in Wien und der ihr angeschlossenen Fürsorgeaktionen. Verlag der Reichsanstalt für Mutter- und Säuglingsfürsorge, Wien.

Molnárová Julie (1925): Die Fürsorgeschwestern in der Tschechoslowakischen Republik. In: Liga der Rotkreuzgesellschaften (Hrsg.): Zweite Konferenz der Rotkreuzgesellschaften von Mittel- und Osteuropa, Wien 11.-15. Mai 1925. Paris, 100-102.

Noack Horst (2004): Herausforderungen für die Pflege aus der Perspektive von Public Health. Österreichische Pflegezeitschrift, 57, 5, 14-18.

Noack Horst (2008): Österreichische Gesellschaft für Public Health. Public Health Newsletter, 01/08, 9-10.

Ohne Autor (1917): Bekämpfung der Tuberkulose. Errichtung von Fürsorgestellen. Erlass des k. k. Ministeriums des Innern vom 2. Jänner 1917, Z. 7461/S-1916, an alle politischen Landesbehörden. Blätter für Armenwesen der Stadt Wien, XVI, 183, 42-46.

Ohne Autor (1918a): Säuglings- und Kleinkinderfürsorge. Grundzüge für eine vorläufige Regelung. Erlass des k. k. Ministeriums des Innern vom 23. April 1918, Z. 2473/S, an alle politischen Landesstellen. Blätter für das Wohlfahrts- und Armenwesen der Stadt Wien, XVII, 199, 154-158.

Ohne Autor (1918b): Wechselrede. Verhandlungen der VI. Tagung des Österreichischen Zentralkomitees zur Bekämpfung der Tuberkulose und Verhandlungen des VI. österreichischen Tuberkulosetages. In: Ludwig Teleky (Hrsg.): Beiheft zum Tuberkulose-Fürsorgeblatt, 5-6.

Ohne Autor (1918c): Verschiedene Mitteilungen. Verordnungsblatt des k. k. Ministeriums des Innern, XVII, 5, 219-220.

Ohne Autor (1920): Fürsorgekurs an der staatlichen Krankenpflegeschule im allg. Krankenhaus. Fachzeitschrift für Krankenpflegerinnen und Fürsorgeschwestern, 2, 6, 39.

Ohne Autor (1930): Kurse an der Abteilung des Prof. Noorden im städtischen Krankenhaus. Blätter für das Wohlfahrtswesen, 29, 278, 84.

Ohne Autor (1936): International Courses offered by the Florence Nightingale International Foundation (formed by the joint action of the League of Red Cross Societies and the International Council of Nurses) at Bedford College for Women (University of London) in conjunction with The College of Nursing London; Session 1936-1937.

Ohne Autor (1999): Getting Organized. Nursing's History Worldwide. International Nursing Review, 46, 5, 148-150.

Pichl Berta (1925): Fürsorgerinnenausbildung. In: Liga der Rotkreuzgesellschaften (Hrsg.): Zweite Konferenz der Rotkreuzgesellschaften von Mittel- und Osteuropa, Wien 11.-15. Mai 1925. Paris, 83-86.

Poletti Rosette (1985): Obstacles and Hopes for Nursing Research in Southern Europe. In: Royal College of Nursing (Hrsg.): Nursing Research – does it make a difference? 7th Workgroup Meeting and 2nd Open Conference. Workgroup of European Nurse-Researchers. Proceedings. London, 115-125.

Schaeffer Doris et al. (1994): Zum Verhältnis von Public Health und Pflege. In: Schaeffer Doris, Moers Martin, Rosenbrock Rolf (Hrsg.): Public Health und Pflege. Zwei neue gesundheitswissenschaftliche Disziplinen. Edition Sigma, Berlin, 7-25.

Schmacke Norbert (2002): Die Individualisierung der Prävention im Schatten der Medizin. In: Stöckel Sigrid, Walter Ulla (Hrsg.): Prävention im 20. Jahrhundert. Historische Grundlagen und aktuelle Entwicklungen in Deutschland. Juventa, Weinheim und München, 178-189.

Schmid Suanne (2010): Endbericht Projekt „Unabhängig leben im Alter". Landesverband Hauskrankenpflege Vorarlberg, Dornbirn, und connexia – Gesellschaft für Gesundheit und Pflege gem. GmbH; Bregenz, http://www.hauskrankenpflege-vlbg.at/pdf/Endbericht_mit_Anhang.pdf (24.10.2011).

Schrödter Maartje Eleonore (2006): Gesundheitsförderung in der Pflege – Die niederländischen Pflegesprechstunden für chronisch Kranke. In: Hasseler Martina, Meyer Martha (Hrsg.): Prävention und Gesundheitsförderung – Neue Aufgaben für die Pflege. Grundlagen und Beispiele. Schlütersche Verlagsgesellschaft, Hannover, 111-137.

Schwarzott Berta (1925): Die Tuberkulosefürsorgerin. In: Liga der Rotkreuzgesellschaften (Hrsg.): Zweite Konferenz der Rotkreuzgesellschaften von Mittel- und Osteuropa, Wien 11.-15. Mai 1925. Paris, 190-196.

Seidl Elisabeth (1995): Zur Lage der Pflege und ihrer Akademisierung in Österreich. In: Heller Andreas, Schaeffer Doris, Seidl Elisabeth (Hrsg.): Akademisierung von Pflege und Public Health. Ein gesundheitswissenschaftlicher Dialog. Wilhelm Maudrich, Wien-München-Bern, 13-38.

Seidl Elisabeth (2002): 10 Jahre Forschungsabteilung. In: Seidl Elisabeth, Walter Ilsemarie (Hrsg.): Pflegeforschung aktuell. Studien – Kommentare – Berichte. Wilhelm Maudrich, Wien-München-Bern, 183-191.

Seidl Elisabeth (2003): Defizite im Gesundheitswesen aus der Perspektive der Pflege. In: Meggeneder Oskar (Hrsg.): Unter-, Über- und Fehlversorgung. Vermeidung und Management von Fehlern im Gesundheitswesen. Mabuse, Frankfurt am Main, 33-52.

Seidl Elisabeth (2010): Die Abteilung Pflegeforschung im Zentrum der Wissenschaftsentwicklung. In: Schnepp Wilfried, Walter Ilsemarie (Hrsg.): Multikulturalität in Pflege und Gesellschaft. Zum 70. Geburtstag von Elisabeth Seidl. Böhlau Verlag, Wien-Köln-Weimar, 237-246

Seitz Franziska et al. (2008): Das Konzept der Familiengesundheitspflege in Europa. Eine Literaturstudie zur Implementierung. Pflege & Gesellschaft, 13, 3, 260-278.

Simon Maria Dorothea (1995): Von Akademie zu Akademie. Zur historischen Entwicklung der Sozialarbeiterausbildung am Beispiel der Schule der Stadt Wien. In: Wilfing Heinz (Hrsg.): Konturen der Sozialarbeit. Ein Beitrag zu Identität und Professionalisierung der Sozialarbeit. WUV-Universitätsverlag, Wien, 15-24.

Simon Maria Dorothea (2004): Von der Fürsorge zur Sozialarbeit; Vortrag in der Wiener Psychoanalytischen Vereinigung am 2. Oktober 2004. http://www.sozialearbeit.at/archiv.php?documents=true (24.08.2011).

Sivertsen Bente (2011): Geleitwort. In: Wagner Franz, Schnepp Wilfried (Hrsg.): Familien-gesundheitspflege in Deutschland. Bestandsaufnahme und Beiträge zur Weiterbildung und Praxis. Hans Huber, Bern, 11-12.

Staňková Marta (2001): Galerie historických osobností. Institut pro další vzdělávání pracovníků ve zdravotnictví, Brno.

Steinhauser Werner (ca. 1993): Geschichte der Sozialarbeiterausbildung. ÖKSA – Öste-reichisches Komitee für soziale Arbeit, Wien.

Steller Marie von (1925): Fortbildungskurse für Pflegerinnen. In: Liga der Rotkreuzge-sellschaften (Hrsg.): Zweite Konferenz der Rotkreuzgesellschaften von Mittel- und Osteuropa, Wien 11.-15. Mai 1925. Paris, 116-119.

Stöckel Sigrid (2002): Gesundheitsfürsorge – von der Armenpflege zur Profession. In: Stöckel Sigrid, Walter Ulla (Hrsg.): Prävention im 20. Jahrhundert. Historische Grundlagen und aktuelle Entwicklungen in Deutschland. Juventa, Weinheim und München, 65-77.

Teleky Ludwig (1917): Grundzüge der sozialen Fürsorge in der öffentlichen Gesundheits-pflege. Ein Lehr- und Nachschlagebuch für österreichische Krankenpflegerinnen. Alfred Hölder, Wien und Leipzig.

Teleky Ludwig (1920a): Die Not der Fürsorgerin. Tuberkulose-Fürsorgeblatt, 3, 9, 97-98.

Teleky Ludwig (1920b): Protokoll des II. Deutschösterreichischen Tuberkulosetages. Tu-berkulose-Fürsorgeblatt, 3, 12, 140-160.

Uschok Andreas (2008): Innovative Konzepte der Wundversorgung am Beispiel des leg club®. In: Kozon Vlastimil, Fortner Norbert (Hrsg.): Wundmanagement und Pflege-innovationen. ÖGVP Verlag, Wien, 9-14.

Wadowska (1925): Die Tuberkulosefürsorgerin. In: Liga der Rotkreuzgesellschaften (Hrsg.): Zweite Konferenz der Rotkreuzgesellschaften von Mittel- und Osteuropa, Wien 11.-15. Mai 1925. Paris, 204-212.

Wagner Franz, Schnepp Wilfried (Hrsg.) (2011): Familiengesundheitspflege in Deutschland. Bestandsaufnahme und Beiträge zur Weiterbildung und Praxis. Hans Huber, Bern.

Walter Ilsemarie (1998): Pflegende in Österreich zwischen 1914 und 1938. Differenzierung durch Ausbildung oder Verwischung der Unterschiede? In: Seidl Elisabeth, Walter Ilse-marie (Hrsg.): Rückblick für die Zukunft. Beiträge zur historischen Pflegeforschung. Wilhelm Maudrich, Wien-München-Bern, 42-69.

Walter Ilsemarie (2003): Auswirkungen des „Anschlusses" auf die österreichische Kran-kenpflege. Pflege, 16, 1, 6-16.

Weltgesundheitsorganisation, Regionalbüro für Europa (Hrsg.) (2000): Die Familien-Gesund-heitsschwester. Kontext, Rahmenkonzept und Curriculum. Kopenhagen, http://www.see-educoop.net/education_in/pdf/family_health_nurse-oth-grm-t06.pdf (26. 10. 2011).

Wild Monika (2007): Pflege (in) der Familie – Umsetzung der Family Health Nurse in Österreich. Österreichische Pflegezeitschrift, 60, 10, 18-23.

Wild Monika et al. (2007): Familiengesundheitspflege in Österreich – Curriculum. Umset-zung des Konzepts der Family-Health-Nurse der WHO in Österreich. Österreichisches Rotes Kreuz, Wien.

Winter Max (1921): Bericht über die Ausbildung der Fürsorgerin. Tuberkulose-Fürsorge-blatt, 5, 4-5, 49-54.

Wolff Horst-Peter (Hrsg.) (2004): Biographisches Lexikon zur Pflegegeschichte. Who was who in nursing history, Band 3, Urban & Fischer, München.

Zanolin Daniela (2011): „Generationenzentrum Falkenstein". Eine quantitative Erhebung über Wünsche und Bedürfnisse der FalkensteinerInnen in Bezug auf eine Seniorenta-gesstätte. Diplomarbeit an der Universität Wien.

Zdravstveno veleučilište (Hrsg.) (2005): Profesionalizacija sestrinstva u Hrvatskoj; Zbornik radova, Opatija 12. – 14. svibnja 2005. Zagreb. http://zvu.hr/opatija/2005/zbornik/zbornik.pdf (13.09.2011).

Anhang: Zeugnis mit Lehrplan des Sonderkurses zur Heranbildung von berufsmäßigen Fürsorgeschwestern an der Krankenpflegeschule des Wiener k. k. Krankenanstaltenfonds
Quelle: ÖStA/AVA, Min.d.Innern, Allgem. Varia, Sanitätsakten, Kt. 2987, 2.228S/1918

Krankenpflegeschule des Wiener k. k. Krankenanstaltenfonds.

nr. _____
19

Zeugnis.

geboren am _____ 1 , heimatberechtigt in _____

(Bezirk _____), hat den auf Grund des Erlasses des k. k. Ministeriums des Innern vom 7. August 1916, Z. 7582/S, an der Krankenpflegeschule des Wiener k. k. Krankenanstaltenfonds errichteten ständigen Sonderkurs zur Heranbildung von berufsmäßigen Fürsorgeschwestern in der Zeit vom _____ 19 bis _____ 19 besucht und die staatliche Prüfung für berufsmäßige Fürsorgeschwestern vor der gefertigten Prüfungskommission am _____ 19 mit Erfolg abgelegt.

Die Genannte besitzt daher die Befähigung für die berufsmäßige Ausübung der sozialen Fürsorgetätigkeit auf allen Gebieten der öffentlichen Gesundheitspflege und hat gemäß den Bestimmungen des erwähnten Ministerialerlasses, Abschnitt IX, Anspruch auf vorzugsweise Berücksichtigung bei der Anstellung an Fürsorgestellen und sonstigen Fürsorgeeinrichtungen.

Wien, am _____ 19

Landessanitätsreferent,
Vorsitzender der Prüfungskommission.

Schuloberin.   Leiter der Krankenpflegeschule.

M. SALZER IN WIEN. 84631T

Lehrgegenstände des Sonderkurses	Namen der Lehrpersonen

A. Allgemeine Gegenstände.

Einleitende Vorträge über die Aufgaben der Wohlfahrtspflege	
Fürsorgerecht (insbesondere Jugendrecht)	
Berufskunde der Fürsorgeschwester	
Soziale Fürsorge in der öffentlichen Gesundheitspflege	
Allgemeine Hygiene (unter besonderer Berücksichtigung der Wohnungshygiene) mit Übungen in der Technik der Wohnungsinspektion	
Bürgerkunde und Sanitätsvorschriften	
Haushaltungslehre (mit besonderer Berücksichtigung der Ernährung)	
Praktische Unterweisung in der Zubereitung der Krankenkost	

B. Spezielle Gegenstände.
a) Übertragbare Krankheiten (namentlich Volkskrankheiten).

Grundzüge der Lehre von den akuten Infektionskrankheiten	
Durchführung von Maßnahmen zur Bekämpfung von übertragbaren Krankheiten (namentlich Volkskrankheiten)	
Tuberkulose und Lungenheilstättenwesen	
Technik der Tuberkulosefürsorge mit praktischen Übungen in Fürsorgestellen und in der Familienfürsorge	
Bekämpfung der Geschlechtskrankheiten	
Bekämpfung des Alkoholmißbrauches (mit praktischen Übungen)	

b) Säuglings- und Kinderfürsorge.

Entwicklung, Ernährung und Pflege von Säuglingen und Kindern (mit praktischen Übungen)	
Psychische Störungen im Kindesalter	
Mutterschutz und Säuglingsfürsorge	
Haltekinderwesen	
Technik der offenen Säuglingsfürsorge mit praktischen Übungen	

Auszug

aus dem Erlasse des k. k. Ministeriums des Innern vom 7. August 1916,
Z. 7582/S, betreffend Errichtung ständiger Sonderkurse zur Heranbildung von Fürsorgeschwestern an den Krankenpflegeschulen.

Abschnitt IX.

Bestimmungen über die Vorrechte der geprüften Absol-
ventinnen der Sonderkurse.

Das Ministerium des Innern beabsichtigt, die Gewährung von
Subventionen an die Erhalter von Fürsorgeeinrichtungen künftig an
die Voraussetzung zu knüpfen, daß

1. für diese Einrichtungen als Fürsorgeschwestern in erster
linie Krankenpflegerinnen, welche die erwähnte Schlußprüfung mit
Erfolg abgelegt haben, in zweiter linie diplomierte Krankenpflegerinnen angestellt und andere Krankenpflegerinnen nur insoweit herangezogen werden, als derartige geprüfte Absolventinnen der gegen-
ständlichen Kurse, beziehungsweise diplomierte Krankenpflegerinnen
nicht verfügbar sind;

2. den in diesen Fürsorgeeinrichtungen verwendeten Fürsorgeschwestern Bezüge (und zwar Gehalt und Reisegebühren) zuerkannt
werden, deren Höhe ihrer fachlichen Ausbildung, ferner dem ver-
antwortungsvollen Berufe, der sozialen Stellung und der durch den
Beruf bedingten Lebensweise der Fürsorgeschwester (außerhalb des
Verbandes von Krankenanstalten, Abnützung der Dienstkleidung in
Wind und Wetter) Rechnung trägt, weiters daß die Fürsorgeschwestern
den Anspruch auf entsprechende Versorgung im Erkrankungs-
falle sowie auf angemessene Ruhegenüsse erhalten;

3. die sonstigen Bedingungen, unter denen die Anstellung
und dienstliche Verwendung von Fürsorgeschwestern in diesen
Einrichtungen erfolgt, beziehungsweise allfällige mit den Fürsorgeschwestern diesbezüglich getroffene besondere Vereinbarungen vom
Ministerium des Innern entsprechend befunden werden.

—————— o ——————

Implementierung des Expertenstandards Pflege von Menschen mit chronischen Wunden in einem Großkrankenhaus

Michael MITTERMAIER, Vlastimil KOZON

Wien

1. Pflege von Menschen mit chronischen Wunden

Probleme von PatientInnen mit chronischen Wunden beschränken sich nicht nur auf die Versorgung zu Hause oder in der Ambulanz. Bei stationären Aufnahmen haben sich die Pflegepersonen in Akutkrankenhäusern umfassend sowohl um Pflege, als auch um die Förderung der Kompetenzen aller Betroffenen zu bemühen. Diese Arbeit beschäftigt sich mit der Frage, in welcher Form die im Expertenstandard „Pflege von Menschen mit chronischen Wunden" empfohlene Vorgangsweise zur nachhaltigen Implementierung in einem Großkrankenhaus wie dem AKH Wien geeignet ist und welche Rahmenbedingungen dafür benötigt werden.

„Die Fähigkeiten, Kenntnisse und Einstellungen von medizinischem Fachpersonal können einen erheblichen Einfluss auf deren Fähigkeit zur Beurteilung der Komplexität einer Wunde, Kontrolle der Symptome des Patienten und Management der damit zusammenhängenden Probleme haben. Allerdings wurden die Aspekte der Nichtheilung im Allgemeinen unter dem Blickwinkel des Patienten gesehen, und dem Zusammenhang zwischen nicht heilender Wunde und medizinischem Fachpersonal wurde wenig Aufmerksamkeit geschenkt. Im letzten Jahrzehnt führten Verbesserungen bei der Beurteilung und Behandlung zu höheren Erwartungen an die Heilung: Die Heilungsraten werden als wichtigster Endpunkt im Wundmanagement angesehen." (Troxler et al., 2006; zit. n. Vowden et al., 2008, 7). „In manchen Situationen kann sich das Behandlungsziel hin zu einer effektiven Symptomenkontrolle verändern, um sicherzustellen, dass dem Patienten trotz seiner Wunde die bestmögliche Lebensqualität erhalten bleibt." (Vowden et al., 2008, 1).

Allgemein wird der Fortschritt der Wundheilung als messbares Qualitätsmerkmal betrachtet und in Qualitätsmanagementsystemen immer wieder als Indikator für

Outcome-Statistiken herangezogen. Betrachtet man nun die Wundversorgung als Einzelaufgabe und lässt man die weiteren Faktoren der Wundheilung außer acht, resultiert zumeist eine weitere Verzögerung der Wundheilung und der Druck auf Ärzteschaft und Pflegepersonen steigt.

„Das empfundene berufliche Versagen, wie es sich in einer nicht heilenden Wunde äußert, kann zu einem abwehrenden Verhalten beim Personal führen. In einer jüngsten Studie (vgl. Morgan, Moffatt, 2008) wurden Reaktionen von Patienten und medizinischem Fachpersonal auf nicht heilende Wunden untersucht. Dies zeigte, dass medizinisches Fachpersonal oft mit der Tatsache, eine Wunde nicht heilen zu können, emotional überfordert ist. Es liegen Anhaltspunkte dafür vor, dass dieses Gefühl der Hilflosigkeit auf Seiten des Personals zu einem Verhalten von sozialer Abwehr führen kann, wie dem Entziehen von Besuchen, Vermeiden der Kontinuität der Pflege, Etikettierung, Tadelung und Abstumpfung von emotionalen Reaktionen auf das Leiden des Patienten. Obwohl diese Abwehrstrategien helfen können, das medizinische Fachpersonal zu schützen, können sie eine extrem negative Auswirkung auf den Patienten haben. (Vowden et al., 2008, 7).

Vowden et al. beschreiben also immer wieder zu beobachtende Phänomene des Klinikalltags als Folge von Überforderung oder zu hohem Erwartungsdruck und bieten patientenzentrierte Strategien an, die helfen sollen, einen ganzheitlichen Ansatz in der Behandlung von Menschen mit chronischen Wunden zu verfolgen:

• Identifizierung der Bedürfnisse und Sorgen des Patienten
• Identifizierung und Besprechung der potenziellen Hindernisse für eine Heilung
• Bereitstellung von Unterstützung, gegebenenfalls Einbindung anderer Berufsgruppen oder Vermittlungsstellen
• Management des gesamten Patienten (und der Pflegeumgebung des Patienten).

Dabei hat vor allem das Eingehen auf die Selbstmanagementkompetenzen der PatientInnen und deren Angehörigen einen hohen Stellenwert. Hier wird durch Schulung des Fachpersonals Sicherheit erzeugt, die sich auf den Umgang mit PatientInnen sowie Angehörigen positiv auswirkt. In weiterer Folge können die Menschen einbezogen und geschult werden, so dass sie auch frühzeitig in häusliche Pflege entlassen werden können.

Nach Vowden et al. untermauern verschiedene Autoren (Preece, 2004; Barlow, 1999) die Bedeutung der Schulung des Personals, damit dieses das Wissen und die Fähigkeiten hat, eine geeignete Therapie einzuleiten und Wundversorgungsprotokolle und Formulare zu erstellen. Allzu oft basiert die Behandlung jedoch auf Überlieferung und Gewohnheiten, und die Entscheidungen werden anhand von subjektiven Informationen getroffen, die weder standardisiert noch geeignet sind (Barlow, 1999).

Der Expertenstandard Pflege von Menschen mit chronischen Wunden (DNQP, 2009) befasst sich auf höchstem Niveau mit diesem zunehmend wichtigen Thema der Pflege, wobei streng darauf geachtet wurde, dass die Kooperation aller Berufsgruppen gewährleistet ist und dass die Grenzen der pflegerischen Arbeit gewahrt bleiben. Einen ebenso hohen Stellenwert hat das Einbeziehen der Menschen mit chronischen Wunden, was sich auch im Auditinstrument gut nachvollziehen lässt.

Ergänzend darf festgestellt werden, dass mittlerweile im Zusammenhang mit der Bereitschaft zur Beteiligung der PatientInnen und Angehörigen nicht mehr von Compliance, sondern von Adherence gesprochen wird. Compliance (sich anpassen) beschreibt eher die Bereitschaft, sich vorgegebenen Richtlinien zu unterwerfen. Mit Adherence (sich zugehörig fühlen) wird – aus neueren Arbeitsmodellen in der Psychiatrie abgeleitet – eher kooperatives, mit einbezogenes, in Richtung Eigenverantwortung gehendes Verhalten beschrieben.

2. Das Implementierungsprojekt

2.1. Projektumfeld und Projektorganisation

Die Entwicklungen in der Organisation des AKH Wien haben mit sich gebracht, dass wesentliche Vorgänge möglichst weitgehend vereinheitlicht werden. Einerseits wurden einige Erfordernisse im Rahmen der Zertifizierung nach ISO 9001:2008 sichtbar, andererseits befindet sich das AKH Wien in einem IT-Großprojekt zur Implementierung eines umfassenden Krankenhausinformationssystems. Im ersten Schritt wurde beschlossen, die WundmanagerInnen hausweit zu vernetzen. Ein Weg, der sich bereits bei den PraxisanleiterInnen und bei den PflegeberaterInnen sehr bewährt hat. Gleichzeitig ist klar, dass die Vorgangsweise bei der Wundversorgung in ihrer Gesamtheit so weit wie möglich zu vereinheitlichen wäre. Der Vorteil liegt dabei aus Management-Sicht bei einem einheitlichen und vor allem AKH-weit hohen Qualitätslevel im Bezug auf Wundassessment, phasengerechte Wundversorgung und optimierte Dokumentation, bei einer klaren Einkaufsstrategie für die Apotheke, und darüber hinaus bei exakt geregelten berufsübergreifenden Verfahrensweisen.

Für den Qualitätsnachweis und die Qualitätsentwicklung dienen die unten angeführten Erhebungsmethoden.

Um den neuen Schwerpunkt transparent zu machen, wurde im Februar 2009 eine multiprofessionelle Kick-Off-Veranstaltung organisiert. Mit der Leiterin der Expertengruppe zur Erstellung des Expertenstandards zur Pflege von Menschen mit chronischen Wunden, Frau Prof. Dr. Eva-Maria Panfil, stand uns an diesem Tag eine international anerkannte Wissenschafterin zur Verfügung, die in einem Vormittagsseminar für 120 Pflegepersonen und ÄrztInnen und in einem 90-minütigen Vortrag am Nachmittag vor über 500 Pflegepersonen des AKH Wien ihre Expertise mit uns teilte. Dazu wurde ein Projektplan für die nachhaltige Implementierung des Expertenstandards entwickelt und mit dem Ärztlichen Direktor, Univ.-Prof. Dr. Reinhard Krepler, besprochen. Nach seiner Freigabe begann die Arbeit der Projektgruppen. Aufgrund der umfassenden Erfahrung im Wundmanagement wurden die Universitätsklinik für Chirurgie und die Universitätsklinik für Dermatologie für die Erarbeitung der Implementierungsschritte ausgewählt (vgl. Mittermaier et al., 2010, 59-61). Wichtig war dabei von Anfang an, dass Pflege und Medizin gemeinsame Entwicklungsarbeit leisten, damit am Ende des Projekts eine allgemein akzeptierte Vorgangsweise für das

Gesamthaus präsentiert werden kann. Ein weiterer, ganz wesentlicher Aspekt war die Entwicklung eines Instruments zur Prüfung der Nachhaltigkeit. Dazu wurde im Projektverlauf das im Expertenstandard verwendete Auditinstrument herangezogen und geringfügig modifiziert.

2.2. Fragestellung

Im Rahmen des Implementierungsprojektes haben wir uns mit folgenden Fragen beschäftigt:

1. Ist die im Expertenstandard beschriebene Vorgangsweise zur nachhaltigen Implementierung an den Wiener Universitätskliniken in einem Großkrankenhaus mit 2135 Betten an einem Standort geeignet?
2. Welche Rahmenbedingungen werden dafür benötigt?
3. Lassen die Ergebnisse auf die bewusste Anwendung des Pflegeprozesses schließen?

Besonderes Augenmerk lag auf der bewussten Anwendung des Pflegeprozesses bei PatientInnen mit chronischen Wunden und einer damit verbundenen Erhöhung der Lebensqualität für die Betroffenen und ihre Angehörigen. Die Ergebnisse des AKH Wien wurden mit den Ergebnissen der im Expertenstandard 2009 veröffentlichten Krankenhäuser verglichen.

2.3. Methode

Für die Datenerhebung wurde ein in mehreren deutschen ambulanten und stationären Gesundheitseinrichtungen (vgl. DNQP, 2009, 167 ff) in Kooperation mit dem Deutschen Netzwerk für Qualitätsentwicklung in der Pflege eingesetzter Fragebogen verwendet, der im Expertenstandard als Auditinstrument beschrieben ist (vgl. DNQP, 2009, 153). Es handelt sich dabei um einen patientenbezogenen und einen personalbezogenen Fragebogen. Der vorliegende Bericht beschäftigt sich auch mit der Anwendbarkeit des Auditinstruments.

Das Audit ist fester Bestandteil des Implementierungskonzepts von Expertenstandards und stellt einen wichtigen Baustein zur Qualitätsentwicklung und zur Verstetigung des erreichten Qualitätsniveaus dar. Die AutorInnen des Expertenstandards haben bereits im Rahmen eines Pilotprojekts Expertenstandard „Dekubitusprophylaxe in der Pflege" ein Auditinstrument entwickelt, das sich an der Grundstruktur der Auditinstrumente des Royal College of Nursing orientiert. Als Zeitraum für die Durchführung des Audits werden vier Wochen empfohlen (vgl. DNQP, 2009, 153).

Befragt wurden 65 PatientInnen (n = 25 Dermatologie, n = 40 Chirurgie) 205 MitarbeiterInnen (n = 70 Dermatologie, n = 135 Chirurgie) von 266 Pflegepersonen an 7 Normalpflegestationen, 1 IMC-Bereich und der Allgemeinen Ambulanz der Chirurgie (173), 4 Normalpflegestationen, 1 Intensivpflegeeinheit und 2 Allgemeinen Ambulan-

Fragebogen 1: Patienten-/bewohnerbezogene Daten

Name der Einrichtung und Modellpflegeeinheit: _____

Nummer: _____   Datum: _____   Benötigte Zeit: _____

Art der Wunde(n):   ☐ Dekubitus   ☐ Ulcus   ☐ Diabetisches Fuß-Syndrom

Quelle		Code/Frage	Ant-wort	Kommentare
Dokumen-tenanalyse	E1.1	Sind im Rahmen von Anamnese und Assessment differenzierte Angaben erhoben worden		
		a) zu wund- und therapiebedingten Einschränkungen?		
		b) zu Selbstmanagementkompetenzen?		
		c) zur Wunde, einschließlich der medizinischen Diagnose?		
	E1.2	Wurde die systematische Ersteinschätzung und Dokumentation der Wunde von einer pflegerischen Fachexpertin durchgeführt?		
	E2.1	Liegt ein aktueller Maßnahmenplan vor?		
	E2.2	Werden im Maßnahmenplan Selbstmanagement-kompetenzen des Patienten, Bewohner und/oder ihrer Angehörigen berücksichtigt?		
	E4.1	Wurde dem Patienten/Bewohner Beratung zur Wundversorgung angeboten?		
	E4.2	Wurde dem Patienten/Bewohnern Beratung zum Umgang mit wund- und therapiebedingten Einschränkungen angeboten?		
	E5.1	Wurde das wundspezifische Assessment nach spätestens 14 Tagen wiederholt?		wenn ja, durch ☐ Pflegefachkraft ☐ pflegerischen Fachexperten
	E5.2	Hat sich die Wundsituation verbessert?		
	E5.3	Ist ein Rückgang von wund- und therapiebedingten Einschränkungen erkennbar?		
Befragung der zuständigen Pflegefach-kraft	E3.1	War es Ihnen möglich, die geplanten Maßnahmen mit den beteiligten Berufsgruppen zu koordinieren?		
	E3.2	War es Ihnen möglich, eine fachgerechte Wundversorgung durchzuführen?		
	E4.3	War es Ihnen möglich, den Patienten/Bewohner zur Wundversorgung zu beraten?		
	E4.4	War es Ihnen möglich, den Patienten/Bewohner zum Umgang mit wund- und therapiebedingten Einschränkungen zu beraten?		
Befragung von Patienten /Bewohnern (alternativ Angehörige)	E3.3	Sind Sie selbst an der Wundversorgung und weiteren Maßnahmen beteiligt?		
	E3.4	Entspricht die Beteiligung an der Wundversorgung und weiteren Maßnahmen Ihren Vorstellungen?		
	E4.5	Hat jemand aus dem Pflegeteam ausführlich mit Ihnen über die Behandlung der Wunde gesprochen?		
Befragt wurde: ☐ Patient/Be-wohner ☐ Angehörige	E4.6	Hat jemand aus dem Pflegeteam ausführlich mit Ihnen über den Umgang mit wund- und therapiebedingten Einschränkungen gesprochen?		
	E5.4	Hat sich die Wundsituation verbessert?		
	E5.5	Sind die Beeinträchtigungen durch die Wunde im Alltag zurückgegangen?		

Ausfüllhinweis: J: Ja   N: Nein   NA: nicht anwendbar

© Deutsches Netzwerk für Qualitätsentwicklung in der Pflege (DNQP)

Abb. 1: **Auditinstrument, Patientenbezogener Fragebogen**
(Diese Abbildung wurde mit freundlicher Genehmigung von DNQP abgedruckt; DNQP, 2009, 155; www.dnqp.de/AuditChronischeWunden.pdf, 15.10.2011).

zen der Dermatologie (93). Die Anzahl befragter MitarbeiterInnen entspricht 77% des Pflegepersonalstandes der teilnehmenden Organisationseinheiten.

2.4. Projekt-Einleitung

Wie bereits erwähnt präsentierte Frau Prof. Dr. Panfil am 2. Februar 2010 im Rahmen eines Vormittagsseminars den Expertenstandard „Pflege von Menschen mit chronischen Wunden". In weiterer Folge war uns ein wichtiges Anliegen, sämtliche Informationen für alle Teams der Klinik zur Verfügung zu stellen um größtmögliche Transparenz über das geplante Vorhaben zu erreichen. So konnte die erfolgreiche Mitarbeit bei der Umsetzung erreicht werden. Nach dem Vormittagsseminar wurde der Projektplan der 2008 gegründeten Netzwerkgruppe der WundmanagerInnen des Hauses von der Projektleitung präsentiert. Im weiteren Verlauf wurden die Stationsleitungen der Chirurgie und der Dermatologie von den Teilprojektleiterinnen jeweils im Rahmen von Stationsleitungsbesprechungen über den Stand des Projekts informiert. Diese Informationen wurden in Basisschulungen und Teambesprechungen an alle MitarbeiterInnen der jeweiligen Klinik weitergegeben.

2.5. Datenerhebung und Ergebnisse – PatientInnenbezogene Audits

Vor der Durchführung wurden in einem Einführungsworkshop insgesamt 17 Pflegepersonen für die Anwendung des Auditinstruments geschult und mit der Methodik

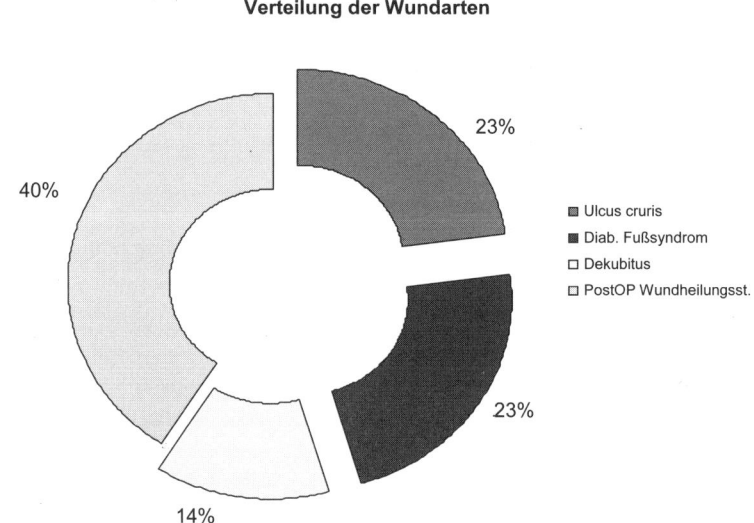

Diagramm 1: **Verteilung der Wundarten an der Chirurgie**

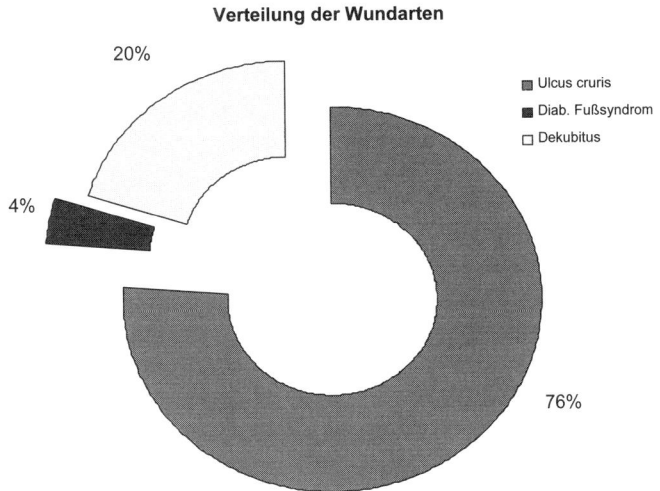

Verteilung der Wundarten

20%

4%

76%

■ Ulcus cruris
■ Diab. Fußsyndrom
□ Dekubitus

Diagramm 2: **Verteilung der Wundarten an der Dermatologie**

der Datenerhebung vertraut gemacht. Mit dieser Anzahl an AuditorInnen konnte auch sichergestellt werden, dass in allen teilnehmenden Organisationseinheiten alle in Frage kommenden Menschen mit chronischen Wunden auditiert werden. Alle PatientInnen, die während des Erhebungszeitraums gemäß den Empfehlungen des Expertenstandards in Frage kamen und mit einer Befragung einverstanden waren, wurden auditiert. An der Universitätsklinik für Chirurgie standen 40 PatientInnen zur Verfügung und an der Universitätsklinik für Dermatologie waren es 25 PatientInnen. Nach der Durchführung der Audits wurden die Verwertbarkeit geprüft und die verfügbaren Daten ausgewertet. Abschließend wurde von beiden Kliniken ein Zwischenbericht verfasst und gemeinsam mit den Originalunterlagen an die Direktion des Pflegedienstes übermittelt.

2.6. Erhebung der Wundarten

Im Vorfeld wurden die Wundarten bei den an den beiden Kliniken zu versorgenden PatientInnen festgestellt. Dabei wurde an der Chirurgie, aufgrund des mit 40% sehr hohen Anteils die Gruppe „postoperative Wundheilungsstörung" dazu genommen.

2.6.1. Auswertung und Interpretation

2.6.1.1. Interpretation Dermatologie

Die Ergebnisse im Dokumentationsteil (E1.1a-1c, E2.1-2) zeigten, dass die Dokumentation von Wunden sehr ernst genommen wurde. Eine gründliche Anamnese und ein Maßnahmenplan waren immer vorhanden. Die Selbstmanagementkompetenzen der PatientInnen wurden sowohl in der Anamnese, als auch im Maßnahmenplan mit 91,6%, bzw. 95,8% in hohem Maße berücksichtigt (E1.1b, E2.2).

In der Befragung der PatientInnen zur Beteiligung an der Wundversorgung zeigte sich diese Berücksichtigung jedoch nicht ganz so deutlich. Hier lagen die Ergebnisse mit 79,1% (E3.3) und 87,5% (E3.4) um mehr als 10% hinter den dokumentierten Selbstmanagementkompetenzen. Anders bei der Beratung zur Wundversorgung. Das Angebot von Beratung zur Wundversorgung (E4.1) wird zu 87,5% dokumentiert, 83,3% der befragten Pflegepersonen geben an, bewusst Beratung anzubieten. Dem gegenüber geben 91,6% der befragten PatientInnen an, beraten worden zu sein. Eine pflegerische Ersteinschätzung der Wundsituation erfolgte laut Dokumentation nur in etwa der Hälfte aller Fälle unter Einbeziehung einer Fachexpertin (E1.2), was an der Verfügbarkeit von ExpertInnen an dieser Klinik lag. Die fachgerechte Wundversorgung wurde von allen befragten Pflegepersonen als erfüllt angegeben, die Koordination der Wundversorgung scheint mit einem Ergebnis von 95,6% insgesamt sehr gut zu gelingen.

Die Items E4.2, E4.4 und E4.6, zum Thema Angebot von Beratung zum Umgang mit Einschränkungen, zeigten ein sehr homogenes Ergebnis zwischen Dokumentation (91,6%), Einschätzung des Personals (87,5%) und Einschätzung der PatientInnen (91,6%). Die Verbesserung der Wundsituation (E5.2, E5.4) korreliert mit 66,6 und 62,5% jeweils mit dem Rückgang der Einschränkungen (E5.3, E5.5) zwischen Dokumentation und PatientInneneinschätzung.

Eine Wiederholung des Assessments (E5.1) wird mit 54,1% wenig dokumentiert. Das könnte einerseits daran liegen, dass die Fragestellung nicht eindeutig verstanden wurde (ist das die Wundeinschätzung oder eine neuerliche Verwendung des Wundeinschätzungsblattes), andererseits sind viele der Auffassung, beim regelmäßigen Verbandwechsel ohnehin eine laufende Wundeinschätzung durchzuführen, die wiederum in der Entwicklung der Wunde – z.B. als dokumentierte Verbesserung der Wundsituation – ausreichend beschrieben ist. Wozu also die „Wiederholung des Assessments" noch einmal extra anführen.

2.6.1.2. *Interpretation Chirurgie*

Während die Wundanamnese (E1.1c) immer durchgeführt wird, sind die wund- und therapiebedingten Einschränkungen und vor allem die Selbstmanagementkompetenzen (E1.1a und E1.1b) in der Dokumentation vergleichsweise unterrepräsentiert. Dem gegenüber stehen mit 81% bei der Beteiligung der PatientInnen (E3.3) und 100% bei der Beteiligung entsprechend der PatientInnen-Vorstellungen sehr hohe Werte. Fast dazu passend fällt auf, dass Angebote zur Beratung (E4.1, E4.2) wenig dokumentiert aber sowohl aus Personal- wie auch aus PatientInnensicht in sehr hohem Maße durchgeführt werden (E4.3 – E4.6). Auffallend auch, dass ein Rückgang der Einschränkungen (E5.3, E5.5) hier nicht mit einer Verbesserung der Wundsituation (E5.2, E5.4) einhergeht. Diese Ergebnisse legen die Vermutung nahe, dass es sich im Vergleich zwischen Chirurgie und Dermatologie einerseits um unterschiedliche Wundarten, andererseits um einen unterschiedlichen ärztlichen Zugang zur Wundbehandlung handelt.

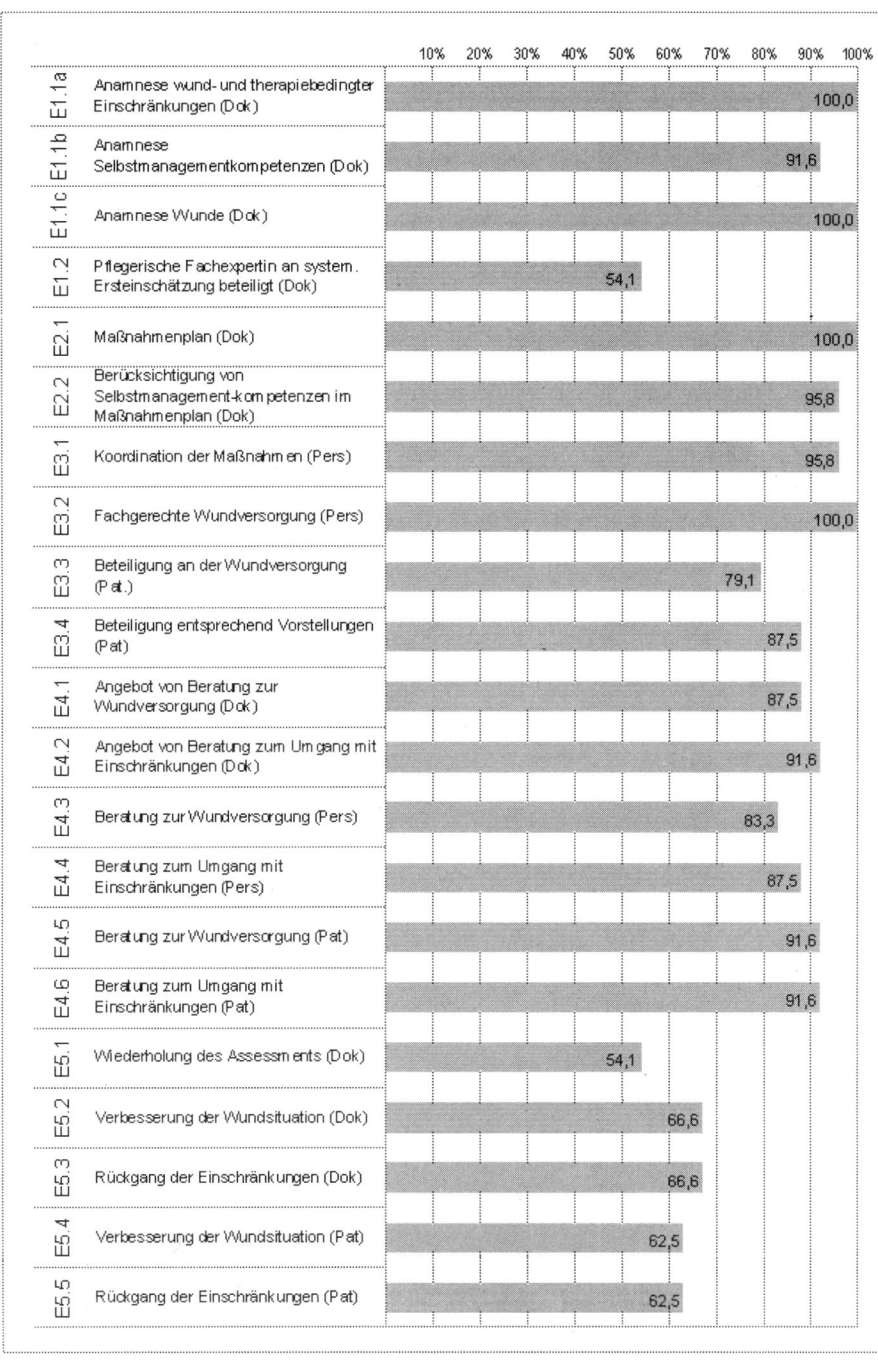

Diagramm 3: **Patientenfragebogen, Datenauswertung Dermatologie**

An den chirurgischen Stationen werden Änderungen der Wundsituation und/oder der Therapie mittels Fotodokumentation im Maßnahmenplan dokumentiert. Mit jeder Verlaufsfotografie wurde „automatisch" ein Assessment durchgeführt. Deshalb weist das Item Wiederholung des Assessments (E5.1) mit 97% einen respektablen Wert auf.

Bei der Frage nach der Verbesserung der Wundsituation gab es nach Beobachtung der Teilprojektleiterin Unsicherheit. Häufig war eine Verbesserung bei chronischen Wunden zum Zeitpunkt des Assessments noch nicht zu erwarten weil die Therapie erst vor kurzer Zeit begonnen worden war. Dass der Rückgang der Einschränkungen deutlich hinter der Verbesserung der Wundsituation liegt, mag am mit 40% sehr hohen Anteil postoperativer Wundheilungsstörungen liegen. Trotz besserer Wundheilung bleiben Schmerzen und Mobilitätseinschränkungen manchmal bestehen.

Bemerkenswert ist das Ergebnis bei der Kooperation der Maßnahmen (E3.1). Die mit 100% angegebene Koordination mit anderen Berufsgruppen entspricht nicht immer den Beobachtungen im Alltag. Neben der zeitlichen Koordination der Verbandwechsel ist auch das Herstellen von Einigkeit über die weitere Behandlung einzelner Wunden nicht immer ganz einfach, teilweise auch gar nicht möglich. Trotzdem wurde die Koordination in allen Fällen als erfüllt betrachtet. Möglicherweise werden Wartezeiten, bzw. schwierige Einigungsprozesse akzeptiert und bereits in die Gestaltung des Pflegealltags integriert.

2.6.1.3. Ergebnisvergleich zwischen AKH Wien und Expertenstandard (Krankenhäuser)

Dokumentation

E1.1a – die Anamnese wund- und therapiebedingter Einschränkungen (WTE) zeigt eine Annäherung der Ergebnisse zwischen Dermatologie und Kooperations-Krankenhäusern lt. Expertenstandard. Großer Abstand besteht zur Chirurgie, die, wie oben erwähnt zwar in der direkten Umsetzung hohe Werte erzielt, aber WTE entweder im Anamnesegespräch (noch) nicht berücksichtigt oder zwar berücksichtigt, jedoch nicht dokumentiert.

E1.1b/E2.2 – ein ganz ähnliches Ergebnis fällt beim Item Selbstmanagementkompetenz auf. Mit 37,8% scheint die Selbstmanagementkompetenz noch weniger in der Dokumentation der Chirurgie auf, als zuvor die WTE. Auch die Dokumentation der Berücksichtigung der Selbstmanagementkompetenz im Maßnahmenplan ist mit 33,3% äußerst niedrig.

E1.1c bescheinigt bei der Dokumentation der Wundanamnese höchste Umsetzungsraten an beiden Kliniken des AKH Wien. Ein Grund für die große Differenz zwischen umfassender Dokumentation der Wundsituation und Berücksichtigung von Einschränkungen und Selbstmanagementkompetenz könnte in der standardisierten Dokumentationsform der Chirurgie liegen. Auch der hohe Anteil postoperativer Wundheilungsstörungen muss berücksichtigt werden. Es kann davon ausgegangen werden, dass diese Wunden erst durch die Operation entstanden sind, also zum Zeitpunkt der Anamnese noch nicht bestanden.

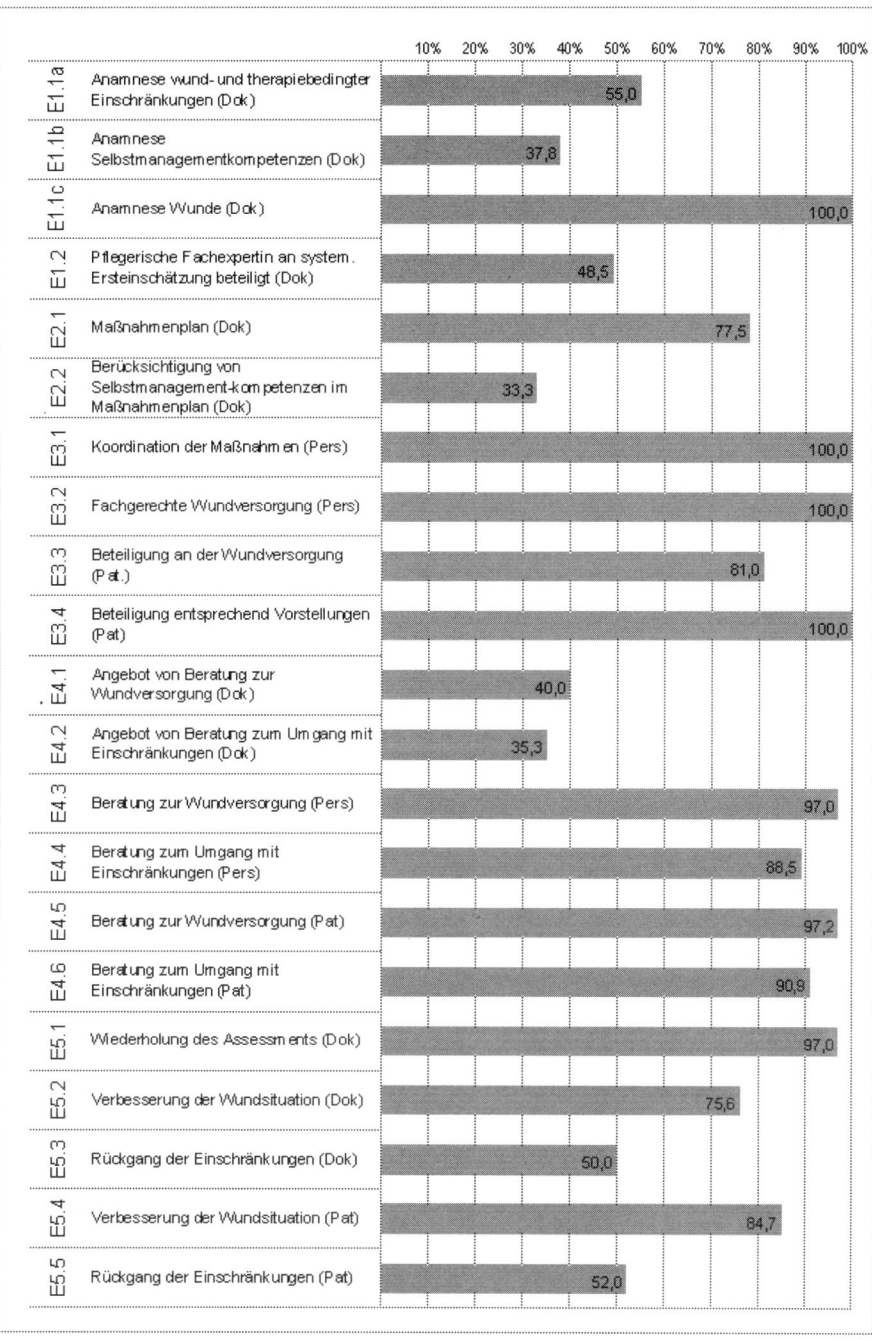

Diagramm 4: **Patientenfragebogen, Datenauswertung Chirurgie**

Dokumentation und Durchführung

In den Items E4.1/E4.2 stellt sich diese Situation im Ergebnis der Chirurgie abermals dar. Hier wird aber im Vergleich mit den dazu gehörenden PatientInnen- und Personaleinschätzungen deutlich, dass Beratungen zur Wundversorgung und zum Umgang mit Einschränkungen in höchstem Maße durchgeführt werden. Auch fühlen sich die Patientinnen und Patienten zu 100% beteiligt. In all diesen Items weist die Chirurgie vergleichsweise die höchstenBewertungen auf. Interessant ist noch, dass bei fast allen Items zur Dokumentation deutlichere Unterschiede zwischen den beiden im AKH Wien beteiligten Kliniken und den deutschen Krankenhäusern zu beobachten sind, als bei allen anderen Items.

Lediglich bei der Patientenbeteiligung (E3.3) gibt es noch einen ähnlich großen Unterschied. Die Verbesserung der Wundsituation wird an der Chirurgie mit 75,6% am häufigsten dokumentiert, auch wird sie dort offenbar von den PatientInnen am stärksten wahrgenommen. Das liegt vermutlich am 40-prozentigen Anteil postoperativer Wundheilungsstörungen, einer Wundart, die sonst nicht untersucht wurde. Genau das Gegenteil wurde im Bezug auf den Rückgang der Einschränkungen gemessen, was wiederum dafür sprechen könnte, dass bei der Behandlung der „klassischen" chronischen Wunden Einschränkungen eine größere Rolle spielen, als bei postoperativen Wundheilungsstörungen. Im Sinne einer vorsichtigen Interpretation wäre hier anzumerken, dass es sich bei den Ergebnissen in den deutschen Krankenhäusern wohl um einen Fächermix handelt, während im AKH Wien zwei spezielle Fachbereiche untersucht wurden, die jeweils unterschiedliche Zugänge zur Wundbehandlung haben, bzw. wo unterschiedliche Wundarten vorzufinden sind.

2.7. Datenerhebung und Ergebnisse – Personalbezogene Audits

Neben der Qualität der Wundversorgung und der damit eng im Zusammenhang stehenden Beratung von PatientInnen und Angehörigen – also der Prozess- und Ergebnisqualität – stellt der Expertenstandard auch eine grundlegende Strukturqualität in den Mittelpunkt. Dafür steht ein Audit-Instrument in Form eines an die Pflegepersonen gerichteten Fragebogens zur Erhebung des Fortbildungsbedarfs zur Verfügung.

Die Thematik ist so komplex, dass eine allgemeine pflegerische Expertise nicht zu allen notwendigen Aufgaben befähigt. Studien weisen darauf hin, dass für die kompetente Wahrnehmung ausgewählter Aufgaben, wie Wunddokumentation, Klassifizierung eines Dekubitus und Anlegen eines Kompressionsverbandes, spezielle Kompetenzen und Erfahrungen notwendig sind. Die Spezialisierung auf „Wunden" ist bereits seit Jahren etabliert, aber häufig ohne die spezielle pflegerische Ausrichtung zur Hilfestellung für die Betroffenen bei der Bewältigung des Lebens mit der Erkrankung (DNQP, 2009, 27).

Es geht also darum, die für die Bewältigung dieser komplexen Aufgabe nötigen Qualifikationen bereit zu stellen. Eine klassische Personal- und Organisationsentwicklungsaufgabe, für die in der Direktion des Pflegedienstes im AKH Wien eine eigene Abteilung zur Verfügung steht.

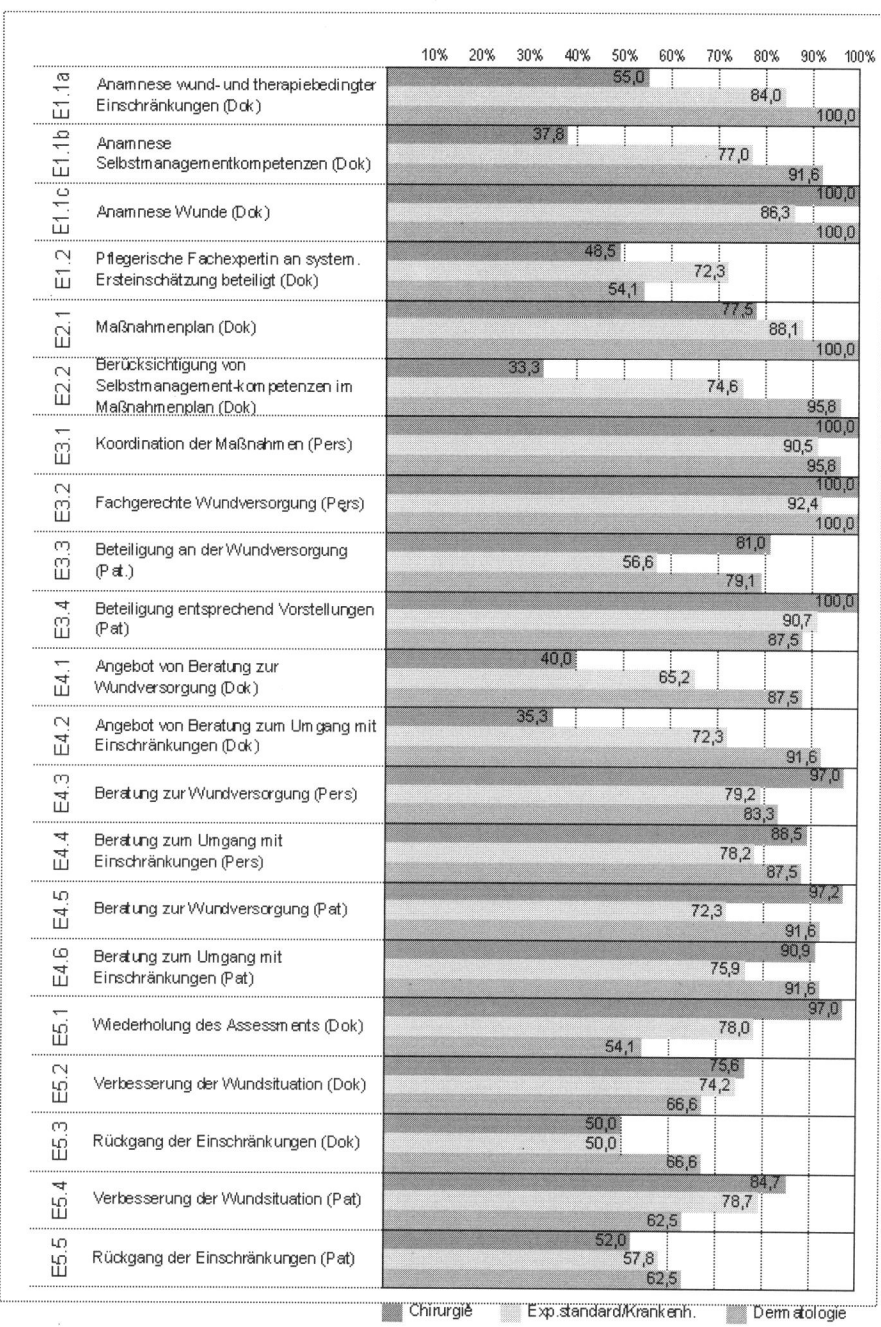

Diagramm 5: **Patientenfragebogen Datenauswertung im Vergleich**

Das Audit an der Dermatologie stützt sich auf eine Stichprobe von insgesamt 70 MitarbeiterInnen der Universitätsklinik für Dermatologie. Die Befragung an der Chirurgie fand ausschließlich in jenen Bereichen der Klinik statt, die am Pilot-Teilprojekt teilnahmen. Insgesamt wurden 173 Fragebögen verteilt. Bei der Auswertung zeigte sich, dass unverhältnismäßig viele Rubriken nicht ausgefüllt waren. Es wird vermutet, dass die Unterteilung des Fragebogens in tatsächlich besuchte Fortbildungen und bestehenden Fortbildungsbedarf beim Ausfüllen Schwierigkeiten bereitete. Ein für die Chirurgie äußerst wichtiger Aspekt der Fortbildung, die Unterdruckwundtherapie, ist nicht enthalten. 135 korrekt ausgefüllte Fragebögen konnten für die Auswertung zum Thema Fortbildungsstand und Fortbildungsbedarf verwendet werden.

2.7.1. Auswertung und Interpretation

Aktuelles Basiswissen über chronische Wunden ist an der Dermatologie in hohem Maße gegeben. Neue MitarbeiterInnen werden laufend durch erfahrene Pflegepersonen und WundmanagerInnen geschult. Die kommunikative Kompetenz im Umgang mit chronischen Wunden ist ebenfalls vorhanden. Wie aus der Auswertung der patientInnenbezogenen Daten ersichtlich, dürfte das auch an der Chirurgie der Fall sein. Nachholbedarf scheint es dort am ehesten in der Kommunikation und hier vor allem zum Thema Selbstmanagementkompetenz zu geben. Interprofessionelle Verfahrensregeln für die gesamte Dermatologie wurden noch nicht erstellt. Im Projektverlauf wurde für drei Stationen der Dermatologie eine einheitliche Verfahrensregel erarbeitet (siehe Kap. 2.8.1). Eine interprofessionelle Verfahrensregel der Chirurgie ist im QM-Channel des AKH Intranet veröffentlicht. Ein Bereich der Chirurgie verfügt noch nicht über ein Einschätzungsinstrument zur Beurteilung von Wunden. Das vorhandene, für die Chirurgie gültige Assessment-Formular, wird dort übernommen.

ExpertInnen: Insgesamt gibt es an der Dermatologie drei ausgebildete Wundmanagerinnen, eine ausgebildete Entlassungsmanagerin und eine Pflegeberaterin. Zwei Stationen planen die Ausbildung von Wundmanagerinnen.

Sechs Bereiche der Chirurgie haben WundmanagerInnen, die für diese Aufgabe derzeit nicht freigestellt sind. Die Unterstützung an anderen Stationen erfolgt im Rahmen des üblichen Tätigkeitsbereichs, sofern der Stationsbetrieb es zulässt. Die Chirurgie strebt eine Stelle für eine/einen frei gestellten Wundmanagerin/Wundmanager an. Vier der ausgebildeten WundmanagerInnen haben die Weiterbildung im Rahmen des Projektes begonnen und erst im Herbst 2011 beendet.

Entwicklungsschwerpunkt: Erhebung des Wissens von PatientInnen und Angehörigen über Ursachen und Heilung sowie über Selbstmanagementkompetenzen. WundmanagerInnen und Pflegepersonen planen mit multiprofessioneller Wundversorgung und Entlassungsvorbereitungen. Die Planung wird mit PatientInnen abgestimmt. Fortbildungen werden laufend angeboten. Noch zu entwickeln ist ein ausgearbeitetes und individuelles Schulungskonzept bezüglich Selbstmanagementkompetenzen von PatientInnen und Angehörigen. Der Bedarf an Materialien zur wundbezogenen Beratung, Schulung und Anleitung ist an beiden Kliniken gegeben. Dieses Thema wurde im Rahmen der Wundgruppe der Chirurgie bereits von mehreren Stationen angesprochen. Der Bedarf scheint jedoch sehr unterschiedlich zu sein und wird häufig mit Entlassungsmanagement in Zusammenhang gebracht. Die Dermatologie bearbeitet das Thema ebenfalls und plant die Entwicklung eines Konzepts. Hier muss jedenfalls eine Zusammenführung der Erfahrungen für eine hausweite Strategieentwicklung stattfinden, die sich im hausweiten Patientenschulungskonzept wiederfindet.

2.7.1.1. Interpretation Dermatologie

Ca. 70% befragte MitarbeiterInnen nahmen seit Projektbeginn an Schulungen und Fortbildungen teil. Durchschnittlich 36% nahmen bis zur Befragung an Fortbildungen über Maßnahmen zur Minimierung wund- und therapiebedingter Einschränkungen teil. Das Pflegepersonal der Universitätsklinik für Dermatologie ist zum Themenbereich „Chronische Wunden" sehr gut fort- und weitergebildet, es gibt jedoch vor allem bei vertiefenden Fortbildungen zum Thema gesundheitsbezogenes (bzw. gesundheitsförderndes) Selbstmanagement noch Entwicklungspotenzial. Erst ca. 23% konnten bis zur Befragung Fortbildungen über gesundheitsbezogenes Selbstmanagement absolvieren – der Bedarf für diese Fortbildung ist mit 66% als eher hoch zu betrachten. Insgesamt ist großes Interesse erkennbar, sich ständig fortzubilden. Dies kommt einer ständigen Qualitätsverbesserung entgegen und wird im Rahmen von Beurteilungs- und Förderungsgesprächen und im Rahmen von MitarbeiterInnen-Orientierungsgesprächen individuell gefördert. Darüber hinaus werden in Bildungsplanungsgesprächen zwischen der Pflegebereichsleitung und Mitarbeiterinnen der Abteilung Pflege-Organisationsentwicklung bereichsspezifische Bedarfe für spezielle Fortbildungsthemen erörtert und durchgeführt. Die Befragung zeigt unter anderem, dass für die PatientInnen vor allem individuelle Beratungskonzepte von großer Bedeutung wären. Diese Inhalte werden Schwerpunkt in den nächsten Bildungsplanungsgesprächen sein.

Wie auch an der Chirurgie zeigt sich, dass die Arbeitsweise der Pflegepersonen an den Kliniken eher handlungsorientiert ist. Möglicherweise hängt das mit der kurzen Verweildauer und mit der bislang hohen Medizin(er)orientierung zusammen.

2.7.1.2. Interpretation Chirurgie

Zum Zeitpunkt des Projektabschlusses hat etwa ein Drittel der Pflegepersonen an Fortbildungen teilgenommen. Der hohe Schulungsbedarf wird seitens der Teilprojektleitung im Zusammenhang mit der Fortbildungsstrategie laut Projektplan gesehen:

„Um ausreichend praktische Erfahrung sammeln zu können wurde von der Teilprojektleitung stationsübergreifendes „bed side teaching" durchgeführt. Vorangegangene Fortbildungseinheiten zur phasengerechten Wundversorgung zeigten, dass die Teilnehmerzahl nicht groß und konstant genug war, um eine Umsetzung des Expertenstandards zu gewährleisten. Um eine aufbauende und konstant besuchte Fortbildung zu gewährleisten wird ein Wundgruppenmitglied pro Station ernannt, das an den Fortbildungen verpflichtend teilnimmt. Weiters fungieren die Wundgruppenmitglieder als Multiplikatoren auf ihren Stationen." (Fortner, Stockmayr, 2010).

Im Rahmen des Pilot-Teilprojekts wurden MultiplikatorInnen (1 TN pro Station/Bereich) intensiv geschult. Sie sind die AnsprechpartnerInnen für Belange der Wundversorgung und-prävention im Sinne des Expertenstandards und mitverantwortlich für die inhaltlichen Umsetzungen in ihrem Bereich. Seit 2009 sind an der Universitätsklinik für Chirurgie (Pflegebereich) Fortbildungen zu den Themen Wundmanagement und Wunddiagnostik fixer Bestandteil der Fortbildungsplanung. Ab Herbst 2010 wird die Teilnahme über Bereichsleitung und Stationsleitungen geregelt und ist verpflichtend.

Für den Pflegebereich der Universitätsklinik für Chirurgie hat sich das Schulen in kleinen Gruppen (ca. 20 Personen) bewährt. Einerseits ist der Lerneffekt durch die Arbeit mit praktischen Beispielen wesentlich höher, andererseits muss eine adäquate Dienstplanbesetzung gewährleistet bleiben. Prinzipiell könnten auch ÄrztInnen an den Fortbildungen teilnehmen, diese Möglichkeit wird aber leider nicht wahrgenommen. Für die Berufsgruppe der Pflegehilfen muss noch ein Fortbildungskonzept erarbeitet werden.

2.8. Umsetzungsschritte

Aufgrund der Audit-Ergebnisse und der Erfahrungen der Teilprojektleiterinnen zeigen sich einige Handlungsfelder. Im Verlauf des Projekts konnten einzelne Punkte bereits begonnen bzw. erarbeitet werden, wie z.B. Verfahrensregeln. Andere Aufgaben, wie z.B. Schulungs- und Fortbildungsmaßnahmen und Konzepte für wirksame PatientInnenschulungsmaßnahmen, müssen vertieft und geplant werden.

2.8.1. Interprofessionelle Verfahrensregeln
Im Projektverlauf wurden an beiden Kliniken interprofessionelle Verfahrensregeln erarbeitet und festgeschrieben. Beide Dokumente sind QM-Bestandteil und im Intranet (Chirurgie) bzw. an der Klinik (Dermatologie) veröffentlicht. In weiterer Folge werden die Dokumente zusammengeführt und zur hausweiten Gültigkeit mit der Abteilung für Strategische Planung und Qualitätsmanagement abgestimmt.

2.8.1.1. Interprofessionelle Verfahrensregeln Chirurgie

 **MEDIZINISCHE UNIVERSITÄT WIEN**

Allgemeines Krankenhaus
der Stadt Wien – Universitätskliniken
Universitätsklinik für Chirurgie
A – 1090 Wien, Währinger Gürtel 18 – 20
DVR: 0000191

 **ALLGEMEINES KRANKENHAUS DER STADT WIEN**

Interprofessionelle Verfahrensregel – Pflege von Menschen mit chronischen Wunden und sekundär heilende OP-Wunden und Wundheilungsstörungen	CHI – WDM – LL 02

gültig ab: 1.4.2010   Version 01

GELTUNGSBEREICH UND ZWECK

Diese Leitlinie gilt für MitarbeiterInnen des ärztlichen Teams und für MitarbeiterInnen des Gehobenen Dienstes für Gesundheits- und Krankenpflege an der Univ. Klinik für Chirurgie, ausgenommen der MitarbeiterInnen beider Berufsgruppen der Stationen 17 B und 17 E. Die Leitlinie beschreibt die Arbeitsabfolge der Behandlung von Wunden.

MITGELTENDE DOKUMENTE

Ärztegesetz
Gesundheits- und Krankenpflegegesetz
KAV Rahmenstandard
Wunddokumentation (in der letzt gültigen Fassung, im Intranet abrufbar)
Leitlinie CHI – WDM – LL01

VERWENDETE ABKÜRZUNGEN

CHI	Chirurgie
LL	Leitlinie
Univ.	Universität
WDM	Wundmanagement

VERANTWORTL. MITARBEITERIN DES QM-DOKUMENTS

Bereichsleitung Pflege der Univ. Klinik für Chirurgie

Abb. 2a: **Interprofessionelle Verfahrensregel Chirurgie, Seite 1**

Tätigkeitsbeschreibung

1)

1a) Pflegeteam	1b) Ärzteteam

• *Aufnahme und Pflegeprozess laut KAV Rahmenstandard und*
   o *Erfassung von Selbstmanagement-Kompetenzen sowie wund- und therapiebedingte Einschränkungen (Erfassungsliste Exp. Stand. S. 34)*
• *Entlassung laut KAV Rahmenstandard und*
   o *Entlassungsbrief: Maßnahmen zur Förderung der Selbstmanagementkompetenzen und Verbesserung von wund- und therapiebedingten Einschränkungen;*
   o *bei Weiterbetreuung der Wundversorgung im extramuralen Bereich Wundversorgung: Mitgabe einer Kopie der aktuellen Wunddokumentation (Wundbeurteilung, Fotografie, aktuelle lokaltherapeutische Maßnahmen)*
	• Medizinische Diagnose
	• Einleitende Diagnostik zur Grunderkrankung und Wunddiagnose
	• Konsiliaranforderungen
	• Therapie-Anordnung (Anordnungsverantwortung) weiters siehe 2a/b, 3a/b

2)

2a) Behandlung erfolgt nach dem Stand der Wissenschaft, auf evidenzbasierter Medizin und Pflege
2b) Wundbeurteilung → Fotodokumentation → Lokaltherapie → Evaluation bei jedem Verbandwechsel → Belassen/Änderung der Therapie
Bei Bedarf Einbezug eines multidisziplinären Teams (z.B. ApothekerIn, WundexpertIn, DiätologIn, BandagistIn, Fonds Soziales Wien)

3)

3a) Ärztliche Anordnung: Wundversorgung/lokaltherapeutischer Maßnahmen
3b) Wenn die Wundversorgung von Ärztin/Arzt durchgeführt wird verbleibt Dokumentation bei Ärztin/Arzt

4)

4a) Im Rahmen der Durchführungsverantwortung übernimmt die Pflege die Wundversorgung. Wenn die Durchführungsverantwortung nicht übernommen werden kann wird die Wundversorgung von Ärztin/Arzt durchgeführt, siehe 3b
4b) Wundspezifische Maßnahmen, Wundversorgung, Ausführung von Anordnungen, Evaluation und Rückmeldung an Ärzteteam; weiters siehe unter 2, 3

4c) Dekubitus	4d) Ulcus cruris venosum	4e) Ulcus cruris arteriosum/mixtum	4f) Wundheilungsstörungen	4g) Diabetisches Fußulcus
Einleiten drucklastender Maßnahmen nach LL, phasenorientierte Wundversorgung	*Kompressionstherapie nach Anordnung, spezielle Hautpflege, phasenorientierte Wundversorgung*	*Mobilisation, Hautpflege, wenn möglich Verringerung der Risikofaktoren, phasenorientierte Wundversorgung*	*Optimierung der Ernährung, phasenorientierte Wundversorgung*	*Optimierung der Diät, BZ Kontrolle, Drucklastung, spezielle Hautpflege + Fußpflege*

5)

5) Strukturiertes Informationsgespräch mit Erläuterungen und unter Einbezug von Schulungs- und Informationsmaterial (so vorhanden); Einbezug der Selbstmanagementkompetenz von Betroffenen und Angehörigen

Legende:
Kursiv = Pflege selbständiger Bereich (blau), Normal = ärztlicher Bereich (grün),
Fett+normal = Pflege und Ärztin/Arzt gemeinsam, mitverantwortlicher Tätigkeitsbereich (schwarz)

Abb. 2b: **Interprofessionelle Verfahrensregel Chirurgie, Seite 2**

2.8.1.2. Interprofessionelle Verfahrensregeln Dermatologie

Verfahrensregeln Wundmanagement 17 H, I, J	AKH-DE-AA

1 GELTUNGSBEREICH UND ZWECK

Diese Arbeitsanweisung beschreibt die interdisziplinäre Vorgangsweise bei der Aufnahme, Behandlung, Pflege und Entlassung von PatientInnen mit chronischen Wunden auf den Stationen der Dermatologie.

2 MITGELTENDE DOKUMENTE

Expertenstandards „Pflege von Menschen mit chronischen Wunden"
Wunddokumentation Dermatologie
Fotodokumentation
Wundbeurteilung - Bildgebendes Verfahren
Wundbeurteilung - Beschreibendes Verfahren
Pflegediagnose → Hautdefekt, bestehend
　　　　　　　　　→ Gewebebeschädigung
Pflegeanamnese
Status praesens
Fieberkurve
Entlassungsbrief
Verordnungsschein
Kriterien zur Einschätzung der wund- und therapiebedingten Einschränkungen der Selbstmanagementkompetenz von PatientInnen und Angehörigen
PatientInnenfragebogen - Chronische Wunde

3 VERWENDETE ABKÜRZUNGEN/BEGRIFFE

AA	Assistenzarzt
OA	Oberarzt
DGKS/P	Diplomierte/r Gesundheits- und Krankenschwester/-pfleger
PD	Pflegediagnose
FM	Formular
Pat	Patient
D	DiätologIn
EM	Entlassungsmanagerin

4 PROZESSVERANTWORTLICHE

Univ.-Prof. Dr. Höller
Stat. Sr. Miklenic

Abb. 3a: **Verfahrensregeln Wundmanagement Dermatologie, Seite 1**

5 ABLAUF/TÄTIGKEIT

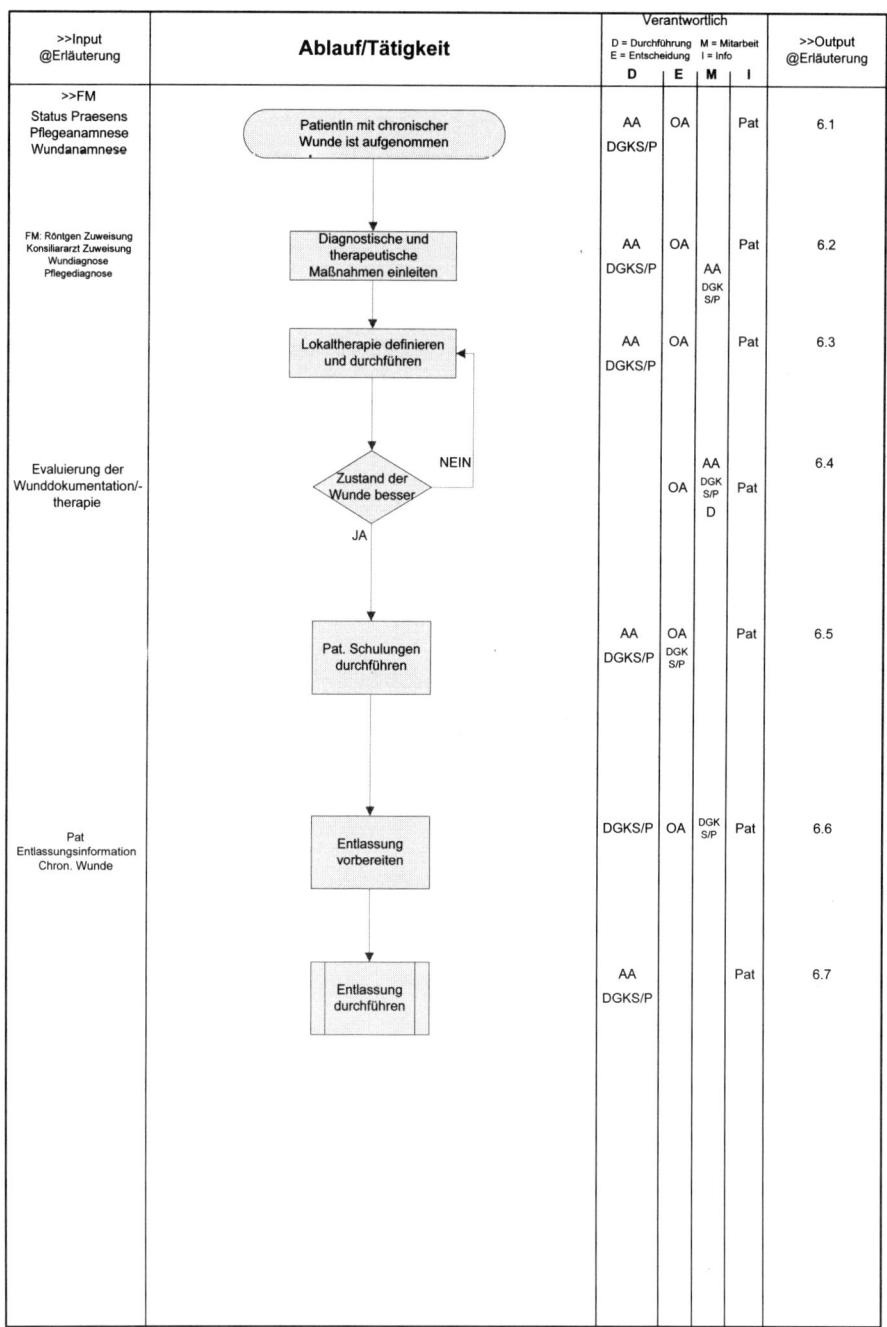

Abb. 3b: **Verfahrensregeln Wundmanagement Dermatologie, Seite 2**

6 ERLÄUTERUNGEN

6.1
Pflegeperson erhebt mit dem/der PatientIn/Angehörigen die Pflegeanamnese und Kriterien zur Einschätzung der wund- und therapiebedingten Einschränkungen der Selbstmanagementkompetenz von PatientInnen und Angehörigen → PatientInnenfragebogen Chronische Wunde.
Wundanamnese wird durchgeführt.
Assistenzarzt erhebt Staus praesens, Wundstatus, stellt eine Wunddiagnose fest und beschreibt die Wundheilungsstadien.

6.2.
Pflegeperson erstellt mit dem/der PatientIn wundspezifische Pflegediagnose und daraus resultierende Maßnahmen.
Die Wundlänge, Breite und Tiefe wird von den Pflegepersonen gemessen und in die Wunddokumentation eingetragen.
PatientIn füllt Chronische Wunden-Fragebogen aus.

6.3.
OA legt diagnostische Maßnahmen und Lokaltherapie fest.
Durchführung durch DGKS/P bzw. Arzt/Ärztin.

6.4.
Gemeinsame Evaluierung in der Wunddokumentation wird eingetragen.
Wenn sich der Zustand der Wunde verbessert hat, werden mit den PatientInnen anhand der erhobenen Daten (aus dem Fragebogen) ihre/seine Wissensdefizite bezüglich der Wunde ermittelt und Beratungs-/Schulungskonzepte ausgearbeitet.

6.5.
Jeder Patient mit chronischen Wunden soll individuelle Einschulung bzgl. Lokaltherapie, Beseitigung der Ursachen sowie prophylaktischen Maßnahmen bekommen.

6.6.
Nach dem definierten Entlassungstermin und absolvierten Schulungsmaßnahmen, erhält jede/r PatientIn einen Entlassungsinformationsbrief „Chronische Wunde", relevante Verordnungsscheine für diverse Behelfe, Rezepte, sowie (bei Bedarf) organisierte Termine für extramurale Betreuung.

6.7.
Prozessschnittstelle zur Entlassung eines Patienten.

Abb. 3c: **Verfahrensregeln Wundmanagement Dermatologie, Seite 3**

2.8.2. Fortbildungen

2.8.2.1. Fortbildungen Dermatologie

Auf Grund des unterschiedlichen Bedarfs und der unterschiedlichen Kenntnisse wurde durch die Arbeitsgruppe ein entsprechendes Fortbildungsprogramm erstellt und nachfolgende Veranstaltungen durchgeführt:

- Basisschulungen – verpflichtend für alle PflegemitarbeiterInnen
- Aufbauende Schulungsmaßnahmen – auf freiwilliger Basis (verpflichtend nur für MultiplikatorInnen)
- Vertiefende Schulungen – auf freiwilliger Basis (verpflichtend nur für MultiplikatorInnen)

Folgende Schulungen wurden organisiert, angeboten und durchgeführt:

Basisschulungen:
- Wundheilungsphasen und Wundbeurteilung
- Kompressionstherapie – Theorie und Workshop
- Wundbeurteilung/Wundreinigung/Wundauflagen – inkl. Workshop

Aufbauende Schulungsmaßnahmen:
- Infektions- und Rezidivprophylaxe
- Verbandstoffe und Lokalantiseptika
- Entlassungsmanagement für PatientInnen mit chronischen Wunden

Vertiefende Schulungen:
- Hygienerichtlinien der Wundversorgung
- Ernährungstherapie bei PatientInnen mit chronischen Wunden
- Dekubitusprophylaxe

Die so genannten StationsmultiplikatorInnen wurden durch gezielte und geplante Fortbildungen zum Wundmanagement systematisch auf ihre Aufgaben vorbereitet, um bei der Umsetzung des Expertenstandards auf den Stationen/Ambulanzen unterstützend agieren zu können. Die Fortbildungen fanden sowohl in der Dienstzeit als auch in der Freizeit statt. Das Interesse an den Angeboten und das erworbene Wissen in den Stations-/Ambulanz-Alltag einfließen zu lassen wurde von Seiten der Pflegepersonen als sehr zufriedenstellend beschrieben. Ebenso wurde auf Grund der Analyse festgestellt, dass Pflegepersonen mit bereits absolvierten Basisschulungen, erhöhten Bedarf an aufbauenden bzw. vertiefenden Schulungen angaben (nach dem Zitat Sokrates: „Ich weiß, dass ich nichts weiß"). Andererseits zeigte sich bei den Pflegepersonen, welche kaum an Fortbildungen teilgenommen hatten, wenig bis kein Bedarf an Fortbildungen. Der hohe Aufwand rechnet sich durch eine Steigerung der Qualität und der Zufriedenheit (Miklenic et al., 2010).

2.8.2.2. Fortbildungen Chirurgie
- Rechtliche Aspekte der Wundversorgung
- Patientenberatung
- Bed side teaching mit WundmanagerIn ab Jänner 2010 fortlaufend (1 bis 2 Stunden pro Schulung, max. 3 Personen, im Schnitt 2 mal pro Monat)
- Basisseminar „Wundmanagement", 5 Tage á 8 Stunden für 11 Pflegepersonen
- Phasenorientierte Wundversorgung
- Für Herbst/Winter 2010/2011 ist monatlich 1 Tag für Fortbildungsthemen, resultierend aus dem personalbezogenen Audit geplant. Dafür soll jede Station mindestens eine Person nominieren, die stationsintern eine Multiplikationsfunktion wahrnimmt.
- Weiters ist für jedes Meeting der Wundgruppe die Präsentation eines Fallbeispiels geplant.

Fortbildungen – Expertenstandard „Pflege von Menschen mit chronischen Wunden"
- Einschulung Auditinstrument November 2009 für ProjektmitarbeiterInnen der Universitätsklinik für Chirurgie und der Universitätsklinik für Dermatologie
- Basis Modul Wundmanagement, 3 Tage á 8 Stunden
- Aufbau Modul Wundmanagement, 3 Tage á 8 Stunden
- 1 Nachfasstag, 4 Stunden
- 1 Nachfasstag, 8 Stunden
für 10 Pflegepersonen der Universitätsklinik für Chirurgie und 5 Pflegepersonen der Universitätsklinik für Dermatologie (Stundenkontingent wurde von der Direktion des Pflegedienstes zur Verfügung gestellt). Für alle Fortbildungen konnten überwiegend klinikinterne hervorragende Experten gewonnen werden.

2.8.3. Implementierung Dermatologie

Neben den Verfahrensregeln wurden für die Umsetzung des Expertenstandards im Rahmen der pflegerischen Anamnese spezifische Instrumente für die Beschreibung der Wunde und die Erfassung wund- und therapiebedingter Einschränkungen benötigt. Als notwendiges Instrument für die Beschreibung chronischer Wunden wurde von der Arbeitsgruppe der Dermatologie eine einheitliche „Wunddokumentation bei chronischen Wunden" erstellt. Für die Erfassung der wund- und therapiebedingten Einschränkungen wird derzeit noch die Pflegeanamnese verwendet, jedoch Handlungsbedarf für ein weiteres, mehr in die Tiefe gehendes Instrument geortet.

Im Projektverlauf haben die eingeführten Dokumentationsmaterialien nach einer Eingewöhnungsphase Akzeptanz bei den Pflegepersonen gefunden. Am unangenehmsten wurde der erhöhte Arbeitsaufwand (zusätzlich zum allgemein steigenden Dokumentationsaufwand durch das QM-System) empfunden. Durch Hilfestellung der FachexpertInnen konnte diese Situation wesentlich verbessert werden. Im Projektbericht der Dermatologie wird eine steigende Patientenorientierung beschrieben, die sich darin äußert, dass sich die Pflegepersonen mit Hilfe dieser neuen Instrumente noch intensiver mit PatientInnen auseinandersetzen. Durch die hohe Fachkompetenz, die unermüdlichen Anstrengungen und durch die Unterstützung des Managements bemühen sich die Pflegepersonen Kooperationen herbeizuführen, zu festigen und ständig zu verbessern. Teilweise sind dieses Bemühungen erfolgreich, es bedarf jedoch noch vieler Anstrengungen, das Ziel einer guten Kooperation zu erreichen (Miklenic et al., 2010).

2.8.4. Implementierung Chirurgie

Mit dem Pilot-Teilprojekt, Implementierung Expertenstandards „Pflege von Menschen mit chronischen Wunden", sind wichtige Schritte in Bezug auf evidenzbasiertes Wundmanagement gesetzt worden. Damit ist Nachhaltigkeit und eine Veränderung der Praxis aber noch nicht durchgehend erreicht. Um Nachhaltigkeit zu sichern und auch um die Investitionen zu rechtfertigen muss der Fokus auf die Pflege von Menschen mit chronischen Wunden und postoperativen Wundheilungsstörungen gerichtet bleiben. Es gilt Erreichtes zu halten, neue Impulse zu setzten, sowie bestehenden Unterstützungsbedarf zu gewährleisten. Aus obgenannten Gründen werden verfügbare/freigestellte/ tw. freigestellte WundmanagerInnen benötigt. Es wird eine Herausforderung sein, in Zusammenarbeit zwischen Abteilung für Organisationsentwicklung im Pflegebereich, Direktion des Pflegedienstes und Bereichsleitung der Univ. Klinik für Chirurgie Strukturen und ein tragbares Konzept für verfügbare WundmanagerInnen zu entwickeln. Dieses Konzept muss in die Zukunft weisen und auch die MitarbeiterInnen, die derzeit zu WundmanagerInnen ausgebildet werden, integrieren.

Erreichtes

1. Chirurgieweit gültige intra- und interprofessionelle Verfahrungsregelung
2. Allgemein gültige Richtlinien zur phasenorientierten Wundversorgung mit Auflistung und kurzer Beschreibung der hausweit erhältlichen Materialien zur Wundversorgung sowie mit Richtlinien zur Fotografieerstellung
3. Chirurgieweit gültiges Wundassessment-Formular und Maßnahmenplan (evidenzbasierte Parameter laut Expertenstandard)
4. MitarbeiterInnen, von den am Projekt beteiligten Stationen, sind im Umgang mit Wundassessment-Formular/Maßnahmenplan geschult
5. Alle Stationen besitzen einen digitalen Fotoapparat und alle MitarbeiterInnen können einen Fotoausdruck erstellen
6. Schulung der MitarbeiterInnen: phasenorientiertes Wundmanagement und Wunddiagnostik; Schulung- und Fortbildungsangebot für die MitarbeiterInnen; weiterführendes Fortbildungskonzept
7. Fortbildungsunterlagen für alle MitarbeiterInnen des AKH sind via Intranet zugänglich
8. Eine zum Inhalt des Expertenstandards geschulte Pflegeperson pro am Projekt beteiligter Station
9. Stationsübergreifendes Zusammenarbeiten der geschulten Pflegepersonen und Einbeziehen von WundmanagerInnen für komplexe Fälle

10. Nominierte ärztliche Ansprechpartner an den Abteilungen: Allgemeine Chirurgie, Gefäßchirurgie, Herzchirurgie
11. Etablierung einer Wundgruppe (WundmanagerIn, Pflegepersonen, Ärzte)
12. Verstärkte Zusammenarbeit mit der Univ. Klinik für allgemeine Dermatologie

(Fortner, Stockmayr, 2010)

3. Diskussion

In der Literatur finden sich hohe Evidenzen für die Wirksamkeit medikamentöser und chirurgischer Behandlung von Menschen mit Grunderkrankungen, die neben anderen Problemen das Risiko des Auftretens von chronischen Wunden mit sich bringen. Dazu gehören z.B. PAVK und Diabetes mellitus. Aufgrund der Häufigkeit chronischer Wunden bei diesen und ähnlichen Erkrankungen wäre es wünschenswert, viel mehr evidenzbasiertes Wissen über die Versorgung chronischer Wunden und die Pflege von Menschen mit chronischen Wunden zur Verfügung zu haben. Leider findet man jedoch wenig Literatur, und wenn, mit niedrigem Evidenzgrad. Etwas besser belegt ist die Wirksamkeit von Beratung und Stärkung der Selbstmanagementkompetenz, wenngleich auch hier eine höhere Anzahl von Studien wünschenswert wäre.

Der 2009 veröffentlichte Expertenstandard zur Pflege von Menschen mit chronischen Wunden stellt – nach gründlicher Literaturrecherche und detaillierter Auseinandersetzung in einem Gremium international anerkannter ExpertInnen mit abschließender Konsensuskonferenz – umfassendes Wissen zu diesen Themenkreisen zur Verfügung und geht vor allem detailliert auf weitgehend eigenverantwortliche Expertisen der Gesundheits- und Krankenpflege ein. Neben der Beschreibung strukturierter Vorgangsweisen werden Auditinstrumente zur Prüfung der Wirksamkeit und damit zur nachhaltigen Sicherung der Qualität in der Pflege von Menschen mit chronischen Wunden beschrieben. Der Einsatz der Auditinstrumente und die Bedarfserhebung und Durchführung von Fortbildungsveranstaltungen haben deutlich gezeigt, wo Handlungsbedarf liegt. Die Ergebnisse zeigen, dass das vom Expertenstandard beschriebene Vorgehen zur Implementierung durchwegs geeignet ist. Die dafür erforderlichen Rahmenbedingungen sind umfassende Schulungs- und Fortbildungsmaßnahmen und die Schaffung von Plandienstposten für die Etablierung von WundmanagerInnen, die grundsätzlich an Abteilungen arbeiten, an denen der Umgang mit chronischen Wunden zum Alltag gehört, wie z.B. chirurgische, dermatologische und internistische, ev. orthopädische und unfallchirurgische Stationen. Die dort tätigen WundmanagerInnen sollten im Sinne von Pflege-Konsiliarleistungen für alle anderen Kliniken zur Verfügung stehen.

Zur Diskussion stellen kann man die Anwendbarkeit bei PatientInnen mit postoperativen Wundheilungsstörungen. An der Universitätsklinik für Chirurgie am AKH Wien wurde das Auditinstrument bei 40% der Stichprobe für PatientInnen mit dieser Wundsituation eingesetzt. Die Ergebnisse waren durchaus zufriedenstellend. Allerdings findet die Wundheilung in solchen Fällen vergleichsweise bald statt, so dass die

Betroffenen äußerst selten lernen müssen, langfristig mit einer chronischen Wunde zu leben. Das Selbstmanagement im Umgang mit schlecht heilenden Operationswunden, z.B. nach Abdominalchirurgischen Eingriffen, wird sich allenfalls auf wenige Monate beschränken, während Menschen mit PAVK oder Ulcus cruris mit oder ohne Unterbrechungen über Jahre hinweg mit Nekrosen oder Ulzerationen konfrontiert sind. Trotzdem erscheint es sinnvoll, die Vorgangsweise ebenso wie das vorhandene Wissen des Teams mit den Auditinstrumenten zu überprüfen, um etwaigen Handlungsbedarf zu ermitteln, bzw. zu konkretisieren.

Aufgaben der Pflege, denen bis vor kurzem wenig Bedeutung beigemessen wurde, oder die nicht immer als Pflegeleistung anerkannt wurden, wie z.B. Beratung und Information von PatientInnen und Angehörigen müssen als integrativer Bestandteil der Pflege propagiert und das nötige Selbstverständnis gefördert werden. Da Beratung und in weiterer Folge PatientInnen-Edukation sich in immer mehr Fachbereichen als wichtige Anforderung an die Pflegepersonen herauskristallisieren, ist der Aufbau der jeweils notwenigen Expertise in Richtung Fachberatung zu fördern.

Krankenhäuser müssen ihre Rolle in der Behandlung von Menschen mit chronischen Wunden genau definieren. Die stationäre Aufnahme erfolgt aus unterschiedlichsten Gründen an unterschiedlichen Kliniken. Der Zugang zur lokalen Wundbehandlung ist je nach Fachrichtung unterschiedlich, von konservativ bis invasiv gibt es ein breites Spektrum. Für die Pflege bedeutet das, dass man sich auf die vorgegebene Zugangsweise einstellt und wirksame Strategien erarbeitet, möglichst zügig zu positiven Ergebnissen zu kommen. Unabhängig von der Art der lokalen Wundbehandlung ist jedoch immer der beteiligende Umgang mit den PatientInnen und Angehörigen entscheidend. Konkrete Informationen sind hier von ebenso großer Bedeutung wie die ständige Rückversicherung darüber, ob Geschultes verstanden wurde, ob Vorgangsweisen mit den Lebensbedingungen abgestimmt und durchführbar sind, in welcher Form das soziale Umfeld für das Leben mit chronischen Wunden geeignet ist.

Dieser hohe Grad an Individualisierung ist im schnelllebigen Krankenhaus nicht immer einfach umsetzbar. Bei immer kürzeren Aufenthaltsdauern muss die medizinische und pflegerische Leistung immer stärker komprimiert werden. In kurzer Zeit müssen PatientInnen eine Flut an Eindrücken, Emotionen, Informationen und wichtigen Verhaltensregeln für die Zukunft verarbeiten. Es ist naheliegend, dass man hier immer rascher auf Kapazitätsgrenzen stößt, Überforderung erzeugt, und zwar gleichermaßen bei PatientInnen wie MitarbeiterInnen.

Eine standardisierte Vorgangsweise in der Pflege von Menschen mit chronischen Wunden birgt sowohl Chancen, als auch Gefahren. Eine Chance mag darin liegen, dass durch einheitliches Vorgehen Zeitressourcen gewonnen werden, die für die individuelle Beratung zur Verfügung gestellt werden können. Eine Gefahr könnte darin liegen, dass die Individualisierung auf der Strecke bleibt, weil „strikt nach Vorgabe" vorgegangen wird.

Die Rolle des Krankenhauses muss deshalb sehr sorgsam mit zuweisenden und übernehmenden Einrichtungen des Gesundheitswesens abgestimmt werden, damit den PatientInnen ein Gesamtkonzept angeboten werden kann, das ein Maximum an Orientierung bietet und größten Wert auf Individualität und Menschlichkeit legt.

Abschließend kann die Frage, ob die im Expertenstandard beschriebene Vorgangsweise zur nachhaltigen Implementierung an den Wiener Universitätskliniken geeignet ist, aufgrund der im Implementierungsprojekt erworbenen Erfahrungen und Messungen grundsätzlich mit Ja beantwortet werden. Die Antwort auf die Frage nach den erforderlichen Rahmenbedingungen liegt vor allem in Schulungskonzepten, im Angebot von höchstmöglicher Expertise für PatientInnen und MitarbeiterInnen der Einrichtung, aber auch in der Aufgabe für das Management, bei allen Maßnahmen größtes Augenmerk auf die bewusste Anwendung des Pflegeprozesses zu legen. Der Grundstein dazu wird bereits durch wertschätzenden Umgang der Führungskräfte mit allen MitarbeiterInnen gelegt. Durch ausgewogene MitarbeiterInnenorientierung entsteht Vorbildwirkung für die PatientInnenorientierung und darin liegt das grundlegende Verständnis für den Pflegeprozess.

3.1. Empfehlungen für die Praxis

Zur Verifizierung der Bereiche, in denen der Expertenstandard implementiert werden soll, ist es sinnvoll, zur Projektvorbereitung eine Erhebung der Wundarten und Fallzahlen hausweit durchzuführen. Die hohen Schulungsanforderungen benötigen vor allem personelle Ressourcen für Unterrichtende und SchulungsteilnehmerInnen, die im Vorfeld rechtzeitig bei der Personaleinsatzplanung berücksichtigt werden müssen. Parallel muss ein angemessenes Fortbildungsbudget in Form zeitlicher und finanzieller Ressourcen zur Verfügung stehen. Der Einsatz erfahrener WundmanagerInnen in der Projektorganisation des Implementierungsprojektes, ist gerade dort, wo es um die Koordination mit anderen Berufsgruppen geht, unbedingt notwendig. Von großem Vorteil ist auch die Verfügbarkeit von ausgebildeten WundmanagerInnen an den Projektstationen.

Im Implementierungsprojekt hat es sich bewährt, dass Pflegeberaterinnen in der Projektsteuerung und in der Projektbegleitung involviert waren. Sie verfügen über die notwendige Erfahrung in der Koordination von Wissensvermittlung und in der Gestaltung motivierender Bedingungen (PflegeberaterInnen sind gleichzusetzen mit PflegeexpertInnen HöFa II). Bewährt hat sich auch die Einschulung der AuditorInnen, um Unsicherheiten bei manchen Fragestellungen zu vermeiden. Zu beachten ist, dass eine zeitnahe Schulung erfolgt.

Sollte das Auditinstrument auch für die Erhebung bei anderen als den typischen, im Expertenstandard beschriebenen chronischen Wunden verwendet werden, ist der patientenbezogene Fragebogen zu modifizieren.

Im AKH Wien wurden PatientInnen mit länger dauernden (> 4 Wochen) postoperativen Wundheilungsstörungen in die Erhebung aufgenommen. Die Erfahrungen damit waren positiv, wenngleich die Gesamtproblematik eine andere ist als bei den üblicherweise unter dem Begriff chronische Wunde subsumierten Situationen (siehe Diskussion). Um eine höhere Patientenorientierung zu erreichen wird die Selbstmanagementkompetenz von PatientInnen mit chronischen Wunden und deren Angehörigen zukünftig einerseits in den Pflegealltag, anderseits in PatientInnenschulungskonzepte einfließen müssen. Akutkrankenhäuser müssen ihre Rolle in der Versorgung chronischer Wunden exakt definieren und die Nahtstellen, sowohl mit den PatientInnen als auch mit vor- und nachbehandelnden Einrichtungen des Gesundheitswesens akkordieren.

Führungskräften kommt eine besondere Rolle zu. Sie sind die Schlüsselpersonen für die erfolgreiche Anwendung von Standards und Auditinstrumenten. Dabei kommt es nicht nur auf die Gestaltung motivierender Rahmenbedingungen an, sondern noch viel mehr auf ein grundlegendes Pflegeverständnis in dem der Pflegeprozess kein „lästiges Dokumentationserfordernis" ist, sondern die grundlegende Werthaltung der Pflegepersonen im Umgang mit den PatientInnen spiegelt.

Literatur

Barlow J. (1999): Prescribing for leg ulcers in general practice. J Wound Care, 8, 7, 369-371.

Červeňanová E., Majeriková M. (2011): Sociálna starostlivosť o seniorov. Sestra a lekár v praxi, 10, 7-8, 42-44.

Červeňanová E., Dobiášová V., Gerlichová K. (2008): Programy a projekty zdravia v SR. Medical Practice, 3, 10, 52-53.

Deutsches Netzwerk für Qualitätsentwicklung in der Pflege – DNQP (Hrsg.)(2009): Expertenstandard Pflege von Menschen mit chronischen Wunden. Fachhochschule Osnabrück.

Fortner N., Stockmayr M. (2010): Implementierung des Expertenstandards: Pflege von Menschen mit chronischen Wunden. Auditbericht/Abschlussbericht, Univ. Klinik für Chirurgie, AKH Wien.

Kozon V., Kabagaya-Fröhlich E. (2002): Prinzipien der patientenorientieren Pflege. In: Direktion des Pflegedienstes AKH Wien (Hrsg.): Pflegeprozess-Handbuch. Verlag Wilhelm Maudrich, Wien, 67-70.

Miklenic Z., Beutl E., Schelmberger E., Kleyhons E. (2010): Umsetzung des Expertenstandards: „Pflege von Menschen mit chronischen Wunden". Zwischenbericht, Univ. Klinik für Dermatologie, AKH Wien.

Mittermaier M., Kozon V., Fortner N., Stockmayr M., Miklenic Z., Beutl E. (2010): Implementierung des Expertenstandards Pflege von Menschen mit chronischen Wunden. Allgemeines Krankenhaus der Stadt Wien – Medizinischer Universitätscampus, Wien.

Moffatt C., Vowden P., Augustin M. (2008): Schwer heilende Wunden: ein ganzheitlicher Ansatz. Wundkomplexität und Heilung. Positionsdokument: Schwer heilende Wunden: ein ganzheitlicher Ansatz. EWMA, MEP Ltd, London, 1.

Morgan P. A., Moffatt C. J. (2008): Non healing leg ulcers and the nurse-patient relationship. Part 2: the nurse's perspective. Int Wound J, 5, 2, 332-339.

Preece J. (2004): Development of a woundmanagement formulary for use in clinical practice. Prof Nurse, 20, 3, 27-29.

Troxler M., Vowden K., Vowden P. (2006): Integrating adjunctive therapy into practice: the importance of recognising ‚hard-to-heal' wounds. World Wide Wounds. www.worldwidewounds.com/2006/december/Troxler/Integrating-Adjunctive-Therapy-Into-Practice.html (29.7.2010).

Vowden P., Apelqvist J., Moffatt C. (2008): Wundkomplexität und Heilung. Positions-dokument: Schwer heilende Wunden: ein ganzheitlicher Ansatz. EWMA, MEP Ltd, London, 2-9.

Welche Auswirkungen haben Expertenstandards auf Pflegepraxis und Berufsfeld?

PETRA BLUMENBERG
OSNABRÜCK

1. Einleitung

Für das Verständnis der Wirkungen von Expertenstandards auf die berufliche Praxis und das Berufsfeld ist es zunächst von Bedeutung, auf die Anfänge der Entwicklung einzugehen. Ausgangslage für die Gründung des Deutschen Netzwerkes für Qualitätsentwicklung in der Pflege (DNQP) 1992 und die spätere Entwicklung von Expertenstandards ab 1999 war die Situation der Pflege in Deutschland in den 90er Jahren. Im Jahr 1980 rief die Weltgesundheitsorganisation das Programm „Gesundheit für alle im Jahr 2000" ins Leben und forderte alle Mitgliedsstaaten auf, bis zum Jahr 1990 effektive Verfahren zur Qualitätssicherung in der Patientenversorgung zu entwickeln und anzuwenden. Zur Umsetzung dieser Vorgaben gründete sich unter Leitung von Marie Farrell eine Arbeitsgruppe, die über fünf Jahre im Rahmen von Konferenzen Empfehlungen zur Entwicklung von Pflegestandards (WHO, 1986) und zur Qualifikation von Qualitätsberatern in der Praxis erarbeitete (WHO, 1987). Nach Abschluss dieser Arbeit griff Alison Kitson vom Oxford Institut for Nursing des Royal College of Nursing den Faden auf und gründete 1992 das Europäische Netzwerk für Qualitätssicherung in der Pflege (EuorQUAN). An diesem Netzwerk wurden nicht nur die Länder beteiligt, die bereits über Erfahrungen in der Qualitätssicherung verfügten (z.B. Niederlande, Großbritannien, Dänemark und die skandinavischen Länder) sondern auch Länder, die von den Erfahrungen der Anderen profitieren können. Doris Schiemann konnte die Fachhochschule Osnabrück als deutsche koordinierende Institution gewinnen und dort ebenfalls 1992 das Deutsche Netzwerk für Qualitätsentwicklung in der Pflege (DNQP) gründen. Von dem europäischen Netzwerk, das sich leider bereits fünf Jahre nach seiner Gründung wieder aufzulösen begann, gingen wichtige Impulse für die Arbeit und Vorgehensweise des DNQP aus. So war zum Beispiel die Auseinandersetzung mit der stationsgebundenen Qualitätsentwicklung – inhaltlicher Schwerpunkt des DNQP in den 90er Jahren – zentraler Bestandteil in allen Mitgliedsländern gewesen.

Von 1992 bis 1999 befasste sich das Deutsche Netzwerk für Qualitätsentwicklung in der Pflege mit Konzepten, um die Qualität von Praxisstandards zu verbessern. Unter anderem fanden wichtige Forschungsprojekte zur Methode der Stationsgebundenen Qualitätsentwicklung statt (Dahlgaard, Schiemann, 1996; Schiemann, Moers, 2004). Während das methodische Vorgehen in der Praxis positive Resonanz fand und zu einem stärkeren Selbstwertgefühl der Pflegenden führte, stießen die Arbeitsgruppen in den Einrichtungen an ihre Grenzen bei der wissenschaftlichen Bewertung des nationalen und zu der Zeit überwiegend internationalen Forschungsstandes. Heraus kamen qualitativ sehr unterschiedliche Praxisstandards zu den gleichen Themen, verbunden mit einem zunehmenden Gefühl der Unsicherheit über das eigentlich anzustrebende Qualitätsniveau. Es war die Zeit der unzähligen abteilungs- und stationsspezifischen Lagerungs-, Körperpflege- und Mundpflegestandards, die eher auf Erfahrungen oder Einstellungen einzelner, als auf forschungsbasiertem Wissen basierten. Vor diesem Hintergrund entstand der Wunsch nach einrichtungsübergreifenden Pflegestandards, die sich auf einem hohen, wissenschaftlich abgesicherten Niveau befinden (DNQP, 1999).

Um den Einrichtungen wissenschaftsbasierte Standards zur Verfügung stellen zu können, begann das DNQP 1999 in Kooperation mit dem Deutschen Pflegerat und finanziell und ideell unterstützt vom Bundesministerium für Gesundheit zunächst im Rahmen eines Modellprojektes mit der Entwicklung des ersten Expertenstandards zum Thema Dekubitusprophylaxe in der Pflege (DNQP, 2000). Deutliche Unterstützung erfuhr dieses Vorhaben durch die Beschlüsse der Gesundheitsministerkonferenzen der Jahre 1996 und 1999, mit denen die Erarbeitung konsensfähiger Standards und Leitlinien sowie wissenschaftlich begründete Qualitätsindikatoren und Qualitätskriterien gefordert wurden. In den folgenden 10 Jahren wurden sieben Expertenstandards entwickelt, konsentiert, modellhaft implementiert und die ersten drei aktualisiert.

Die Expertenstandards werden im Methodenpapier des DNQP (2011) folgendermaßen beschrieben: „Die nationalen Expertenstandards des DNQP sind evidenzbasierte, monodisziplinäre Instrumente, die den spezifischen Beitrag der Pflege für die gesundheitliche Versorgung von Patienten und Bewohnern sowie ihren Angehörigen zu zentralen Qualitätsrisiken aufzeigen und Grundlage für eine kontinuierliche Verbesserung der Pflegequalität in Gesundheits- und Pflegeeinrichtungen bieten. Sie stellen ein professionell abgestimmtes Leistungsniveau dar, das dem Bedarf und den Bedürfnissen der damit angesprochenen Bevölkerung angepasst ist und Kriterien zur Erfolgskontrolle der Pflege einschließt." (DNQP, 2011, 3).

Zentrale Aufgaben von Expertenstandards sind in Anlehnung an den International Council of Nurses (2004):
- Berufliche Aufgaben und Verantwortungen zu definieren
- Innovationen in Gang zu setzen
- Eine evidenzbasierte Berufspraxis, berufliche Identität und Beweglichkeit zu fördern
- Grundlage für einen konstruktiven Dialog über Qualitätsfragen mit anderen Gesundheitsberufen zu sein (Elsbernd, 2009).

Inwieweit sich die Erwartungen an Expertenstandards nach zehnjähriger Erfahrung mit der Entwicklung, Konsentierung, Implementierung und Aktualisierung von sieben Expertenstandards erfüllt haben, soll im Folgenden ausgeführt werden.

2. Auswirkungen auf die pflegerische Praxis

Dass die Expertenstandards in der Praxis angekommen sind und dort Veränderungen bewirken, zeigen die zahlreichen Veröffentlichungen in Fachzeitschriften (siehe hierzu www.dnqp.de/Literaturhinweise). Schwieriger gestaltet sich noch der konkrete Nachweis ihrer Auswirkungen zum Beispiel in Form von Kosten-Nutzen-Analysen (Wolke, 2007 und 2009) oder großangelegten Langzeitstudien. Allerdings liegen neben den Erkenntnissen aus sieben modellhaften Implementierungsprojekten mittlerweile zahlreiche unveröffentlichte Qualifikationsarbeiten zum Thema vor, die Aufschluss darüber geben, wie sich die Auseinandersetzung mit den Expertenstandards auf die pflegerische Praxis auswirkt. Dazu gehören Hinweise, dass Expertenstandards den problematischen Theorie-Praxis-Transfer unterstützen, zur Professionalisierung des Pflegeberufs beitragen und nicht zuletzt die Pflegequalität verbessern.

2.1. Theorie-Praxis-Transfer

Der Pflegeberuf in Deutschland befindet sich im Wandel vom reinen Ausbildungsberuf hin zu einem akademischen Beruf. Zurzeit laufen beide Qualifizierungsmodelle, die klassische dreijährige Ausbildung und die Bachelor- und Masterstudiengänge parallel nebeneinander. Dass dies nicht zu einer Entfremdung im Sinne eines „Heimatverlustes" (Axmacher, 1991) der Pflege geführt hat, sehen Moers und Schiemann darin begründet, dass die Absolventen der überwiegend an Fachhochschulen angesiedelten Studiengänge ihre Tätigkeitsfelder als Pflegeexperten in der Praxis suchen (Moers, Schiemann, 2006). Gleichzeitig werden von Seiten des Gesetzgebers klare Anforderungen an den Beruf gestellt, aus denen deutlich hervorgeht, dass sich pflegerisches Handeln ebenso wie medizinisches Handeln auf die beste verfügbare Evidenz zu stützen hat. Und hier kommen die Expertenstandards zum Zuge, die eben dieses aufbereitete, evidenzbasierte Wissen den Pflegefachkräften für Entscheidungen in der Praxis zur Verfügung stellen. Dass dies nicht einfach sein wird, hat Schaeffer im Zusammenhang mit dem Wissenszuwachs durch die neu etablierten Studiengänge so konstatiert: „wie an einem Ölpapier perlen erarbeitete wissenschaftliche Erkenntnisse an der Praxis ab" (Schaeffer, 2006, 3).

Die Ergebnisse aus den modellhaften Implementierungen machen aber Mut und zeigen, dass sich die Pflegepraxis der Herausforderung der Integration wissenschaftlichen Wissens in das tägliche Handeln stellt. Wichtig ist dafür, dass das wissenschaftliche Wissen bereits „seiner wissenschaftlichen Identität entkleidet" wurde (Beck, Bonß, 1989, 11). Expertenstandards „übersetzen" evidenzbasierte Erkenntnisse aus der Forschung in den Alltagskontext und machen sie so für die Praktiker in den Einrichtungen nutzbar. Neben den sprachlich möglichst einfach verfassten verbindlichen evidenzbasierten Handlungsempfehlungen, die als Struktur-, Prozess- und Ergebnis-kriterien formuliert sind, wird den Praktikern mit den Kommentierungen und der Literaturstudie auch die zugrunde liegende erforderliche Wissensbasis zur Verfügung gestellt. Über das reine Verstehen des beschriebenen Leistungsniveaus hinaus bedarf es aber für die Umsetzung dieser Erkenntnisse in die Praxis der Unterstützung durch akademisch qualifizierte Pflegeexperten (Krebs, 2005).

2.2. Professionalisierung der Pflege

Expertenstandards werden von der Berufsgruppe für die Berufsgruppe entwickelt und machen nach außen (und innen) deutlich, auf welches qualitative Niveau sich die Berufsgruppe verständigt hat und wo die Verantwortungs- und Zuständigkeits-bereiche der Pflege liegen. Nicht nur in der interdisziplinären Diskussion sondern auch gegenüber Patienten/Bewohnern und Angehörigen wird pflegerisches Handeln transparenter und besser begründbar und es kommt so zu einem fachlichen Diskurs innerhalb und außerhalb der Berufsgruppe.

Am Beispiel des Expertenstandards Dekubitusprophylaxe verdeutlicht Galgan (2005), dass es auch die Entfaltungsmöglichkeiten sind, die die Berufsgruppe an den Standards schätzt. Auf der einen Seite legen sie zwar eine Richtschnur für das richtige Handeln fest, auf der anderen Seite lassen sie allerdings auch die Möglichkeit zu eigen-ständigem Handeln und Denken offen und fordern sie geradezu heraus (Galgan, 2005). Durch die systematische Auseinandersetzung mit dem Standard wird aber nicht nur der Dialog mit anderen Berufsgruppen gefördert, sondern auch der Dialog innerhalb der Berufsgruppe erfährt einen Impuls. Expertenstandards führen zu inhaltlichen Ausei-nandersetzungen mit essentiellen Themen wie Einschätzung von Risiken, Schulungs- und Beratungsprogrammen oder der systematischen Evaluation. Und automatisch verändert sich dabei auch die Fachsprache, indem die Expertenstandards Begriffe wie „Screening", „Assessment" oder „Edukation" in den Pflegealltag einführen.

2.3. Verbesserung der Pflegequalität

Die Arbeit mit den Expertenstandards trägt über das spezifische Standardthema hinaus zu einer Verbesserung des pflegerischen Handelns bei. Der immer gleiche Aufbau aller Standards führt zu einer selbstverständlichen Anwendung des Pflegeprozesses mit Einschätzung, Planung, Durchführung und Evaluation pflegerischen Handelns, immer verbunden mit Information, Beratung und Schulung von Patienten/Bewohnern und ihren Angehörigen. Insbesondere an den Themen Assessment, Schulung und Beratung kann festgestellt werden, dass sie zu einem festen Bestandteil im Pflegealltag geworden sind, unabhängig vom jeweiligen Pflegeproblem. Schulung und Beratung werden zunehmend als eigenständiger Aufgabenbereich und nicht mehr als das Ge-spräch zwischen Tür und Angel wahrgenommen. Gezielte Patientenorientierung und Einbindung von Angehörigen werden so zu einem zentralen Bestandteil pflegerischen

Handelns. In Patientenbefragungen wird regelmäßig deutlich, dass Patienten dies wahrnehmen und schätzen (z.B. Kuhlmann, 2005; Besendorfer, Schmidt, 2005).

Darüber hinaus trägt die Arbeit mit den Expertenstandards zu einer verbesserten Dokumentation bei, da mit jedem Ergebniskriterium Hinweise gegeben werden, was und wie zu dokumentieren ist. Die sieben bisher in den Expertenstandards behandelten Pflegethemen sind vermutlich die in den Pflegedokumentationen am besten dokumentierten. Nicht gelöst ist damit das Problem des Dokumentationsaufwandes, der die Notwendigkeit eines wissenschaftlich entwickelten grundlegenden Pflegeassessments deutlich macht. Und nicht zuletzt stellen Expertenstandards eine ausgezeichnete Vorlage für die Entwicklung eigener Praxisstandards dar. Sie leben vor, wie der kritische Umgang mit Erkenntnissen aus der Literatur erfolgt und bieten den äußeren Rahmen für einrichtungsspezifische Themen. So wurde zum Beispiel in einer Einrichtung ein Expertenstandard Suizid-Prophylaxe am Beispiel der Expertenstandards entwickelt und erfolgreich umgesetzt (Hemdenkreis, 2010).

Die zentrale Frage, ob Expertenstandards nun in der Praxis zu einer Reduktion von Stürzen, Dekubitus, Schmerzen, Mangelernährung oder Wiedereinweisungen nach Krankenhausaufenthalten führen, bzw. die Qualität der Versorgung von Menschen mit Kontinenzproblemen oder chronischen Wunden verbessern, kann erst eindeutig beantwortet werden, wenn Ergebnisse aus Einrichtungen vorliegen, die bereits langfristig und systematisch die Expertenstandards umsetzen. Denn erste Untersuchungen zur Etablierung oder Implementierung der Expertenstandards in der Praxis zeigen, dass die eigentliche Arbeit erst mit Abschluss der Implementierung beginnt (Ferrentino, Wolfsteiner 2008). Und ob eine dauerhafte Etablierung gelingt und somit der Expertenstandard zu einer besseren pflegerischen Versorgung beiträgt, hängt neben der grundsätzlichen Bereitschaft des Managements und der Motivation der Pflegefachkräfte auch von den institutionellen Ressourcen ab. Einen Hinweis geben die Dekubitus-Prävalenzerhebungen des Institutes für Medizin-, Pflegepädagogik und Pflegewissenschaft der Charité Universitätsmedizin Berlin, die bei ihren seit 2002 durchgeführten Erhebungen einen deutlichen Rückgang der Dekubitusprävalenzen feststellen (Lahmann, Kottner, 2010). Ein Zusammenhang mit dem 2002 abschließend veröffentlichten Expertenstandard ist zu vermuten aber nicht eindeutig nachzuweisen, da keine deutschlandweiten Untersuchungen zur Umsetzung von Expertenstandards vorliegen. In einer etwa drei Jahre nach der abschließenden Veröffentlichung durchgeführten repräsentativen Befragung bayerischer Einrichtungen der stationären Altenhilfe und der ambulanten Pflege wird dem Expertenstandard Dekubitusprophylaxe ein hoher Umsetzungsgrad bescheinigt. Drei Viertel aller Befragten der stationären Einrichtungen und mehr als die Hälfte der Befragten in den ambulanten Diensten gaben an, den Expertenstandard Dekubitusprophylaxe anzuwenden (Fraunhofer Institut für Arbeitswirtschaft und Organisation, 2005).

3. Auswirkungen auf das Berufsfeld Pflege

Im Zusammenhang mit den Expertenstandards ist es zu zahlreichen rechtlichen und qualitätspolitischen Neuerungen gekommen, die Einfluss auf das Berufsfeld der

Pflege haben. Pflege wird zunehmend als eigenverantwortlicher Beruf und weniger als medizinischer Assistenzberuf angesehen, mit einem eigenen zu verantwortenden Zuständigkeitsbereich. Hierbei geht es um Änderungen bei den Vorgaben zur externen und internen Qualitätssicherung, der Rechtssprechung und der gesetzlichen Verankerungen der Expertenstandards.

3.1. Externe und interne Qualitätssicherung

Im Rahmen gesetzlich vorgegebener Maßnahmen der Qualitätssicherung werden Indikatoren für die Bestimmung der Qualität in Krankenhäusern entwickelt. Auf der Grundlage des Expertenstandards Dekubitusprophylaxe in der Pflege wird bereits seit 2007 der Generalindikator Dekubitusprophylaxe als pflegerelevanter Indikator erhoben. Es ist damit bislang der einzige diagnoseunabhängig erhobene, pflegerelevante Indikator. Expertenstandards bieten sich an, auch für weitere Themen pflegerelevante Indikatoren zu entwickeln, da die wichtige Voraussetzung der Bestimmung des zu erreichenden Qualitätsniveaus erfolgt ist. Weitere Indikatoren auf Grundlage der Expertenstandards bieten sich z.B. zu den Themen Entlassungsmanagement, Sturzprophylaxe und Schmerzmanagement an.

Neben der externen Qualitätssicherung sind Auswertungen der Umsetzung von Expertenstandards aber auch für die interne Qualitätssicherung geeignet, wie sich unter anderem an Qualitätsberichten der Krankenhäuser zeigt. Das zu jedem Expertenstandard entwickelte, standardspezifische Audit-Instrument ermöglicht der Einrichtung eigene, ergebnisorientierte Qualitätserhebungen. Die erhobenen Daten können in die gesetzlich geforderten Qualitätsberichte der Krankenhäuser einfließen und zur internen Qualitätsentwicklung genutzt werden, indem sie Schwachstellen deutlich machen (Koch-Bitsch, Woiwoda, 2007, 161).

3.2. Qualitätsprüfungen

Im Rahmen der Qualitätsprüfungen des Medizinischen Dienstes der Krankenkassen werden etwa seit 2005 konkret Fragen zur Umsetzung der Expertenstandards gestellt. Pflegeeinrichtungen müssen nachweisen, dass sie den in den Expertenstandards aufgeführten allgemein anerkannten Stand pflegerischer Erkenntnisse berücksichtigen. Nicht-Einhaltung kann vertragsrechtliche Konsequenzen zur Folge haben (Bölicke, Schlegel, 2009).

3.3. Sozial- und Zivilrechtssprechung

Expertenstandards dienen zunehmend als Grundlage in der Sozialrechtssprechung und in Gutachten, da sie von den Gerichten als vorweggenommene Sachverständigengutachten gewertet werden, unabhängig von einer gesetzlichen Verbindlichkeit der Expertenstandards. Ihre Verbindlichkeit haben die Expertenstandards des DNQP dadurch erlangt, dass sie gemäß dem international anerkannten methodischen Vorgehen für Leitlinien und Standards entwickelt worden sind, seitens der Berufsgruppe anerkannt wurden und den allgemein anerkannten aktuellen Stand pflegerischer Erkenntnisse wiedergeben (Theuerkauf, 2011).

Theuerkauf sieht analog auch eine zivilrechtliche Verbindlichkeit, obwohl dazu erst vereinzelt Gerichtsurteile vorliegen. Diese Verbindlichkeit ergibt sich ebenfalls aus dem allgemein anerkannten Stand pflegerischer Erkenntnisse (2011). Daraus lässt sich ableiten, dass sich die Einhaltung der Vorgaben von Expertenstandards haftungsentlastend auswirkt.

3.4. Gesetzliche Verankerung

Im Rahmen des Pflege-Weiterentwicklungsgesetzes wurden die Expertenstandards 2008 für alle Pflegekassen und deren Verbände sowie für die zugelassenen Pflegeeinrichtungen unmittelbar verbindlich gemacht (§ 113a SGB XI). Geregelt wird mit diesem Gesetz auch die Finanzierung der Entwicklung und Anwendung der Expertenstandards in Einrichtungen die einen Versorgungsvertrag nach § 72 SGB XI haben. Wünschenswert wären vergleichbare Regelungen auch für den SGB V-Bereich, der für die Krankenhausbehandlung gilt. Das DNQP sieht seinen Auftrag der Qualitätsentwicklung nach wie vor sektorenübergreifend für alle Settings, in denen Pflege geleistet wird.

4. Ausblick

Die Expertenstandards des DNQP haben einen erfolgreichen Weg hinter sich gebracht und damit den Anschluss an internationale Qualitätsinitiativen in der Pflege hergestellt. Dies war nur möglich, weil die Entwicklung, Konsentierung, Implementierung und Aktualisierung der Expertenstandards getragen wurde von hoch motivierten Pflegewissenschaftern und Pflegepraktikern. Die Konsensuskonferenzen und Netzwerk-Workshops des DNQP zeigen regelmäßig, wie wichtig der Dialog zwischen Praxis und Wissenschaft aber auch zwischen den verschiedenen Settings ist, in denen Pflege angeboten wird. Von daher wird das DNQP auch in Zukunft sektorenübergreifende Qualitätsinstrumente entwickeln und beforschen. Dazu gehört neben der Entwicklung weiterer Expertenstandards auch die Entwicklung von Qualitätsindikatoren auf der Grundlage der Expertenstandards.

Eine weitere Herausforderung sieht das DNQP in der Unterstützung von Gesundheits- und Pflegeeinrichtungen bei der systematischen Einführung der Expertenstandards. Hierzu bedarf es über die Berichte zu den modellhaften Implementierungen hinaus regionaler Schulungs- und Beratungsprogramme.

Literatur

Axmacher D. (1991): Pflegewissenschaft, Heimatverlust der Krankenpflege? In: Rabe-Kleberg U. (Hrsg): Fachtagung „Hochschulausbildung für Personen im Bereich personenbezogener Dienstleistungen", Universität Bremen, 11./12.2.1991, KT-Verlag, Bielefeld.

Beck U., Bonß W. (1989): Weder Aufklärung noch Sozialtechnologie. Studien zur Praxis sozialwissenschaftlichen Wissens. Suhrkamp, Frankfurt.

Besendorfer A., Schmidt B. (2005): Expertenstandard Schmerzmanagement implementiert: „Ich hatte zum ersten Mal keine Schmerzen!". Pflegezeitschrift, 58, 2, 78-83.

Bölicke C, Schlegel K. (2009): Expertenstandards im neuen Pflegeversicherungsrecht – wie geht es weiter? Die Schwester Der Pfleger, 3, 297-284.

Dahlgaard K., Schiemann D. (1996): Voraussetzungen und Darstellung der Methode der stationsgebundenen Qualitätssicherung. In: der Bundesminister für Gesundheit (Hrsg.): Abschlussbericht Qualitätsentwicklung in der Pflege. Nomos-Verlagsgesellschaft, Baden-Baden, 1-79.

Deutsches Netzwerk für Qualitätsentwicklung in der Pflege (DNQP)(1999): Katalog der Mitgliederaktivitäten. DNQP, Osnabrück.

Deutsches Netzwerk für Qualitätsentwicklung in der Pflege (DNQP)(2000): Sonderdruck Expertenstandard Dekubitusprophylaxe in der Pflege. Schriftenreihe des DNQP, Osnabrück.

Deutsches Netzwerk für Qualitätsentwicklung in der Pflege (DNQP)(2011): Methodisches Vorgehen zur Entwicklung, Einführung und Aktualisierung von Expertenstandards in der Pflege. www.dnqp.de (19.9.2011).

Elsbernd A. (2009): Nationale Expertenstandards in der Pflege: Entstehungshintergründe, Entwicklung, Nutzen und Implementierung in die Pflegepraxis. In: Bechtel P. (Hrsg.): Erfolgreiches Pflegemanagement im Krankenhaus. CW Haarfeld, Köln, 442-502.

Ferrentino M., Wolfsteiner C. (2008): Erfolgreiche Wege zur Implementierung von Expertenstandards. Die Schwester Der Pfleger, 47, 2, 144-147.

Fraunhofer Institut für Arbeitswirtschaft und Organisation (2005): Pflege Ohne Druck – Eine Studie im Auftrag des Bayrischen Staatsministeriums für Arbeit und Sozialordnung, Familie und Frauen. Dekubitus; Ursachen der Entstehung, prophylaktische Maßnahmen und Rahmenbedingungen in der häuslichen und stationären Altenhilfe in Bayern. www.stmas.bayern.de/pflege/pflegeohnedruck.htm (1.9.2011).

Galgan M. (2005): Einflüsse auf die Verstetigung des Expertenstandards Dekubitusprophylaxe in der Pflege nach der Implementierungsphase. Masterarbeit. Private Universität Witten/Herdecke.

Hemdenkreis B. (2010): Pflegestandard Suizidprophylaxe. Vortrag vom 23.06.2010 in Rheda. www.lwl.org/527-download/pdf/Hemkendreis.pdf (1.9.2011).

Koch-Bitsch K., Woiwoda R. (2007): Auf dem Weg kontinuierlicher Verbesserungen. Expertenstandard Dekubitusprophylaxe – Fazit aus der Implementierung. Pflegezeitschrift, 3, 158-161.

International Council of Nurses (ICN)(2004): International Principles and Framework for Standards Development in Nursing, ICN, Geneva.

Krebs M. (2005): Wissenstransfer in der Pflege als Aufgabe von Pflegeexperten – eine empirische Untersuchung. Diplomarbeit, Studiengang Pflegewissenschaft, Fachhochschule Osnabrück.

Kuhlmann Ch. (2005): Umsetzung des Expertenstandards „Schmerzmanagement in der Pflege" in einer Universitätsklinik in NRW – aus Patientensicht. Diplomarbeit, Studiengang Pflegewissenschaft, Fachhochschule Osnabrück.

Lahmann N., Kottner J. (2010): Dekubitusprophylaxe: Die neuesten rechtlichen und tat-
sächlichen Erkenntnisse. Rechtsdepesche für das Gesundheitswesen, 1, 12-17.

Moers M., Schiemann D. (2006): Expertenstandards in der Pflege – Implementation als
Strategie des Wissenstransfers. In: Schaeffer D. (Hrsg.): Wissenstransfer in der Pflege.
Ergebnisse eines Expertenworkshops. Veröffentlichungsreihe des Instituts für Pflege-
wissenschaft an der Universität Bielefeld, 41-62.

Moers M., Schiemann D. (2004): Expertenstandards in der Pflege. Vorgehensweise des
Deutschen Netzwerks für Qualitätsentwicklung in der Pflege (DNQP) und Nutzen für
die Praxis. Pflege & Gesellschaft, 9, 3, 75-78.

Schaeffer D. (2006): Wissenstransfer in der Pflege – ein Problemaufriss. In: Schaeffer D.
(Hrsg.): Wissenstransfer in der Pflege. Ergebnisse eines Expertenworkshops. Veröffentlichungsreihe des Instituts für Pflegewissenschaft an der Universität Bielefeld, 1-14.

Schiemann D., Moers M. (2004): Werkstattbericht über ein Forschungsprojekt zur Wei-
terentwicklung der Methode der Stationsgebundenen Qualitätsentwicklung in der
Pflege. Mit einem Kapitel von A. Fierdag. Schriftenreihe des Deutschen Netzwerks für
Qualitätsentwicklung in der Pflege, Osnabrück.

Schiemann D., Moers M. (2006): Entwicklung und Anwendung nationaler Expertenstandards in der Pflege. In: Dieffenbach S., Harms K., Heßling-Hohl M., Müller J. F. W.,
Rosenthal T., Schmidt H.-U., Thiele G. (Hrsg.): Management Handbuch Pflege, Eco-
nomia-Verlag, Heidelberg, 1-21.

Theuerkauf K. (2011): Zivilrechtliche Verbindlichkeit von Expertenstandards in der Pflege.
MedR, 29, 72-77.

World Health Organization (WHO)(1986): Die Entwicklung von Standards in der Kranken-
pflegepraxis: Bericht über eine WHO-Tagung, 10.-13. Juni 1986, Brüssel.

World Health Organization (WHO)(1987): Die Rolle des Beraters bei der Qualitätssicherung
in der Pflegepraxis. Bericht über eine WHO-Tagung, 2.-4. Dezember 1987, Den Haag.

Die Bedeutung der Arteria iliaca interna für die „Dekubitusentstehung" durch Ischämie

NORBERT FORTNER

WIEN

1. Einleitung

Das Thema „Dekubitus" ist in allen Bereichen der Pflege, der Medizin und vor allem bei betroffenen PatientInnen und pflegenden Angehörigen stets präsent und beschäftigt die Pflegewissenschaft sowie die verschiedensten Pflegeorganisationen nach wie vor überdurchschnittlich. Über kein anderes Thema in der Pflege gibt es so viele Publikationen und wissenschaftliche Abhandlungen wie über den Dekubitus (vgl. DNQP, Expertenstandard Dekubitusprophylaxe in der Pflege, 2010). Trotzdem gibt es noch eine Vielzahl an Faktoren, die mit der Entstehung eines Dekubitus zwar in Verbindung gebracht werden, deren Bedeutung aber noch nicht geklärt ist. Das Ziel muss immer die Vermeidung eines Dekubitus sein. Die bekannten Dekubitusprophylaxemaßnahmen müssen darauf ausgerichtet sein, mögliche Entstehungsursachen zu reduzieren. Trotzdem gibt und gab es in der Vergangenheit immer wieder PatientInnen wo dies trotz intensivster Prophylaxemaßnahmen nicht vermeidbar war. Dabei war vor allem die Entstehungszeit der Dekubitalulcera maßgeblich für meine Skepsis bezüglich bekannter Dekubitusursachen verantwortlich. Besonders skeptisch war ich auch immer, wenn angenommen wurde, dass ausschließlich Druck-, Scher- und Reibekräfte und zusätzlich begünstigende Faktoren allein für die Entstehung eines Dekubitus verantwortlich sein sollen. Auf der Suche nach möglichen „unbeachteten" Ursachen, bin ich immer wieder auf die arterielle Verschlusskrankheit gestoßen und fand diese Erklärung plausibel. Beim arteriellen Ulcus ist grundsätzlich eine mangelnde Durchblutung des betroffenen Areals (Mikrozirkulation) verantwortlich. Das Gewebe wird ungenügend mit Nährstoffen versorgt jedoch mit Abfallstoffen überfrachtet. Trotzdem kommt hier niemand auf die Idee, Druck und Scherkräfte dafür verantwortlich zu machen. Wenn die Zehen nekrotisch werden oder ein Ulcus am Vorfuß entsteht, ist jedem klar, dass hier eine arterielle Verschlusskrankheit im Stadium IV nach Fontaine vorliegt und nicht ein Druck von außen die gestörte Durchblutung/Mikrozirkulation verursacht. Nur bei Ulzerationen im Sakral- oder Glutealbereich sowie trochantär werden dennoch immer wieder ausschließlich Druck und Scherkräfte verantwortlich gemacht. In diesem Zusammenhang wird dann immer von unzureichenden Prophylaxemaßnahmen, von Pflegefehlern oder gar von einem Gradmesser für die Pflegequalität gesprochen. Warum ist es bei diesen Lokalisationen nicht ebenso legitim die Ursachen in einer arteriellen Verschlusskrankheit zu suchen? Ja es ist legitim und bei genauerer Betrachtung der Anatomie bzw. der Versorgungsbezirke der Beckenarterien sowie einzelner Studien wird schnell klar, dass hier Vergleiche zulässig sind. Von besonderer Bedeutung ist in diesem Bereich die Durchblutungssituation der Arteria iliaca interna, welche den unteren Dickdarmabschnitt sowie die Gesäßmuskulatur und den sakralen Hautbezirk sowie die Geschlechtsorgane versorgt. Wenn bei den beiden inneren Beckenschlagadern (Arteria iliaca interna – AII) die Durchblutung akut oder chronisch ausgeschaltet wird, so können im Bereich der Versorgungsgebiete schwere Veränderungen auftreten. Vor allem ein ischämischer Defekt („Dekubitus"), der sich dann außerordentlich schwer bis gar nicht behandeln lässt. Die sogenannte Angina glutealis ist das erste Vor- und Warnzeichen, wo bereits jede mögliche Pflege(Dekubitusprophylaxe)maßnahme mit hoher Intensität durchgeführt werden sollte.

Beispielsweise bei einer Embolisation der Arteria iliaca interna ein- oder beidseitig vor einer Stengraftimplantation. Danach werden die genannten Versorgungsbezirke anschließend nicht mehr durchblutet und höchste Defektgefahr besteht. Bei der Embolisation geschieht dies vor allem akut, durch einen unilateralen oder bilateralen Verschluss der Arteria iliaca interna. Vergleichbar mit einer akuten Embolie hat der Körper keine Gelegenheit mehr Umgehungskreisläufe, sogenannte Kollateralen, zu bilden. Die Folge ist eine akute Ischämie mit folgenschweren Schäden für das Muskelgewebe. Sowohl bei einem akuten als auch bei einem chronischen Verschluss der Arteria iliaca interna sind Druck, Scher- und Reibekräfte für die Dekubitusentstehung vordergründig nicht mehr relevant sondern die klassische Ischämie ist dafür verantwortlich. „Eine Ischämie ist eine krankheitsbedingte oder aber auch gezielt verursachte Minderdurchblutung oder Blutleere in einem Organ bzw. in einem Körperbereich. Bei Erkrankungen der Blutgefäße kommt es oft zu einer Minderdurchblutung, das heißt ein Organ oder eine Körperregion werden nicht ausreichend durchblutet, weil die Blutgefäße verengt oder ganz blockiert sind. Eine andauernde unzureichende Durchblutung führt zu einem Mangel an Sauerstoff und Nährstoffen im betroffenen Bereich und damit zum Absterben des Gewebes. Wie lange eine Ischämie ohne dauerhafte Folgen bleibt, ist je nach Organ unterschiedlich. Das Gehirn überlebt nur wenige Minuten, einige innere Organe und Gliedmaßen können mehrere Stunden überleben". (vgl. www. med.de/lexikon/ischaemie.html). Das Muskelgewebe hat etwa eine Ischämietoleranz von sechs Stunden. „Die Skelettmuskulatur toleriert eine Unterbrechung ihrer Gefäßversorgung etwa sechs Stunden; danach ist die Ischämie der Muskulatur irreversibel und der nekrotische Muskel wird in einen verkürzten bindegewebigen Strang umgewandelt". (vgl. Sandfort).

Mit der aktuellen NPUAP und EPUAP Dekubitus Definition wird ebenfalls schnell klar, dass hier noch einige Faktoren für die Dekubitusentstehung unerforscht sind.

„Dekubitus ist eine lokal begrenzte Schädigung der Haut und/oder des darunterliegenden Gewebes, in der Regel über knöchernen Vorsprüngen, infolge von Druck oder von Druck in Kombination mit Scherkräften. Es gibt eine Reihe weiterer Faktoren, welche tatsächlich oder mutmaßlich mit Dekubitus assoziiert sind; deren Bedeutung ist aber noch zu klären". (vgl. EPUAP und NPUAP, 2009, 7).

2. Bisher bekannte Dekubitusursachen

Bekannt sind verschiedenste Dekubitusursachen, die meist in extrinsische und intrinsische Risikofaktoren unterteilt werden.

Extrinsische Risikofaktoren: Druckbelastung, Scher- und Reibekräfte, Hebe- und Lagerungstechniken, bestehende Mikrotraumata der Haut, Schädigung der Haut aufgrund mangelhafter Körperhygiene, Medikamente, Feuchtigkeit u.a.

Intrinsische Risikofaktoren: Mobilitätseinschränkung, Harn- oder Stuhlinkontinenz, Mangelernährung, sensorische Beeinträchtigungen, verminderte Durchblutung (arterielle Verschlusskrankheit, Herzinsuffizienz), schwere chronische Erkrankungen, Infekte (chronische Infekte der Haut bzw. systemische), Skelettdeformität (Knochenfehlstellungen, Knochenvorsprünge), Alter, Gewicht, Exsikose – Dehydration (ausgetrocknete Haut), anamnestische Vorschädigungen (vorgeschädigte Haut, abgeheilter Dekubitus) und einige mehr.

3. Gefährdete Körperregionen für die Dekubitusentstehung

Verschiedenste Prädilektionsstellen sind im Arbeitsalltag zu beobachten. Besonders betroffen sind meist der Beckenbereich (sakral, gluteal, trochantär), sowie die Ferse und der Aussenknöchelbereich. Sehr selten betroffen sind das Fibulaköpfchen, das Hinterhaupt, die Schulterblätter, das Schultergelenk, der Ellenbogen, die Ohrmuschel, sowie der Kniebereich innen und außen bzw. die Wirbelsäule.

Der Großteil aller Dekubitalulcera bezieht sich vorwiegend auf den Becken- bzw. Fersen- oder Knöchelbereich. In der Praxis ist zu beobachten, dass allein der Beckenbereich mit weit über 70% betroffen ist. Ein sehr hoher Prozentsatz aller Dekubitalulzerationen entsteht demnach in Bereichen, wo auch eine arterielle Verschlusskrankheit bzw. eine Ischämie als Entstehungsursache relevant sein könnte. Beispielsweise auch im Fersen oder Aussenknöchelbereich. Auch in diesen Bereichen werden ebenso immer wieder ausschließlich Druck und Scherkräfte verantwortlich gemacht und von einem Dekubitus gesprochen. Gerade beim arteriellen Ulcus cruris im Aussenknöchelbereich oder beim Ulcus an der Ferse fällt die Abgrenzung zum Dekubitus meist schwer. Klarheit bringen hier nur diagnostische Maßnahmen wie beispielsweise eine Angiographie oder ein Dopplerindex, die bei allen PatientInnen bei einem „Ulcus/Dekubitus" unklarer Genese rechtzeitig eingeleitet werden sollten.

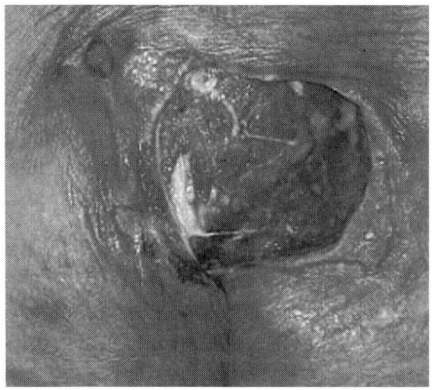 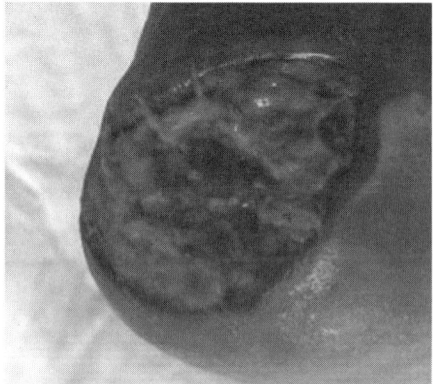

Abb. 1: **Sakraldefekt (bei AII Verschluss bds.)**   Abb. 2: **Fersendefekt**

4. Die Blutversorgung des Beckenbereiches über die Arteria iliaca interna (AII)

Der Beckenbereich wird weitgehend über die Arteria iliaca interna mit Blut versorgt. Nachfolgend werden die Versorgungsbereiche der AII und deren Bedeutung für den „ischämischen Dekubitus" näher beschreiben. Die Arteria iliaca interna ist ein Ast der Arteria iliaca communis, der die Gesäßmuskulatur und die Beckenorgane versorgt. Die etwa vier Zentimeter lange Arteria iliaca interna hat ihren Ursprung in Höhe des Lumbosakralgelenks und entspringt der Bifurkation der Arteria iliaca communis. Im weiteren Verlauf teilt sich die Arteria iliaca interna in einen Truncus anterior und einen Truncus posterior. Beiden Ästen entspringen zahlreiche weitere Arterien, die nachfolgend noch genauer beschrieben werden. Die Arteria iliaca interna versorgt das Gesäß (Muskulatur und Haut), die Beckenwand, die Beckeneingeweide, die Fortpflanzungsorgane, und die medialen Anteile des Oberschenkels mit arteriellem Blut. (vgl. O. A., http://flexikon.doccheck.com/Arteria_iliaca_interna).

4.1. Äste und Versorgungsbereiche der Arteria iliaca interna

Anteriore Äste der Arteria iliaca interna (Truncus anterior)
Arteria uterina – Gebärmutterarterie
Arteria pudenda interna – Arterie der äußeren Genitalien und Schwellkörper (Mann/ Frau unterschiedliche Äste)
Arteria umbilicalis – Nabelarterie
Arteria rectalis media (Rektum und Anusmuskulatur), beim Mann auch Äste zur Prostata und zu den Samenbläschen, bei der Frau Äste zur Vagina
Arteria obturatoria – Hüftlocharterie, versorgt auch die Beckenregion

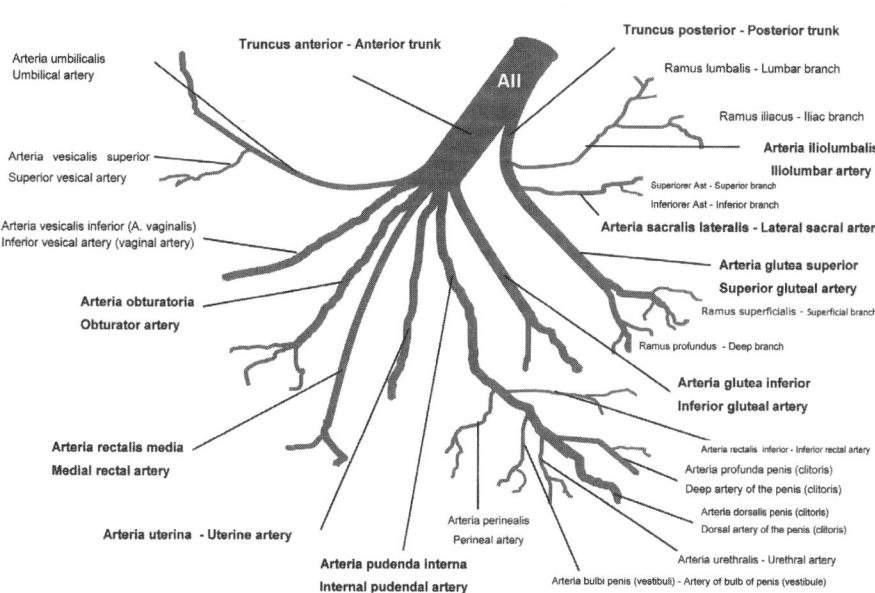

Abb. 3:   **Arteria iliaca interna mit Ästen**

Arteria vaginalis (nur bei der Frau)
Arteria vesicalis superior (Teile der Harnblase und Teile der Geschlechtsorgane)
Arteria vesicalis inferior (Teile der Harnblase und Teile der Geschlechtsorgane)
Arteria glutea inferior – untere Gesäßarterie, versorgt die Gesäßmuskulatur
Posteriore Äste der AII (Truncus posterior)
Arteria iliolumbalis (Darmbein-Lenden-Arterie)
Arteria sacralis lateralis (seitliche Sakralarterie/Kreuzbeinarterie)
Arteria glutea superior (obere Gesäßarterie)
(vgl. O. A., http://flexikon.doccheck.com/Arteria_iliaca_interna).

4.2. Die Bedeutung der drei posterioren Äste der Arteria iliaca interna für die ischämische Dekubitusentstehung des Beckenbereiches

1. **Die Arteria iliolumbalis** (Darmbein-Lenden-Arterie) ist der erste abgehende Ast der Arteria iliaca interna. Sie versorgt Teile des Hüftbeins und der Glutealmuskeln. Sie teilt sich beim Musculus psoas major in zwei Äste:
Der Ramus lumbalis (Lumbaler Ast) versorgt den Musculus psoas major und minor und gibt weitere Äste (Ramus spinalis) zur Wirbelsäule und zum Wirbelkanal (vom fünften Lendenwirbel bis zum Kreuzbein) ab.

Der Ramus iliacus (Iliakaler Ast) versorgt den Musculus iliacus. Im weiteren Verlauf werden Teile des Hüftbeines, der Glutealmuskeln (Musculus gluteus maximus, medius und minimus) und der Bauchmuskeln versorgt.

2. **Die Arteria sacralis lateralis** (seitliche Sakralarterie/Kreuzbeinarterie) teilt sich ebenso in zwei Äste:

Der Superiore Ast gibt im Knochenkanal einige Ästchen ab, die den Canalis sacralis und Anteile des Os sacrum (Kreuzbein) versorgen. Später verteilt er sich in der Muskulatur und im Subkutangewebe. Im weiteren Verlauf anastomosiert er mit Endästen der Arteria sacralis media und der Arteria glutea superior.

Der Inferiore Ast läuft über die Vorderseite des Musculus piriformis und die Sakralnerven zur medialen Seite der Foramina sacralia anteriora. Hier steigt er auf der Vorderseite des Kreuzbeins bis zum Steißbein ab, wo er mit der Arteria sacralis media und dem gleichnamigen Gefäß der Gegenseite Anastomosen bildet. In seinem Verlauf gibt das Gefäß Äste ab, die an der Rückseite des Kreuzbeins wieder austreten. Aus dem Kreuzbein treten Spinalnerven aus die mit austretenden Nerven der unteren Lendenwirbeln den Plexus lumbosacralis bilden. Aus dem Plexus austretende Nerven versorgen das Becken und die Beine.

3. **Die Arteria glutea superior** (obere Gesäßarterie) ist der größte Gefäßast der Arteria iliaca interna der den Musculus gluteus medius, den Musculus gluteus minimus und den Musculus gluteus maximus versorgt. Die Arteria glutea superior teilt sich später auch in zwei Äste:

Der oberflächliche Ast (Ramus superficialis) tritt an der Unterfläche des Musculus gluteus maximus in den Muskel ein und teilt sich in ihm in zahlreiche kleinere Äste auf. Teilweise versorgen sie den Muskel, teilweise perforieren sie ihn und ernähren die Haut bzw. das Subkutangewebe über dem Os sacrum. Seine Endäste bilden Anastomosen mit der Arteria glutea inferior und der Arteria sacralis lateralis.

Der tiefe Ast (Ramus profundus) liegt unter dem Musculus gluteus medius und spaltet sich schnell in zwei kleinere Äste auf. Das obere Ästchen setzt den ursprünglichen Verlauf des Gefäßes fort und folgt dem Unterrand des Musculus gluteus minimus zur Spina iliaca anterior superior, wo er mit der Arteria circumflexa ilium profunda und der Arteria circumflexa femoris lateralis anastomosiert. Das untere Ästchen kreuzt schräg über den Musculus gluteus minimus zum Trochanter major und gibt dabei Zweige an die umgebende Muskulatur, sowie das Hüftgelenk ab. Es anastomosiert ebenfalls mit der Arteria circumflexa femoris lateralis.

(vgl. O. A., http://flexikon.doccheck.com/Arteria_iliaca_interna).

4.3. Die Bedeutung der anterioren Äste der Arteria iliaca interna für die ischämische Dekubitusentstehung des Beckenbereiches

1. **Die Arteria glutea inferior** (untere Gesäßarterie) ist ein Gefäßast der Arteria iliaca interna, der ebenfalls die Gesäßregion – den Musculus gluteus maximus sowie

den dorsalen Teil des Oberschenkels versorgt. Zusätzlich gibt sie einen Ast zur Versorgung des Nervus ischiadicus, die Arteria comitans nervi ischiadici, ab. Die Arteria glutea inferior versorgt Teile der Gesäßmuskeln, den Musculus piriformis und den Musculus quadratus femoris. Ihre kutanen Äste versorgen die Haut der unteren Gesäßregion und der kranialen, hinteren Anteile des Oberschenkels.

2. **Die Arteria obturatoria** (Hüftlocharterie) versorgt ebenfalls die Beckenregion. Sie verläuft auf der Seitenwand des Beckens. Sie gibt einige Äste zur Versorgung des Os ilium (Sitzbein) und des Musculus iliacus (Darmbeinmuskel) ab, die mit der Arteria iliolumbalis anastomosieren. Sie gibt auch Äste zu den Adduktoren des Oberschenkels und den dorsalen Anteilen der Hüftmuskulatur bzw. zum Hüftgelenkskopf des Oberschenkelkonochens über die Arteria capitis femoris ab.

3. Das Rektum wird von der **Arteria rectalis media** versorgt. Die anderen anterior Äste haben eine geringe Bedeutung für den Dekubitus. Die Arteria rectalis media gibt beim Mann Äste zur Prostata und zu den Samenbläschen ab, bei der Frau gibt sie Äste zur Vagina ab. (vgl. O. A., http://flexikon.doccheck.com/Arteria_iliaca_interna; Kohn, Weiß, 1993).

4.4. Mögliche Ursachen für einen Verschluss oder Stenose der Arteria iliaca interna

1. **Im Rahmen der Arteriosklerose**
   - Stenose oder Verschluss der AII
     - chronisch fortschreitende Degeneration der AII
     - akuter teilweise oder vollständiger Verschluss der AII (z.B. durch Embolie)
   - vorgeschaltete Arterien sind stenosiert oder verschlossen (die A. iliaca communis oder die Aorta – z.B. bei einem Leriche Syndrom)
   - Aneurysmen (Aorto-iliacal)
2. **absichtlich herbeigeführter Verschluss der AII**
   - einseitig oder beidseitig durch **Embolisation**
   - einseitig oder beidseitig durch **Operationen** z.B. axillo-femoraler Bypass (hier kann ein retrograder, reduzierter Fluss in die Arteria iliaca interna noch vorhanden bleiben)
3. **Kompression der AII durch einen Tumor** (sehr selten).

4.4.1. Verschluss der Arteria iliaca interna durch Embolisation

„Die Embolisation basiert auf ein in der Medizin schon lange bewährtes therapeutisches Verfahren. Darunter versteht man den gezielten und gewollten Verschluss von Blutgefäßen durch Einbringen von aushärtenden Flüssigkeiten, kleinen Spiralen oder Kunststoff-Partikeln (Sammelbegriff: Embolisat). Als interventionell-radiologisches Verfahren – unter Sichtkontrolle mittels bildgebender Geräte (Röntgen, CT, MRT, Ultraschall) – wird die Embolisation perkutan (durch die Haut) durchgeführt, entweder unter Benutzung eine Katheters (Katheterembolisation) oder durch direkte Punktion. Das Prinzip besteht darin, den Blutstrom zu benutzen, um die zuführenden Gefäße zu den Organen über einen Katheter mit Partikeln oder Medikamenten (Chemoembolisation) zu verschließen. Bei einem Tumor wird die Blutversorgung unterbunden, er wird sozusagen „ausgehungert" oder „ausgetrocknet", was sein weiteres Wachstum behindert. Die bewirkt seine Schrumpfung oder seinen Untergang. Wie bei allen Gefäßeingriffen in der Radiologie ist lediglich eine Punktion in der Leiste als Eingang in das Gefäßsystem beispielsweise über die Oberschenkelarterie nötig. Der Eingriff wird meist unter Lokalanästhesie durchgeführt, daher werden während der Behandlung keine Schmerzen verspürt. Dieser minimal-invasive Eingriff kann vor einer geplanten Operation durchgeführt werden, um die Operation zu erleichtern oder den Blutverlust während der Operation zu verringern. Eine Embolisation kommt bei vielen Erkrankungen aber auch als eigene Therapieoption zur Anwendung." (O. A., http://www.medhelp.at/content/view/414/333/).

Eine Embolisation kann entweder akut, beispielsweise auf Grund einer schwer stillbaren, lebensbedrohlichen Blutung, sowie elektiv (geplant) z.B. bei einer Gefäßfehlbildung, einer Tumorbehandlung oder einer Stentvorbereitung bei aorto-iliacalen Aneurysmen (Stentgraft) durchgeführt werden. (vgl. O. A., http://www.medhelp. at/content/view/414/333/).

5. Literaturhinweise zur Bedeutung der Arteria iliaca interna für die Durchblutung des Beckenbereiches bzw. für den ischämischen „Dekubitus"

Nachfolgend finden sie einige wichtige Aussagen sowie systematische und empirische Feststellungen anderer AutorInnen zu den folgeschweren, ischämischen Veränderungen bei Minderperfusion der Versorgungsbereiche der Arteria iliaca interna:

„Bei Minderperfusion der Arteriae iliacae internae kann sich die Klinik als Claudicatio glutealis manifestieren. Ruheschmerzen (Stadium III) oder Nekrosebildungen (Stadium IV) gehen im Allgemeinen mit zusätzlichen Verschlussprozessen der Ober- und/oder Unterschenkeletage einher. Eine diesbezügliche Ausnahme stellt die meist tödlich verlaufende Glutealnekrose dar, infolge akuter beidseitiger Verschlusse der A. iliaca interna." (vgl. Langkau, Kyek-Kübler, 2009, 3-4).

Bei einer einseitigen Embolisation zeigt sich bei 36,1% der PatientInnen eine Angina glutealis, bei 11% der PatientInnen eine Schwäche in der Glutealregion oder am Oberschenkel und zwar stets Seitengleich zur Embolisation. Bei einer beidseitigen Embolisation zeigt sich bei 80% der PatientInnen eine Angina glutealis meist auch beidseits. Zusätzlich tritt bei 25% der embolisierten Männer nach der Embolisation eine erektile Dysfunktion auf. (vgl. Schoder et al., 2001, 177).

„Ziel einer retrospektiven Studie war es, die Morbidität der Patienten zu erfassen, bei denen uni- oder bilateral ein Verschluss der A. iliaca interna herbeigeführt wurde, um ein Aortenaneurysma mit Hilfe des Endograftverfahrens auszuschalten. Bei 27 von 174 Patienten, die im Zeitraum von 7/1995-1/2001 wegen eines Aortenaneurysmas mit Hilfe des Endograftverfahren operiert worden waren, wurden 31 A. iliacae internae verschlossen (4 Patienten mit beidseitigem A. iliaca interna-Verschluss). 8 der 27 Patienten (31%) gaben keine Beschwerden an. 13 Patienten (48%) wiesen Symptome von motorischen und sensiblen Defiziten der unteren Extremität sowie Claudicatio glutealis, Glutealatrophie und neu aufgetretene sexuelle Dysfunktion auf." (Liewald et al., 2002).

„Nach Überstentung beider Aa. iliacae internae (Bifurkationsprothese, Talent) bestand 4 h nach dem Eingriff bei leichter Marmorierung im linken Gesäßbereich mit Schmerzangabe bei einem Patienten der Verdacht einer Glutealischämie. Es erfolgte die notfallmäßige Anlage eines Iliaca-externa-interna-Bypasses links. Bei zunehmender Mobilisation klagte ein weiterer Patient mit pAVK 2b über Schmerzen im Bereich rechtes gluteal. Die anschließend durchgeführte Angiographie ergab einen Verschluss der Arteria iliaca interna rechts sowie eine Abgangsstenose der Arteria profunda femoris rechts. Es erfolgte eine Ausschälplastik der Arteria profunda femoris rechts sowie eine Reinsertion und Patchplastik. Die Arteria iliaca interna rechts wurde über ein Dacroninterponat die Arteria iliaca externa über einen retroperitonealen Zugang Rechts versorgt" (Fuchs, 2010).

„Bei Langzeiterkrankungen mit fortgeschrittener Katabolie und Gefäßverschlüssen der Arteria iliaca interna beidseits lassen sich **Dekubitalgeschwüre nicht immer vermeiden**" (Adam et al., 2004, 447).

„Bei Befall der Beckenarterie können allein oder zusätzlich zur Claudicatio an Ober- und Unterschenkeln belastungsabhängige Schmerzen der Gesäßmuskulatur (Claudicatio glutealis) auftreten. Häufig wird hier zunächst nach anderen Ursachen gesucht wie z. B. Arthrose des Hüftgelenks, der Wirbelsäule usw., bis die eigentliche Ursache erkannt wird. Da insbesondere die gemeinsame Beckenarterie (Arteria iliaca communis) befallen ist, die auch für die Durchblutung der Sexualorgane verantwortlich zeichnet, können bei Männern zusätzlich sexuelle Funktionsstörungen auftreten" (O. A., http://www.gefaesschirurgie-muenchen.net/patienteninfo/pavk.html).

„Die chronische Minderperfusion im aortoiliakalen Stromgebiet führt zu einem Symptomenkomplex, der als Leriche-Syndrom bekannt ist. Im Gegensatz dazu drohen bei akuter Ischämie nach Verschluss der Beckenarterien schwere Komplikationen mit teilweise letalem Ausgang. Die akute Unterbrechung der aortoiliakalen Perfusion wird überwiegend nach Eingriffen an der Aorta und den Beckenarterien, oder auch nach selektiver kathetergesteuerter Embolisation der Iliakalarterien zur Beherrschung von Blutungen im Beckenbereich beobachtet. Die verschiedenen Komplikationen verteilen sich auf Blasennekrosen, linksseitige Kolonischämien und Spinalarterienischämien, Nervenausfälle sowie Nekrosen des Rektums und der Glutealmuskulatur. Trotz adäquater Therapie beträgt die Letalität über 70%. Wir berichten über einen 66 jährigen Patienten, bei dem nach Ausschaltung eines rechtsseitig gedeckt rupturierten Iliakalaneurysmas durch eine Y-Prothese aufgrund eines beidseitigen Verschlusses der Aa. iliacae internae eine bilaterale Glutealnekrose auftrat, der aber dennoch diese meist letale Komplikation überlebte" (vgl. Maiwald et al., 1997, 65-68, zit. nach www.pressekatalog.de/glutealnekrose-ausschaltung-rupturierten-iliakalaneurysmas_ARTID_10.1007-ab-PL00010482.htm?&4, 27.11.2011).

„Bei Minderperfusion der Arteriae iliacae internae kann sich die Klinik als Claudicatio glutealis manifestieren. Ruheschmerzen (Stadium III) oder Nekrosebildungen

(Stadium IV) gehen im Allgemeinen mit zusätzlichen Verschlussprozessen der Ober- und/oder Unterschenkeletage einher. Eine diesbezügliche Ausnahme stellt die meist tödlich verlaufende Glutealnekrose dar, infolge akuter beidseitiger Verschlüsse der A. iliaca interna. Die A. iliaca interna Mangelperfusion kann zusätzlich zu einer erektilen Dysfunktion führen bzw. diese bei multifaktoriellem Geschehen verstärken. Die A. iliaca interna, vor allem linksseitig, ist in das Kollateralsystem der Intestinalversorgung eingebunden. Chronisch verlaufende Verschlussprozesse des Truncus coeliacus, der A. mesenterica superior und inferior können über die A. iliaca interna komplett kompensiert werden. Solche Konstellationen können bei vermehrter Beinarbeit im Sinne eines Anzapfsyndroms vorübergehend die Darmdurchblutung beeinträchtigen. Die A. iliaca interna stellt somit ein potentes Kollateralgefäß dar, nicht nur im Falle eines A. iliaca externa Verschlusses, und sollte deshalb stets bei der Planung von Interventionen erhalten bleiben". (DGG, Leitlinien zur Diagnostik und Therapie in der Gefäßchirurgie, 2010, 82).

„Die Kunststoffprothese wird in der Graft-Inclusionstechnik eingebracht, bei einem einfachen Aortenaneurysma als Rohrprothese, bei einer aortoiliakalen Erkrankung als aortobiiliacale Prothese (Y-Prothese). Eine offene A. iliaca interna sollte dabei in jedem Fall zur Vermeidung einer Glutealischämie erhalten bleiben" (Domschke et al., 2011, 128).

„Drei Patienten entwickelten intestinale Komplikationen aufgrund einer Ischämie im Bereich der Splanchnicusgefäße (Truncus coeliacus, A. mesenterica superior, A. mesenterica inferior). Bei einem Patienten mit Zustand nach stentgestützter Ausschaltung eines infrarenalen Bauchaortenaneurysmas und abdomineller Revision mit Hämatomausräumung und Anlage eines doppelläufigen Ileostomas bei infizierter retroperitonealer Einblutung und paralytischem Ileus kam es zwei Monate post operationem zu rezidivierenden Diarrhoen, einhergehend mit Inappetenz, Gewichtsverlust und periumbilicalen Schmerzen. Die histologische Untersuchung mehrerer endoskopisch entnommener Biopsate erbrachte die Diagnose einer ischämischen Colitis. Ein zweiter Patient litt unter chronischen Diarrhoen bei atonem Kolon mit weiten distendierten Darmschlingen, elongiertem Sigma und prallem Rektum als Folge eines ischämisch bedingten peripheren Nervenschadens bei Zustand nach Aortendissektion. Der dritte Patient verstarb an den Folgen einer schweren mesenterialen Ischämie mit transmuraler Totalnekrose des gesamten Dünndarms nach einem technisch sehr schwierigen Descendens-Ersatz mit einer Clamping-Zeit von 60 Minuten bei Re-Rezidiv einer aortobronchialen Fistel." ... „Um eine suffiziente distale Abdichtung gewährleisten zu können, entschloss man sich bei 5 Patienten, denen ein Y-Stentgraft implantiert wurde, und bei einem Patienten, der einen aortomonoiliakalen Stent mit anschließender Anlage eines femoro-femoralen Bypasses bekam, eine oder beide Aa. iliacae internae zu überstenten. Allerdings erlitt eine Patientin nach Überstentung beider Aa. iliacae internae eine schwere Glutealischämie mit Marmorierung der Haut, ausgedehnten Muskelnekrosen, Myoglobinurie und konsekutiver Niereninsuffizienz, wobei dieser Zustand auch durch notfallmäßige Anlage eines A. iliaca externa-interna Bypasses nicht erfolgreich behoben werden konnte, da es postoperativ zu einem Frühverschluss desselben kam". (Hümpfner, 2009).

„Routinemäßig setzen wir bereits bei komplizierten Beckenarterienaneurysmen Spezialprothesen ein, die auch Erweiterungen des inneren Beckenschlagaderastes (A. iliaca interna) abdichten können und gleichzeitig die Durchblutung des Gefäßes und der Beckenorgane erhalten". (vgl. O. A., www.klinikum.uni-muenster.de/index. php?id=2920).

„Der Patient wies ein infrarenales Bauchaortenaneurysma auf, weiterhin litt der Patient auch an jeweils einem Aneurysma der inneren Beckenarterien (A. iliaca interna). Als vorbereitende Maßnahme wurde zunächst eine dieser Beckenarterienaussackungen mit einem Coil embolisiert (verstopft). Das Aneurysma wurde somit unschädlich gemacht. Allerdings wird der Durchfluss dieser Arterie mit dieser Maßnahme unterbrochen. Da die Ausschaltung **beider** inneren Beckenarterien ein hohes Risiko für die Durchblutung der Organe des kleinen Beckens und der Gesäßmuskulatur darstellt, kann das Aneurysma der anderen Beckenarterie nicht gecoilt werden". (vgl. Feldmann, o.J.).

„Weitere Symptome der Bauchaorten- und Beckenarterienverschlüsse sind erektile Potenzstörungen aufgrund einer Minderperfusion der A. iliaca interna sowie belastungsabhängige Schmerzen im Gesäßbereich (Claudicatio intermittens glutaealis)". (vgl. O. A., MRI, Klinikum rechts der Isar, TU München).

„Die Ligatur bzw. die Ausschaltung eines Aneurysmas der A. iliaca interna kann einseitig durchgeführt werden. Bei beidseitigem Verlust der Durchblutung im A. iliaca interna Stromgebiet ist das Risiko ausgedehnter Nekrosen in der Becken- und Glutealregion groß. Diese verlaufen immer letal. Deshalb muss immer wenigstens eine Seite z.B. durch Prothesenanschluss revaskularisiert werden". (vgl. Kirschner et al., 2003).

„Ein Patient präsentierte sich nach langem Leidensweg ohne Arztkontakt mit beidseitiger Gehstreckenminderung auf 25 m und dann einsetzenden Gesäßkrämpfen. Die weitere Anamneseerhebung ergab eine zunehmende Inkontinenz für Harn und Stuhl, ebenfalls eine Impotentia coeundi. An Risikofaktoren lagen ein Hypertonus (RR 180/100 mmHg) und Nikotinabusus vor. Der Patient war in seiner Berufsausübung hierdurch erheblich eingeschränkt. Die dann durchgeführte DSA bestätigte diesen Befund bei Nachweis von langstreckigen bds. A. iliaca interna Verschlüssen ohne distalen Perfusionsnachweis.

Es erfolgte eine transabdominelle Exploration beider Iliakalachsen mit langstreckiger Desobliteration der A. iliaca interna rechts und 8 mm Dacroninterposition rechts. Die A. iliaca interna stellt ein wichtiges Gefäß für die Beckenbodenfunktion dar. Auch wenn die Gesäßmuskulatur das am häufigsten symptomatische Zielorgan ist, muß auch an vaskulär bedingte anogenitale Funktionsstörungen gedacht werden. Bei rechtzeitiger, erfolgreicher Therapie sind die Symptome reversibel". (vgl. Winther et al., o.J.).

„Es wird über einen 47jährigen Patienten berichtet, bei dem nach Ligatur der Arteria iliaca interna eine ischämische Schädigung des Plexus lumbosacralis bei erhaltender Durchblutung der Extremität auftrat. Der Fall zeigt, dass bei ungünstigem Zusammentreffen von fortgeschrittenen arterio-sklerotischen Gefäßveränderungen im Beckenbereich mit mangelhaft ausgebildeten Kollateralen solche seltenen Ischämieschäden eines Nervenplexus durch Unterbindung großer Gefäße verursacht werden können". (vgl. Neuhaus et al., 1980).

„Strombahnhindernisse in der infrarenalen Aorta sowie in den Beckenarterien kommen vor allem bei chronischen Rauchern vor, bei denen rund 60% der Läsionen in diesem Areal nachzuweisen sind. Typisch sind Claudicatiobeschwerden im Bereich der Oberschenkel- und Wadenmuskulatur, aber auch im Gesäßbereich. Eine erektile Dysfunktion kann bei Befall der Arteria iliaca interna beidseits häufig nachgewiesen werden". (vgl. Cissarek et al., 2009, 139).

Die derzeitige Erkenntnislage und die genaue Betrachtung der Versorgungsbezirke der Arteria iliaca interna machen deutlich, dass ein Dekubitus nicht mit Druck und Scherkräften alleine begründet werden kann. Deshalb muss sich die Pflegewissenschaft künftig diesem Thema noch mehr widmen, um eine Reihe eventuell weiterer Faktoren, welche tatsächlich oder mutmaßlich mit Dekubitus assoziiert sind, zu analysieren.

6. Die Diagnostik des Arteria iliaca interna Verschlusses

Die frühzeitige Diagnostik des Arteria iliaca interna Verschlusses ist im Hinblick auf nicht reversiblen Schädigungen von entscheidender Bedeutung. Die Möglichkeiten sind:
* Angiographie – MR, CT, konventionell
* Duplexsonographie.

Die Symptomatik des Arteria iliaca interna Verschlusses
Eindeutige Symptome und erste (Vor)Warnzeichen sind:
* Angina (Claudicatio) glutealis vor allem beim Stiegen steigen
* Angina glutealis in Ruhe
* Gluteal(muskel)atrophie
* Ischämiezeichen gluteal – Kältegefühl, Taubheitsgefühl Kribbeln der Haut(Sensibilitätsstörungen), Blässe, Schmerz (akut oder chronisch)
* Erektile Dysfunktion bei Männern
* Bis hin zu Darmischämie (Colon-ischämische Colitis)
* oder ischämisch bedingte motorisch sensible Defizite der unteren Extremität.

Laborchemische Hinweise (im Akutfall)
Begleitend finden sich laborchemische Hinweise wie:
* Myoglobinanstieg
* CK Anstieg
* teilweise CRP Anstieg
* teilweise Laktatanstieg
* Myoglobinurie.

„Eine **Myoglobinurie** bezeichnet die vermehrte Ausscheidung von Myoglobin über die Niere nach dessen Übertritt ins Blut (Myoglobinämie). Myoglobinurien treten physiologischerweise nach starker muskulärer Belastung auf beispielsweise beim

Leistungssport; pathologische Myoglobinurien folgen einem größeren Untergang von Skelettmuskulatur (siehe Crush-Syndrom) oder Myokard (Myokardinfarkt)". (vgl. O. A., http://flexikon.doccheck.com/Myoglobinurie).

7. Kompensation der Versorgungsbereiche der Arteria iliaca interna durch Kollateralbildung – Angiogenese

Der menschliche Organismus ist bei chronisch entstandenen Gefäßverschlüssen in der Lage, die fehlende Blutversorgung zu kompensieren und die minderperfundierten Areale wieder gut mit Blut und Sauerstoff zu versorgen. „Wenn es zu einem langsam voranschreitenden Verschluss einer Schlagader kommt, besitzt der Körper die Möglichkeit Umgehungskreisläufe um den Verschluss zu bilden. Gefäße sprossen dabei neu in das Gewebe ein und sorgen so für die weitere Versorgung des abhängigen Gewebes mit Blut. Diese Gefäße werden auch Kollateralen genannt und bilden dann einen sog. Umgehungskreislauf. Um das neue Wachstum der Gefäße zu fördern braucht der Körper eine leichte Belastung. In der Gefäßmedizin wird mittels gezieltem Gehtraining bzw. Gefäßsport versucht dieses Wachstum weiter zu fördern um so eine Bypass-Operation, um das betroffene Gefäßsegment zu umgehen, heraus zu zögern oder zu verhindern". (Clasen, o.J.).

Die Bildung von Kollateralen ist ein zeitabhängiger Prozess, der von verschiedensten Faktoren abhängig ist und bei jedem Patienten unterschiedlich ausgeprägt stattfinden kann. Bei akuten Verschlüssen der A. Iliaca interna ist dies in einem angemessenen Zeitraum nicht möglich, so dass bei Nichtbehandlung (operativ, interventionell oder konservativ) der Gewebeuntergang im Beckenbereich durch Ischämie meist unabwendbar ist bzw. auch letal ausgehen kann. (vgl. Kirschner et al., 2003).

Kollateralgefäße, Kollaterale sind: „Blutgefäße, die von einem Hauptgefäß abzweigen und neben diesem zum gleichen Versorgungsgebiet ziehen. Sie werden umgangssprachlich auch als Nebengefäße bezeichnet. Primäre Kollateralgefäße (präexistente Kollateralgefäße) kommen natürlicherweise vor und vermögen bei Verschluss des Hauptgefäßes eine Notversorgung der betroffenen Gebiete herzustellen, indem sie sich erweitern. Sekundäre Kollateralgefäße entwickeln sich erst im Nachhinein, etwa bei chronischem Sauerstoffmangel im versorgten Gewebe. Wenn der Verschluss des Hauptgefäßes langsam vor sich geht, können Kollateralgefäße so einen funktionierenden Umgehungskreislauf (Kollateralkreislauf) herstellen. Künstlich angelegte Kollateralgefäße zur Überbrückung von Gefäßverschlüssen heißen Bypass". (O.A., 2010, www.apotheken-umschau.de/Krankheiten/Kollateralgefaesse-89231.html).

„Angiogenese beschreibt die Entstehung neuer Blutgefäße aus vorbestehenden Blutgefäßen (in Abgrenzung zur Vasculogenese) und ist Bestandteil sowohl physiologischer (z.B. Embryogenese, Wundheilung, Uterusschleimhaut), als auch pathologischer Prozesse (z.B. diabetische Retinopathie, chronische Polyarthritis, Tumorwachstum). Die Gefäßneubildung wird stimuliert durch wachstumsfördernde Substanzen (z.B.

vascular endothelial growth factor – VEGF, basic fibroblast growth factor – bFGF),
die eine Endothelproliferation und -migration bewirken. Wachstumshemmende Substanzen (z.b. Thrombospondin, Endostatin, Angiostatin) begrenzen diesen Prozess".
(O. A., http://flexikon.doccheck.com/Angiogenese).

8. Gradeinteilung zur Risikoeinschätzung eines ischämischen Defektes im Beckenbereich durch einen Verschluss bzw. hochgradiger Stenose der Arteria iliaca interna (ein- oder beidseitig)

In der Praxis hat sich folgende Gradeinteilung zur Risikoeinschätzung zufrieden
stellend bewährt. Allerdings müssen diagnostische Maßnahmen zur Einschätzung
(Verschluss oder Stenose) der Arteria iliaca interna vorangehen. An einer gefäßchi-
rurgischen Abteilung im Krankenhaus ist dies leicht möglich, da jeder Patient meist
eine bildgebende Diagnostik, z.B. eine Angiographie bekommt, wo ein Verschluss
oder eine Stenose jederzeit nachvollziehbar ist. An anderen Abteilungen muss bei
Unklarheit eine Diagnostik angestrebt werden.

Ich unterscheide bei der Risikoeinschätzung eines ischämisch bedingten Defektes
im Beckenbereich ähnlich wie bei einer peripheren arteriellen Verschlusskrankheit
(PAVK) folgende Grade:

Grad I: asymptomatisch
Grad II: Angina glutealis bei Bewegung (ähnlich einem Muskelkater)
    II a mit größerer Belastung (z.B. beim Stiegen steigen)
    II b mit geringerer Belastung (z.B. beim Gehen in der Ebene)
Grad III: Angina glutealis in Ruhe und/oder Glutealatrophie bzw. erektile Dys-
          funktion
Grad IV: Ischämie mit Muskel- und Hautveränderungen (Blässe oder dunkle lila-
          schwarze Verfärbung/Marmorierung der Haut, Sensibilitätsstörungen,
          Blässe, Kälte.

Diese Gradeinteilung ist bei einem/r vorhandenen Arteria iliaca interna Verschluss/
Stenose treffender als jede andere Risikoeinschätzungsskala. Eventuell vorhandene
neurologische Ursachen müssen vorher ausgeschlossen werden.

9. Therapiemöglichkeiten

In der jüngsten Vergangenheit wird bei entsprechender Indikation (z.B. Angina
glutealis) die Arteria iliaca interna bereits chirurgisch oder interventionell (PTA und
Stent) versorgt. Dies geschieht nicht nur zur Verhinderung der ischämischen Komplikationen im Muskel und Hautbereich des Beckens, sondern auch zur Verhinderung
der Rektumischämie und deren Folgen wie zum Beispiel die ischämische Colitis. Die

ischämische Colitis ist eine nichtinfektiöse Entzündung des Darms auf Grund einer Durchblutungsstörung bzw. Ischämie im Rahmen der Arteriosklerose mit chronischen oder akuten vaskulären Ereignissen. Dafür kann beispielsweise die Arteria rectalis media verantwortlich zeichnen, die aus der A. iliaca interna entspringt. Ihre Äste verteilen sich in der Wand des mittleren Rektumabschnitts und anastomosieren mit der Arteria rectalis superior und der Arteria rectalis inferior (vgl. O. A., Arteria iliaca interna).

Bei einer bestehenden Angina glutealis ist jedenfalls eine Angiographie indiziert um eventuelle Gefäßveränderungen rechtzeitig zu erkennen und entsprechend reagieren zu können. Konservativ bzw. medikamentös bieten sich ebenfalls einige Möglichkeiten an. Das Spektrum reicht vom Gehtraining über vasoaktive Medikamente (z.B. Prostaglandine) bis hin zu P-STIM (Punktualstimulation – vagale Stimulation) zur Verbesserung der Durchblutung auch im Beckenbereich. (vgl. O. A., Punktualstimulation; O. A., Vagale Stimulation).

10. Dekubitus versus ischämisches Ulcus sakral, gluteal bzw. trochantär

Das ischämische Ulcus im Beckenbereich ist vom klassischen Dekubitus klinisch nicht zu unterscheiden. Pflegepersonen müssen daher die klinische Symptomatik (siehe Symptomatik des AII Verschlusses) kennen und entsprechend darauf reagieren. Die Angina glutealis (Symptome sind einer Ischialgie oder Muskelkater ähnlich) ist in diesem Fall das Kardinalsymptom für die Früherkennung eines AII Verschlusses. Neurologisch/orthopädische Ursachen der Angina glutealis müssen vorher ausgeschlossen werden. Weitere Anzeichen sind die Erektile Dysfunktion, anamnestisch erhobene, vaskuläre Probleme eine bekannte/vergangene ischämische Colitis, sowie Voroperationen im iliakalen Stromgebiet und können erste Hinweise auf einen AII Verschluss darstellen. In der Praxis finden sich immer wieder Patienten mit einer bestehenden Angina glutealis, die bereits längere orthopädische Behandlungen hinter sich haben. Bei genauer Diagnostik stellt sich allerdings heraus, dass die A. iliaca interna verschlossen ist. Die Symptome sind immer seitengleich zum Verschluss der AII. Bei einem bilateralen Verschluss kann die Symptomatik auch bilateral auftreten. Im frühen Stadium der Angina glutealis kann auch hier ein Gehtraining die Grundlage der Behandlung sein und die Beschwerden lindern bzw. der Prophylaxe dienen. Es mag widersprüchlich erscheinen, bei Schmerzen ein Gehtraining zu beginnen. Allerdings kommt es durch ein gleichmäßiges, kontrolliertes Gehtraining nachweislich im ganzen Körper zur Ausbildung von Kollateralen, so auch im Beckenbereich. Prophylaxen wie druckreduzierende Maßnahmen, Lagerungsmaßnahmen sowie Vermeidung von Druck und Scherkräften müssen individuell bei PatientInnen mit A. iliaca interna Verschluss so früh wie möglich und so intensiv wie möglich begonnen werden, auch wenn offensichtlich kein anderes Risikopotential vorhanden ist. Die diesbezügliche Aufklärung der PatientInnen über das hohe Risikopotential ist von enormer Bedeutung und kann helfen Spätfolgen abzuschwächen. Allerdings muss der Patient auch wissen, dass ein ischämischer Defekt entstehen kann, der möglicherweise nicht vermeidbar ist. Werden diese Patienten dann immobil, ist das Risiko, einen Defekt im Beckenbereich zu bekommen, um ein vielfaches höher als bei anderen Patienten. Daher ist die regelmäßige Beobachtung dieser Patienten durch die Gesundheits- und Krankenpflege sowie deren fachliche Expertise von enormer Bedeutung. Das Hauptaugenmerk der Beobachtung sollte auf eventuell vorhandene Ischämiezeichen sowie jede kleinste Veränderungen (Hautläsion, Verfärbungen, Hautmarmorierung, Temperatur, Schmerzen ähnlich einem Muskelkater, Atrophie der Glutealmuskulatur usw.) gelegt werden. Alle bekannten Risikoeinschätzungsskalen (Norton, Braden usw.) sind bei einem Verschluss der A. iliaca interna mit entsprechendem Risikopotential nicht ausreichend bzw. ungeeignet. Hier kann die Gradeinteilung zur Risikoeinschätzung eines ischämischen Defektes im Beckenbereich zur Anwendung kommen. Auch der aktualisierte Expertenstandard „Dekubitusprophylaxe" unterstreicht die Bedeutung der fachlichen Kompetenz der Pflegepersonen, die ausschlaggebend für eine zutreffende Risikoeinschätzung und geeignete Prophylaxemaßnahmen ist. Erstmals wird davon Abstand genommen, dass jeder Dekubitus vermeidbar ist. Es werden im Expertenstandard die Risikoeinschätzungsskalen nicht mehr empfohlen, sondern die klinische Einschätzung der Pflegepersonen in den Vordergrund gestellt. Im Expertenstandard wird auch beschrieben, dass bei der Dekubitusdiagnostik häufig erhebliche Fehleinschätzungen (mit allen forensischen Konsequenzen) passieren. (vgl. DNQP, Expertenstandard Dekubitusprophylaxe, 2010).

Wenn ein Patient bereits sichtbare Defekte aufweist kann nur mit einer Diagnostik eine nicht vermeidbare ischämische Ursache ausgeschlossen werden (forensische Bedeutung). Ein Dekubitus kann vermeidbar sein/ein ischämisches/r Ulcus/Defekt ist nicht/nie vermeidbar. Wenn nachgewiesen ein A. iliaca interna Verschluss mit einem ischämischen Defekt vorliegt, ist die Bezeichnung „Dekubitus" falsch. Die richtige Bezeichnung wäre „arterielles Ulcus sakral, gluteal, trochantär auf Grund einer Ischämie". Auch die lokaltherapeutische Versorgung des arteriellen Ulcus im Beckenbereich ist eine große Herausforderung. Herkömmliche lokaltherapeutische Maßnahmen reichen nicht aus um eine Heilungstendenz zu erzielen. Durchblutungsfördernde Maßnahmen beispielsweise mit Unterdrucksystemen können langfristig die Heilungstendenz anregen, wobei eine Abheilung ohne zusätzliche chirurgische oder interventionelle Maßnahmen nicht erwartet werden kann.

11. Zusammenfassung

Die Entstehung eines Dekubitus gilt meist als Pflegefehler, da diesem, entsprechend allgemeiner Annahmen, durch geeignete Maßnahmen immer entgegengewirkt werden kann. Natürlich muss das vorrangige Ziel immer die Vermeidung eines Dekubitus sein. Trotzdem ist anhand derzeitiger Erkenntnislage klar, dass ein „Dekubitus" respektive ein ischämischer Defekt/Ulcus zum Beispiel im Beckenbereich nicht immer verhindert werden kann. Bei einem Verschluss der Arteria iliaca interna ist der Defektauslösende Faktor nicht mehr der anhaltende Druck auf die gleiche Hautstelle. Es braucht keine Kompression der kleinsten Blutgefäße mehr, wenn über die genannten „großen" Blutgefäße (Arteria iliaca interna mit allen Ästen) kein Blut mehr in diesen Bereich kommt. Die verminderte oder unterbrochene Blutzufuhr hat ihren Ursprung bereits vor den kleinsten Blutgefäßen. Die Ischämie ist demnach die Folge mangelnder arterieller Durchblutung auch ohne Druck und Scherkräfte. Druck und Scherkräfte begünstigen/beschleunigen in diesem Fall nur die Entstehung zusätzlich. Es kann davon ausgegangen werden, dass ein ischämischer Defekt („Dekubitus") auch ohne entsprechenden Auflagedruck und Scherkräfte entstehen kann. Leider reichen in diesem Fall die bekannten Dekubitusrisikoeinschätzungsskalen nicht aus, um ein relevantes Risiko einzuschätzen, da dieser Faktor in allen bekannten Skalen nicht berücksichtigt wird. Hier zählen vor allem die eigene klinische Einschätzung, das Wissen über die Versorgungsbereiche der Arteria iliaca interna, die beschriebene Gradeinteilung, die Expertise von gut ausgebildeten Pflegepersonen, WundmanagerInnen, Gefäßchirurgen und Angiologen sowie eine ausreichende Diagnostik und die entsprechende vaskuläre Therapie.

Unter all diesen Gesichtspunkten wird deutlich, dass druckverteilende Maßnahmen immer bereits sehr früh und intensiv begonnen werden muss. Gerade die Diagnostik eines Arteria iliaca interna Verschlusses ist in diesem Zusammenhang von großer und vor allem auch forensischer Bedeutung. Es macht einen großen Unterschied, ob eine nicht vermeidbare Ischämie durch einen Gefäßverschluss oder ausschließlich ein „Lagerungsschaden" vorliegt. Wenn früher und intensiver mit Prophylaxemaßnahmen begonnen wird, können die Auswirkungen einer vorliegenden Ischämie vielleicht reduziert, aber sicher nicht immer verhindert werden. Ebenso müssen die therapeutischen und lokaltherapeutischen Maßnahmen sehr früh und intensiv begonnen werden. Gleiches gilt für alle anderen, bekannten Prädilektionsstellen für den Dekubitus, vor allem für den Fersenbereich und den Aussenknöchelbereich. Auch hier können ischämische Veränderungen vorliegen, die mit Druck und Scherkräften allein nicht zu begründen sind.

Beispiele für einen Arteria iliaca interna Verschluss uni- oder bilateral:

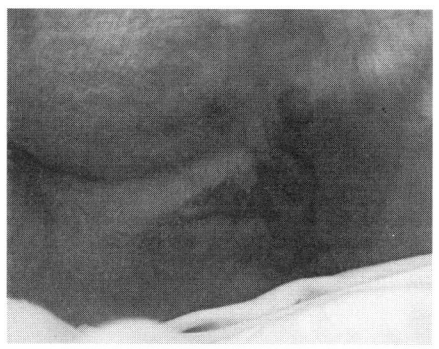
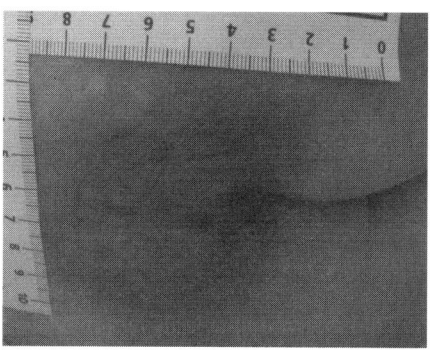

Abb. 4: **bilateraler Verschluss der AII**   Abb. 5: **bilateraler Verschluss der AII**

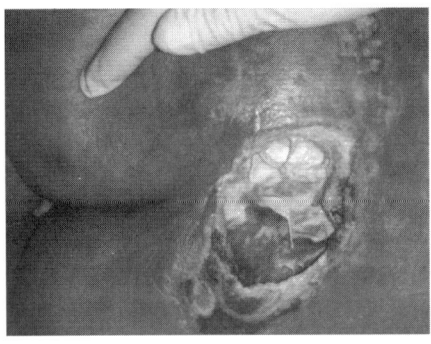 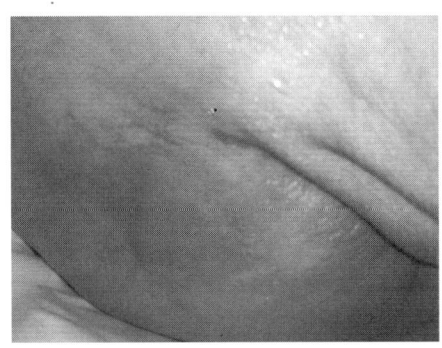

Abb. 6: **bilateraler Verschluss der AII**   Abb. 7: **unilateraler Verschluss der AII**

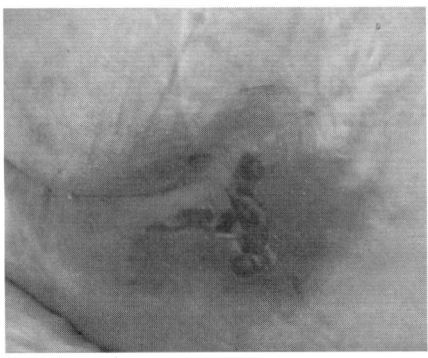 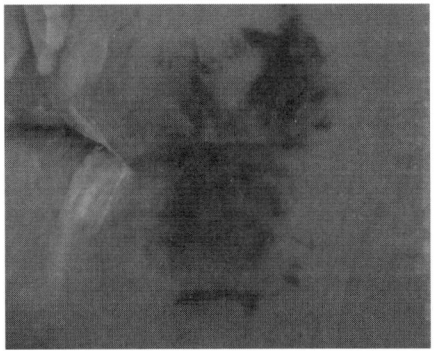

Abb. 8: **bilateraler Verschluss der AII**   Abb. 9: **bilateraler Verschluss der AII**

Literatur

Adam D., Doerr H. W., Link H., Lode H. (Hrsg.)(2004): Die Infektiologie. Springer, Heidelberg.

Cissarek T., Kröger K., Santosa F., Zeller T. (Hrsg.)(2009): Gefäßmedizin Therapie und Praxis. ABW Wissenschaftsverlag, Berlin.

Clasen T. (o.J.): Kollateralen. Gefäßzentrum Rotenburg (Wümme). www.gefaesszentrum-norddeutschland.de/index.php/i-1/297-kollateralen (2.12.2011).

Deutsches Netzwerk für Qualitätsentwicklung in der Pflege (DNQP)(Hrsg.)(2010): Expertenstandard Dekubitusprophylaxe in der Pflege. 1. Aktualisierung, Hochschule Osnabrück. Kottner J., Tannen A.: Anlage Tabellarische Übersicht über die eingeschlossenen Quellen. http://www.dnqp.de (21.12.2010).

Deutsches Netzwerk für Qualitätsentwicklung in der Pflege (DNQP)(Hrsg.)(2009): Expertenstandard Pflege von Menschen mit chronischen Wunden. Fachhochschule Osnabrück.

Deutsche Gesellschaft für Gefäßchirurgie (Hrsg.)(2010): Leitlinien zur Diagnostik und Therapie in der Gefäßchirurgie. Springer, Heidelberg.

Balzer K. et al. (2008): Leitlinie Gefäßinfektionen. Leitlinien der Deutschen Gesellschaft für Gefäßchirurgie.
http://www.gefaesschirurgie.de/fileadmin/websites/dgg/download/LL_Gefaessinfektionen_2011.pdf (15.12.2011).

Domschke W., Göke B., Kalden J. R., Kramer H. J., Manger B., Meinertz T., Müller S. C., Rascher W., Sauerbruch T., Serve H., Vogelmeier C., Weber M. M. (Hrsg)(2011): Therapie – Handbuch Innere Medizin. Elsevier GmbH/Urban & Fischer Verlag, München.

EPUAP und NPUAP (2009): Leitlinie Dekubitus Prävention.
www.epuap.org/guidelines/QRG_Prevention_in_German.pdf (21.12.2010).

Feldmann M. (o.J.): Erster gebranchter Aortenstent erfolgreich implantiert.
http://www.gefaesszentrum-norddeutschland.de/index.php/de/news/608 (27.11.2011).

Fortner N. (2011): Die Bedeutung der Arteria iliaca interna für die Dekubitusentstehung durch Ischämie. Österreichische Pflegezeitschrift, 3, 18-21.

Fortner N. (2011): Unbeachtete Ursachen für die Dekubitusentstehung. Times, 106-111.

Fortner N., Kozon V. (2003): Professionelle Wundversorgung und Dokumentation durch „Diplomierte WundexpertInnen". In: Kozon V., Fortner N. (Hrsg.): Gerontologische Pflege – Pflegeberatung. ÖGVP, Wien, 207-223.

Fuchs R. (2007): Ein Vergleich der perioperativen Frühergebnisse bei der endovaskulären infrarenalen
Aneurysma- Ausschaltung an der Universität Ulm. Zentrum für Chirurgie, Klinik für Thorax- und Gefäßchirurgie der Universität Ulm, Dissertation,
http://vts.uni-ulm.de/docs/2008/6246/vts_6246_8379.pdf (7.12.2011).

Hepp W., Kogel H. (Hrsg.)(2007): Gefäßchirurgie. 2. Auflage, Urban & Fischer Verlag, München.

Hümpfner S. M. (2009): Endovaskuläre Versorgung rupturierter Aortenläsionen mittels Stentgraftimplantation. Dissertation, Universität Ulm. http://vts.uni-ulm.de/docs/2010/7348/vts_7348_10420.pdf (5.9.2011).

Kirschner M., van Dongen R. J., Pichlmayr R., Heberer G. (2003): Gefäßchirurgie. Springer, Berlin, Heidelberg.

Kohn D., Weiß A. (1993): Gefäßverletzungen bei Hüftpfannenimplantation und Hüftpfannenwechsel – Fallbericht, Literaturübersicht und anatomische Studie. Zeitschrift für Orthopädie und ihre Grenzgebiete, 131, 2, 139-142.

Kozon V. (1997): Der Pflegeprozess bei Patienten mit abdominellem Aortenaneurysma. In: Kozon V., Fortner N. (Hrsg.): Vaskuläre Pflege – eine multidisziplinäre Aufgabe. ÖGVP, Wien, 7-16.

Kozon V., Fortner N. (1999): Empirische Untersuchung der Pflege bei Patienten mit abdominellem Aortenaneurysma. Österreichische Krankenpflege-Zeitschrift, 52, 10, 18-21.

Kozon V., Fortner N., Hölzenbein Th.: (1999) An empirical study of nursing in patients undergoing two different procedures for abdominal aortic aneurysm repair Journal of vascular Nursing, 16, 1, 1-5.

Kozon V., Fortner N. (Hrsg.)(2008): Wundmanagement und Pflegeinnovationen. ÖGVP Verlag, Wien.

Kozon V., Fortner N. (Hrsg.)(2010): Wundmanagement und Pflegeentwicklungen. ÖGVP Verlag, Wien.

Langkau G., Kyek-Kübler H. (Hrsg.) (2009): Leitlinie: Bauchaorten-/ und Beckenarterienverschlüsse. Deutsche Gesellschaft für Gefäßchirurgie, http://www.gefaesschirurgie.de/fileadmin/websites/dgg/download/LL_pAVK_Bauch_Becken_2011.pdf (21.12.2010).

Liewald F., Scharrer-Pamler R., Halter G., Görich J., Orend K.H., Seifarth H., Sunder-Plassmann L. (2002): Verschluss der A. Iliaca interna bei stentgestützter Ausschaltung infrarenaler Aortenaneurysmen. Gefäßchirurgie, 7, 1, 9-12.

Lippert H. (2006): Wundatlas, Kompendium der komplexen Wundbehandlung. 2. Auflage, Thieme Verlag, Stuttgart, New York.

Maiwald G., Krämling H. J., Reuter C., Lauterjung L. (1997): Glutealnekrose nach Ausschaltung eines Rupturierten Iliakalaneurysmas. Gefässchirurgie, 2, 2, 65-68.

Nawroth P., Lasch H. G. (Hrsg.)(1999): Vaskuläre Medizin systematisch. Uni-Med Verlag, Bremen.

Neuhaus P., Engelhardt, P. Müller-Vahl H., Stamm Th. (1980): Parese des Plexus lumbosacralis durch Ligatur der Arteria iliaca interna. Aktuelle Neurologie, 7, 2, 115-118.

Ohne Autor (o.J.): Angiogenese. http://flexikon.doccheck.com/Angiogenese (27.11.2011).

Ohne Autor (o.J.): Arteria iliaca interna. http://flexikon.doccheck.com/Arteria_iliaca_interna (1.9.2010).

Ohne Autor (o.J.): Arterielle Durchblutungsstörung pAVK – was ist das? http://www.gefaesschirurgie-muenchen.net/patienteninfo/pavk.html (27.11.2011).

Ohne Autor (o.J.): Bauchaorten- und Beckenarterienverschlüsse. MRI, Klinikum rechts der Isar, TU München, www.gchir.med.tu-muenchen.de/inhalt/bauchaorten-und-beckenarterienverschl%C3%BCsse (28.11.2011).

Ohne Autor (o.J.): Embolisation (Katheterembolisation) – Radiologisch interventioneller, kontrollierter Gefäßverschluss. http://www.medhelp.at/content/view/414/333/ (27.11.2011).

Ohne Autor (o.J.): Ischämie. www.med.de/lexikon/ischaemie.html (1.9.2010).

Ohne Autor (2010): Kollateralgefäße. http://www.apotheken-umschau.de/Krankheiten/Kollateralgefaesse-89231.html (27.11.2011).

Ohne Autor (o.J.): Myoglobinurie. http://flexikon.doccheck.com/Myoglobinurie (28.11.2011).

Ohne Autor (o.J.): P-STIM Punktualstimulation. http://www.biegler.com/pstim.de.html (4.12.2011).

Ohne Autor (o.J.): Stentprothesen, Stentgrafts. www.klinikum.uni-muenster.de/index.php?id=2920 (28.11.2011).

Ohne Autor (o.J.): Vagale Stimulation – Studien. http://www.ducest.com/de/klinische-evidenz/studien/vagale-stimulation-studien/ (28.11.2011).

Sandfort M. (o.J.): Muskelnekrose. Engelhardt Lexikon Orthopädie und Unfallchirurgie. www.lexikon-orthopaedie.com/pdx.pl?dv=0&id=01358 (15.12.2011).

Schiebler T. H. (Hrsg.)(2005): Anatomie. Springer, Heidelberg.

Schoder M. et al. (2001): Internal Iliac Artery Embolization Before Endovascular Repair of Abdominal Aortic Aneurysms: Frequency, Efficacy and Clinical Results. AJR, 177, 599-605. http://www.ajronline.org/content/177/3/599.full.pdf (15.12.2011).

Winther C., Daum H., Diener H., Debus E. S. (o.J.): Claudicatio glutealis: Eine seltene Form der AVK. Poster. http://www.mcn-nuernberg.de/nwch-abstracts/182nwch/abstracts/PO/I_Aussergewoeh_00089.pdf (30.11.2011).

Klinische Ethikberatung in der Pflege und ethische Entscheidungen am Lebensende

PATRIK HEINDL, VLASTIMIL KOZON
WIEN

1. Einleitung

Auf vielen Kongressen hört man, in der Literatur ist zu lesen und insbesondere in der Praxis ist zu sehen, dass es im Gesundheitssystem zu einer ständigen Weiterentwicklung kommt. Die demographische Entwicklung der österreichischen Bevölkerung und der Wandel der Werte und Normen unserer Gesellschaft (Haltung zu Gesundheit und Krankheit, Sinn des Lebens, Lebensqualität, Autonomie, Haltung zum Sterben und Tod) haben Auswirkungen auf die Praxis der Gesundheitsberufe (Pflegepersonen, ÄrztInnen, SozialarbeiterInnen ...). Um dieser Entwicklung gerecht werden zu können, bedarf es einer hohen fachlichen Kompetenz. Diese Kompetenz setzt sich aus unterschiedlichsten Kompetenzen zusammen. Unter anderem bedarf es neben einer pflegerischen Kompetenz, einer sozialen Kompetenz, Wissen über Gesundheit, Prävention und Krankheit auch einer ethischen Kompetenz in der Pflege. Diese ethische Kompetenz hat eine große praktische Relevanz für die Pflege. Es sind die tagtäglichen Handlungen und Entscheidungen am und mit den PatientInnen und im multidisziplinären Team, die zu Konflikten führen. Mit ethischer Kompetenz kann die Pflege die komplexen Probleme erkennen, sie artikulieren und kommunizieren und ihre Entscheidungen argumentieren. Um zu verstehen, was alles mit klinischer Ethikberatung in der Pflege und mit ethischen Entscheidungen am Lebensende gemeint ist, ist es notwendig, sich mit dem Begriff der Ethik auseinanderzusetzen.

2. Ethik und Moral

In unserer Gesellschaft werden Ethik und Moral häufig synonym verwendet. Man sagt, dass sich die „moralischen Werte" der Menschen verändern, man spricht von einem

„unethischen Verhalten" und der „schlechten Moral". Die oben angeführten Wörter stehen für Gerechtigkeitssinn, Ehrlichkeit und Fairness. Sie alle haben etwas mit Ethik zu tun, wir müssen aber zwischen den Begriffen Moral und Ethik unterscheiden (vgl. Körtner, 2004, 16).

2.1. Ethik

„Ethik kann so wenig zur Tugend verhelfen, als eine vollständige Ästhetik lehren kann, Kunstwerke hervorzubringen" (Schopenhauer). Die Ethik (griechisch: ēthike) ist ein Teilgebiet der Philosophie und setzt sich mit der Moral auseinander. Gegenstand der wissenschaftlichen Disziplin ist das Reflektieren über das menschliche Handeln und das moralisch richtige Verhalten (vgl. Kerres et al., 2001, 2). Ethik bezeichnet man auch als „praktische Philosophie". Ethik sucht Antworten auf die Frage, welches Vorgehen in bestimmten Situationen das richtige, moralisch korrekte ist. Bereits Kant hat im 17. Jahrhundert die Frage in der Philosophie formuliert „Was sollen wir tun?". Die Ethik stellt Richtlinien auf, an denen sich menschliches Verhalten ausrichten soll. Ethik ist die Reflexion der Moral, das heißt nachzudenken, warum habe ich das gemacht, hätte ich es auch anders machen können.

2.2. Moral

Der Ausdruck „Moral" geht über das französische „morale" auf das lateinische „moralis" (die Sitte betreffend; lat: mos = Sitte) zurück. Der Ausdruck Moral beschreibt die Gesamtheit der sittlichen Normen, Werte, Grundsätze, sei es von einem Individuum, einer Gruppe oder einer ganzen Kultur, die das zwischenmenschliche Verhalten einer menschlichen Gesellschaft regulieren und von ihrem überwiegenden Teil als verbindlich akzeptiert oder wenigstens hingenommen wird. Der Gegensatz von Moral und Ethik besteht darin, dass die faktische Moral teilweise emotionale Ursprünge hat (Ekel, Hass, Angst), sowie kultur- und gesellschaftsabhängig ist, die Ethik hingegen mit Logik auf „absoluten" Maßstäben aufzubauen versucht. Ethik kann ebenso als das Nachdenken über Moral verstanden werden. Moral beschreibt, was Menschen für richtig halten bzw. was sie für Vorstellungen vom richtigen Handeln haben (vgl. Pieper, 2007, 26; Hiemetzberger et al., 2010, 15).

2.3. Übersicht einiger Ethiktheorien

In der nachfolgenden Tabelle werden einige Ethiktheorien mit ihren Vertretern und ihren Ansätzen angeführt. Die Aufzählung erhebt nicht den Anspruch auf Vollständigkeit, sondern ist ein kurz gefasster Einblick und dient zur Orientierung.

Vertreter	Bezeichnung	Ansatz
Aristoteles	Tugendethik/ Strebensethik	Haltung, Einstellung
Kant	Pflichtethik/ Normenethik	Kategorischer Imperativ
Mill, Singer	Utilitarismus	Folgen, Zweck
Jonas	Verantwortungsethik	Verantwortung für den anderen
Conradi, Gilligans	Care-Ethik/ Fürsorgeethik	Beziehung

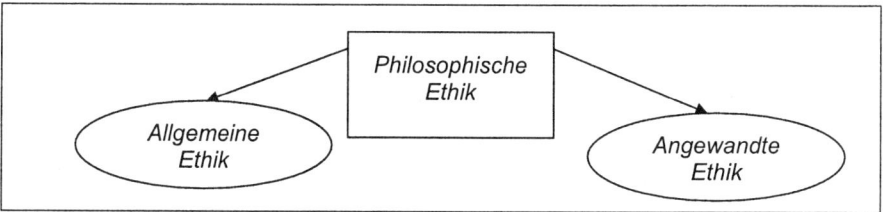

- deskriptive Ethik
  - rein beschreibend
  - völlig wertfrei
  - befasst sich mit Fragen, wie Werte, Normen und Prinzipien von Individuen, Gruppen oder der Gesellschaft umgesetzt werden
- normative Ethik
  - formuliert Werturteile und Prinzipien über menschliches Handeln
  - befasst sich mit der Begründung moralischer Urteile
- angewandte Ethik z.B.:
  - Medizinethik
  - Pflegeethik
  - Sozialethik
  - Wirtschaftsethik
  - Wissenschaftsethik
  - Pferdeethik

Die Teilgebiete in der angewandten Ethik oder auch praktischen Ethik sind jene Bereiche, die uns in unserem Berufsalltag immer wieder beschäftigen. In diesem Teilgebiete der Ethik kommt es zur Anwendung von moralischen Prinzipien der normativen Ethik auf konkrete Konfliktfälle und Entscheidungen. Die angewandte Ethik hat sich in den letzten Jahrzehnten zunehmend entwickelt, immer weiter verzweigt und differenziert. So wurde aus der Tierethik die Pferdeethik und aus der Berufsethik und Bioethik die Pflegeethik und die Medizinethik.

3. Das Krankenhaus und die Gesundheitsberufe

Krankenhäuser, Pflegeeinrichtungen und andere Organisationen, wo Menschen betreut werden, sind Orte, die sich durch einen wesentlichen Punkt zu den produzierenden Organisationen (Produktion von Gütern) sowie Dienstleistungsorganisationen (Dienste für und an dem Menschen) unterscheiden. In Krankenhäusern, Pflegeeinrichtungen und anderen Organisationen, wo Menschen betreut werden, sind die MitarbeiterInnen mit Leid, Krankheit, Schmerz und Tod konfrontiert. Das professionelle Arbeiten in diesen Organisationen steht im Wettstreit mit der empa-. thischen Haltung der Gesundheitsberufe. Unterschiedliche Sichtweisen, Erfahrungen und Argumente sind Nährboden für mannigfaltige Konflikte. Noch problematischer können diese Unterschiede bei ethischen Entscheidungen am Lebensende sein. Diese ethischen Entscheidungen am Lebensende sind oft noch viel stärker mit Unsicherheit, Emotionen und Konflikten verbunden. Idealerweise sollten diese komplexen Entscheidungen im multidisziplinären Rahmen, in dem alle Betroffenen miteinbezogen sind, getroffen werden. Damit sind die Teammitglieder aufgefordert, die ethischen Normen im Krankenhaus oder Pflegeinrichtungen zu kennen und auch anzuwenden (vgl. Dörries, 2008, 16). Klinische Ethikberatung in der Pflege ist für viele etwas ganz Neues. In nur wenigen Krankenhäusern ist eine klinische Ethikberatung implementiert. Die Frage ist, was bedeutet klinische Ethikberatung für die Pflegepraxis?

4. Klinische Ethikberatung

Unter diesem Begriff werden verschiedene Modelle der Ethikberatung, wie beispielsweise Ethikforen, Ethikkomitee, Ethikcafe, Ethikkonsiliar, Ethikrat, klinische Ethik und ähnliches verstanden. Die unterschiedlichen Modelle der klinischen Ethikberatung können nach ihrer Aufgabe und der Struktur der angewandten Beratungsform unterschieden werden (vgl. Neitzke, 2008, 58). Ein wesentlicher Punkt ist die Pluralität der Modelle und ihrer Beratungsverfahren in der klinischen Ethikberatung. Gerade durch diese Pluralität besteht die Möglichkeit, dass jede Organisation im Gesundheitswesen ihre angemessene und praktikabelste klinische Ethikberatung findet. Ein Modell aus einer Organisation zu nehmen und es in eine andere Organisation zu implementieren ist wahrscheinlich wenig erfolgreich. Die Bedürfnisse hinsichtlich einer klinischen Ethikberatung sind bei öffentlichen/ gewinnorientierten, kleinen/ großen Krankenhäusern und Pflegeeinrichtungen unterschiedlich. Deshalb ist der erste Schritt zu einer erfolgreichen Implementierung der klinischen Ethikberatung in eine Organisation des Gesundheitswesens die Diskussion über die Strukturen der klinischen Ethikberatung.

STRUKTUREN DER KLINISCHEN ETHIKBERATUNG

Expertenmodell
    Ethik-Komitee berät separat und unter sich
Delegationsmodell
    Ethik-Komitee berät sich mit der anfragenden Person
Prozessmodelle
    gesamtes Ethik-Komitee berät auf der Station
    Ethik-Komitee entsendet Berater auf die Station
    Ethik-Fallbesprechung durch geschulte Moderatoren
    Ethik-Konsil durch Einzelpersonen
Offene Modelle
    Dezentrale Arbeitsgruppe (z.B. Ethik-Arbeitsgemeinschaft, Ethikforum, Ethik-
    Cafe, Runder Tisch) mit oder ohne Klinisches Ethikkomitee
    Fallbezogene Stationsrunden

(Strukturen der klinischen Ethikberatung von Neitzke, 2008, 62).

Pflegeethik und Medizinethik sind der angewandten Ethik zuzuordnen. Das bedeutet, dass es um eine konkrete Anwendung von ethischen Theorien, Regeln und Normen auf bestimmte Lebens- und Handlungsbereiche in der Pflege und der Medizin geht (vgl. Pieper, 2007, 92; Hiemetzberger et al., 2010, 47). Es geht um die Lösung von moralischen Problemen. In der angewandten Ethik geht es um konkrete, kontextgebundene Problemstellungen (vgl. Kettner, 2008, 15). Diese konkreten ethischen Probleme und der Lösungsversuch sind oft durch Konflikte und sehr unterschiedliche Zugangsweisen der einzelnen Berufsgruppen gekennzeichnet. Diese ethischen Konflikte werden im Krankenhausalltag sehr häufig informell angesprochen, aber kaum systematisch und nach bewusst reflektierten Wertmaßstäben besprochen (vgl. Dörries, 2008, 18; Ruppert et al., 2010, 181). Wie bereits beschrieben, gibt es verschiedene Modelle und Vorgehensweisen, um diese Prozesse bewusster und transparenter zu gestalten. Eine Möglichkeit ist die Implementierung der klinischen Ethikberatung in die Organisation.

Die zentrale Ethikkommission in Deutschland nannte als Aufgaben der klinischen Ethikberatung:

1. Aus-, Fort- und Weiterbildung sowie Sensibilisierung der MitarbeiterInnen für Fragen der Ethik
2. Individuelle ethische Fallbesprechungen
3. Erarbeitung von Ethikleitlinien für die Institution
    (vgl. Zentrale Ethikkommission bei der Bundesärztekammer, 2006, 1704-1705; Marckmann, Wiesing, 2008, 100).

Klinische Ethikberatung ist nicht per Gesetz vorgeschrieben, sie wird jedoch positiv bewertet. So wird vor allem in Deutschland zunehmend im Rahmen von Zertifizierungen der Gesundheitsorganisationen nach „KTQ oder Procum- Cert der strukturierte Umgang mit ethischen Fragestellungen als Qualitätskriterium angeführt" (Dörries, 2008, 18).

4.1. Individuelle ethische Fallbesprechungen

Exemplarisch wird hier nur Punkt zwei, und zwar die individuelle ethische Fallbesprechungen der klinischen Ethikberatung erörtert, wie eine individuelle ethische
Fallbesprechung im AKH Wien aussehen könnte. Es gibt eine Vielzahl an verschiedenen Strukturen und Verfahren für die individuelle ethische Fallbesprechung, wobei
„jede Einrichtung im Gesundheitswesen, die ihre angemessene und zu ihr passende
Institutionalisierungsform von Ethik finden und wählen muss" (Neitzke, 2008, 58).
Die Einzelfalldiskussion wird von Ashcroft als das Herzstück der Beratungstätigkeit
klinischer Ethikkomitees gesehen (vgl. Ashcroft et al., 2005, zit. n. Kettner, 2008, 19).
Neitzke beschreibt wiederum verschiedene Strukturen der klinischen Ethikberatung
(vgl. Neitzke, 2008, 62):
- Expertenmodell
- Delegationsmodell
- Prozessmodell
- offenes Modell

Zwei der bereits oben genannten Modelle werden näher beschrieben. Diese Modelle
würden sich für eine Umsetzung im AKH Wien eignen (vgl. Ruppert et al., 2010, 189).

4.1.1. Expertenmodell

Jede MitarbeiterIn der Station kann das sogenannte „klinische Ethikkomitee" ein-
berufen. Das Ethikkomitee besteht aus ÄrztInnen, Pflegepersonen, JuristInnen,
SeelsorgerInnen und EthikerInnen. Im Bedarfsfall sollen auch die PatientInnen und
ihre Angehörigen miteinbezogen werden. Dieses ExpertInnenteam kommt auf die
Station und holt alle Information, die es braucht ein. Das ExpertInnenteam gibt eine
schriftlich Empfehlung zum konkreten Fall für das Behandlungsteam ab. Diese Empfehlung ist jedoch nicht bindend, die Letztentscheidung liegt beim Behandlungsteam
beziehungsweise in Fragen der Therapie bei den behandelnden ÄrztInnen. Der Vorteil
dieses Modells liegt in der leichteren organisatorischen Umsetzung in einem großen
Krankenhaus. Ein Nachteil ist, dass die Ethikberatung nur anlassbezogen arbeitet,
eine Sensibilisierung der MitarbeiterInnen zu ethischen Themen wird nur in einem
geringen Maß initiiert (vgl. Ruppert et al., 2010, 189).

4.1.2. Ethik-Liaisondienst

Es gibt Planstellen in einer Organisation für ausgebildete klinische EthikberaterInnen,
die regelmäßig auf die Stationen kommen und bei der Visite, bei Teamsitzungen, bei
der Supervision und im Bedarfsfall bzw. im Anlassfall anwesend sind. Sie können vor
Ort eine ethische Diskussion in Gang setzen, die letztendlich zu einer Entscheidung
im Behandlungsteam führen kann. Bei diesem Modell liegt der Vorteil in der konti-
nuierlichen Auseinandersetzung mit ethischen Fragen und nicht erst im Konfliktfall.
Mit diesem Modell erreicht man möglicherweise eine höhere Sensibilisierung der
MitarbeiterInnen (vgl. Ruppert et al., 2010, 189).

5. Ethische Entscheidungen am Lebensende

Tagtäglich treffen wir Entscheidung der unterschiedlichsten Art. Zum Beispiel: Was esse ich heute; fahre ich heute mit den öffentlichen Verkehrsmitteln oder mit dem Auto; welche Pflegehandlung soll ich bei diesem Patienten als erstes durchführen? Unsere Entscheidungen betreffen die unterschiedlichsten Ebenen in unserem Leben und haben dementsprechend unterschiedliche Auswirkungen auf Handlungen, auf andere Menschen und auf unsere Umwelt.

Das Wissen und die Erfahrungen der MitarbeiterInnen aller Disziplinen bei ethischen Entscheidungen am Lebensende sind wichtige Ressourcen, die zu einer Verbesserung in der Betreuung von PatientInnen führen. Um ein Gesamtbild der einzelnen PatientenInnen und der Situation, in der sie sich befinden zu erhalten, müssen die Aspekte aller Beteiligten einfließen.

5.1. Entscheidung

Unter Entscheidungen versteht man, dass unter Bedingungen beschränkter Ressourcen eine Wahl von Alternativen zu treffen ist, die der Entscheidung einer bestimmten Zielrichtung dienen können (vgl. Bugdahl, 1990, 15). Ein wichtiger Aspekt dabei ist die nachfolgende Umsetzung der getroffenen Entscheidung.

5.2. Ethische Entscheidung

Ethische Entscheidungen sind Entscheidungen mit ethischem Hintergrund, wobei unter Ethik die methodisch-kritische Reflexion auf das menschliche Handeln verstanden wird, indem sie versucht, aus einer gewissen Distanz heraus das moralisch Gute und Richtige zu ermitteln, zu begründen, sowie bestehende Normen auf ihre Gültigkeit kritisch zu hinterfragen. Ethik bestimmt dabei nicht, wie in einer konkreten Situation zu handeln ist, sondern kann zur Klärung der speziellen Situation beitragen, indem sie ethische Konflikte und Probleme explizit sichtbar macht (vgl. Hiemetzberger, 2010, 60).

5.3. Entscheidungsprozess

Dieser Prozess wird als Reihenfolge, Ablauf oder Hergang von Entscheidungen verstanden. Komplexe Entscheidungen sollten sich in mehreren Schritten vollziehen, nämlich prinzipiell im Erkennen des Problems, in einer Analyse des Kontextes, in dem das Problem auftritt, in der Feststellung von Entscheidungsalternativen und den möglichen Konsequenzen jeder Alternative. Der nächste Schritt ist die Durchführung, dem die Evaluation und eventuelle Revision der Entscheidung folgen.

6. Zusammenfassung

Pflegepersonen spielen bei ethischen Entscheidungen am Lebensende eine bedeutende Rolle, die jedoch manchmal nicht zum Tragen kommt. Sie erscheinen oft eher passiv und gestalten ihre Rolle und die Prozesse im Zusammenhang mit ethischen Entscheidungen am Lebensende und deren Durchführung nicht aktiv mit. Die Letztentscheidung und die Verantwortung für die Therapie und deren Veränderung liegen bei den ÄrztInnen, die Pflegepersonen haben eine sehr wichtige Rolle aufgrund ihrer Tätigkeit am und mit den PatientInnen und deren Angehörigen (vgl. Ruppert et al., 2010, 181). Diese Rolle und die Aufgaben der Pflegepersonen bei ethischen Entscheidungen am Lebensende müssen sichtbar gemacht werden. Dadurch wird die Zufriedenheit mit ethischen Entscheidungen am Lebensende bei Pflegepersonen steigen. Konflikte mit anderen Berufsgruppen werden sich reduzieren und Belastungen für die Pflegenden verringern. Letztendlich wird sich die Betreuungsqualität der uns anvertrauten PatientInnen und derer Angehörigen verbessern.

Bartosch meint, dass jede MitarbeiterIn „durch seinen Beruf, seine Lebensgeschichte und seine Haltung ethische Fachfrau und ethischer Fachmann ist" (Bartosch et al., 2005, 28). Auf dieses „Grundwerkzeug" für Pflegepersonen und auch alle anderen Professionen kann aufgebaut werden. Damit die Pflegenden diese Aufgaben erfüllen können, ist es notwendig, die Pflegenden zum Thema Ethik weiterzubilden. Die Individualisierung und Personalisierung ethischer Verantwortung reicht hier aber nicht aus. Es bedarf einer fachlichen, interdisziplinären, sozialen und organisationalen Erweiterung. „Die Verantwortung des Einzelnen soll nicht aufgehoben, sondern gestärkt werden, wenn sie sich den guten Gründen anderer Perspektiven stellt, wenn das Abwägen der Gründe organisiert ist und wenn zu der Summierung der guten Gründe ein gutes Gefühl entstehen kann" (Krobath, Heller, 2010, 13). Dann können die Pflegenden systematisch reflektieren und beginnen, ihre Rolle aktiv bei ethischen Entscheidungen zu gestalten.

Pflegepersonen oder ÄrztInnen müssen ethische Entscheidungen am Lebensende nicht alleine treffen. Durch die Sensibilisierung in ethischen Fragestellungen und durch Reflexion und Diskussion wird in den meisten Fällen eine Teamentscheidung getroffen, die es uns ermöglicht, die PatientInnen bestmöglichst zu betreuen.

Ethische Entscheidungen am Lebensende werden durch eine klinische Ethikberatung nicht leichter. Klinische Ethikberatung sagt uns nicht, welche Entscheidung richtig oder falsch ist. Durch Reflexion und durch Diskussion erweitert sich unser Wissen über ethische Entscheidungen. Sie hilft uns, dass wir alle wesentlichen Aspekte erkennen.

Literatur

Ashcroft R., Lucassen A., Parker M., Verkerk M., Widdershoven G. (2005): Case Analysis in Clinical Ethics. University Press, Cambridge.

Bartosch H., Coenen-Marx C., Erckenbrecht J. F., Heller A. (2005): Leben ist kostbar. Der Palliative Care- und Ethikprozess in der Kaiserswerther Diakonie. Lambertus-Verlag, Freiburg im Breisgau.

Bugdahl V. (1990): Methoden der Entscheidungsfindung. Vogel Verlag, Würzburg.

Dörries A. (2008): Ethik im Krankenhaus. In: Frewer A., Fahr U., Rascher W. (Hrsg.): Klinische Ethikkomitees. Chancen, Risiken und Nebenwirkungen. Jahrbuch Ethik in der Klinik. Königshaus & Neumann, Würzburg.

Hiemetzberger M., Messner I., Dorfmeister M. (2010): Berufsethik und Berufskunde. Facultas Verlag, Wien.

Krobath Th., Heller A. (2010): Ethik organisieren. Einleitung zur Praxis und Theorie der Organisationsethik. In: Krobath Th., Heller A. (Hrsg.): Ethik organisieren. Handbuch der Organisationsethik. Lambertus Verlag, Freiburg im Breisgau.

Körtner U. (2004): Grundkurs Pflegeethik. Facultas, Wien.

Kettner M. (2008): Autorität und Organisationsformen Klinischer Ethikkomitees. In: Frewer A., Fahr U., Rascher W. (Hrsg.): Klinische Ethikkomitees. Chancen, Risiken und Nebenwirkungen. Jahrbuch Ethik in der Klinik. Königshaus & Neumann, Würzburg.

Kerres A., Seeberger B. (2001): Lehrbuch Pflegemanagement II. Springer Verlag, Berlin.

Marckmann G., Wiesing U. (2008): Klinische Ethikkomitees: Erfahrungen am Universitätsklinikum Tübingen. In: Frewer A., Fahr U., Rascher W. (Hrsg.): Klinische Ethikkomitees. Chancen, Risiken und Nebenwirkungen. Jahrbuch Ethik in der Klinik. Königshaus & Neumann, Würzburg.

Nationaler Ethikrat (2006): Selbstbestimmung und Fürsorge am Lebensende. Druckhaus, Berlin.

Neitzke G. (2008): Aufgaben und Modelle von Klinischer Ethikberatung. In: Dörries A., Neitzke G., Simon A., Vollmann J. (Hrsg.): Klinische Ethikberatung. Ein Praxisbuch. Kohlhammer, Stuttgart.

Pieper A. (2007): Einführung in die Ethik. Verlag A. Francke, Tübingen, Basel.

Ruppert S., Heindl P., Kozon V. (2010): Rolle der Pflege bei ethischen Entscheidungen am Lebensende. Forschungsbericht, AKH, Wien.

Schopenhauer A.: Ethik – Zitat. www.zitate-online.net/zitate/MzU0NA/ (15.12.2011).

Zentrale Ethikkommission bei der Bundesärztekammer (2006): Ethikberatung in der klinischen Medizin. Deutsches Ärzteblatt, 103, 24, A1703-1707.

Schlüsselindikatoren für die PatientInnenzufriedenheit

Eva KRCZAL

KREMS

1. Problemstellung

Im Rahmen der Bewertung von Qualität der Krankenhausleistungen wird zwischen zwei Konzepten unterschieden (vgl. hierzu und im folgenden Zifko-Baliga/Krampf, 1997, 28). Zum einen ist die medizinische Fachkompetenz ein wichtiger Qualitätsfaktor. Qualitätsindikatoren lassen sich rund um die sorgfältige Diagnose, korrekte Behandlungsmethode, fehlerfreie operative Eingriffe usw. definieren. Zum anderen lässt sich Qualität aus der Perspektive des Patienten definieren. Ausschlaggebend für die Qualitätsbeurteilung sind die individuellen Wahrnehmungen der Patienten. Im Rahmen dieses Beitrages steht letztere Herangehensweise im Mittelpunkt.

Patientenzufriedenheit wird als zentraler Faktor zur Bestimmung der Qualität der Behandlung angesehen (vgl. Johannson, 2002, 337). Für die Krankenhausleitung liefert die Patientenzufriedenheit wichtige Informationen hinsichtlich verschiedenster Qualitätsaspekte, der Planung und Kontrolle von Verbesserungsmaßnahmen, Allokation von Ressourcen und Reputation des Hauses. Patientenzufriedenheit ist nicht als unabhängige Ergebnisvariable anzusehen, vielmehr steht sie in komplexer Wechselbeziehung mit anderen Ergebnisindikatoren wie dem Behandlungserfolg sowie der Lebensqualität und der Compliance der PatientInnen (vgl. Blanchard, 1990, 186). Daneben konnten Haas et al. Zusammenhänge zwischen Mitarbeiterzufriedenheit und Patientenzufriedenheit nachweisen (vgl. Haas et al., 2000, 122).

Donabedian definiert Patientenzufriedenheit als *„an expression of a patient's judgement on the quality of care in all its aspects, but particularly as concerns the interpersonal process"* (Donabedian, 1988, 1746). Zufriedenheit ergibt sich aus dem Vergleich zwischen Erwartungen und Wahrnehmungen der Patienten hinsichtlich der erbrachten Leitungen im Krankenhaus (vgl. Johannson, 2002, 337). Eine allgemeine

Definition von Patientenzufriedenheit lautet „*when the patient´s own expectations for treatment and care are met (or exceeded)*" (Trout, 2000, 705).

Generell wird die Qualität von Krankenhausleistungen in die die drei Komponenten Struktur, Prozess und Ergebnis eingeteilt (vgl. hierzu und im folgenden Zifko-Baliga/ Krampf, 1997, 29). Struktur beschreibt die Wahrnehmungen des Patienten hinsichtlich der Infrastruktur und Ausstattung des Krankenhauses. Es werden Aspekte wie äußeres Erscheinungsbild, Sauberkeit, Sicherheit usw. beurteilt. Die Prozesskomponente ist kennzeichnend für die Interaktion des Krankenhauspersonals mit dem Patienten. Hier spielen vor allem emotionale Faktoren wie Freundlichkeit, Empathie, Kompetenz, Erreichbarkeit, Kommunikationsstil eine wichtige Rolle. Die Ergebniskomponente beschreibt das Resultat der Interaktion bzw. des Prozesses. Sie beinhaltet technische Qualität, Verlässlichkeit, Behandlungserfolg und Erholung.

2. Ziel der Arbeit und Methodik

Im Rahmen einer Literaturrecherche wurde folgender Frage nachgegangen: Welche Faktoren beeinflussen die Patientenzufriedenheit? Die Untersuchung hatte zum Ziel, Schlüsselindikatoren für die Patientenzufriedenheit zu ermitteln, an denen sich die Krankenhausleitung bei der Planung und Erbringung von Leistungen orientieren kann.

Die theoretische Grundlage bildete aktuelle Literatur im Bereich Krankenhausmanagement. Zur Beantwortung der Forschungsfrage wurde eine Literaturrecherche über elektronische Datenbanden (PubMed, Wiley online library) durchgeführt. Über PubMed wurden 24.935 Studien zum Stichwort „*patient satisfaction surveys*" angezeigt, Wiley Online listete 36.175 Studien auf. Inhaltlich wurde die Suche auf jene Studien eingeschränkt, die sich spezifisch mit der Erfassung und Messung der Patientenzufriedenheit beschäftigten, und zum Ziel hatten, die Einflussfaktoren der Patientenzufriedenheit zu analysieren. Insgesamt wurden 23 Studien im Rahmen einer Inhaltsanalyse ausgewertet, 19 davon waren empirische Studien, vier waren rein theoretische Studien.

3. Ergebnisse

Patientenzufriedenheit wird von den Forschern als Ergebnis eines hoch komplexen stark emotionalisierten Beurteilungsprozesses dargestellt. Patientenzufriedenheit ist als multidimensionales Konzept angesehen, dass auf Erwartungen hinsichtlich des Verhaltens und der Leistung, bisherigen und gerade erlebten Erfahrungen, Wahrnehmungen und Reaktionen basiert (vgl. Wagner/Bear, 2009, 693 und Haas, 2000, 126). So konnten Blanchard et al. nachweisen, dass positive Nachrichten die Patientenzufriedenheit positiv beeinflussen (vgl. Blanchard, 1986, 392). Forscher fanden ebenfalls heraus, dass jene Personen, die sich in einem besseren Gesundheitszustand sahen, zufriedener waren (vgl. Xiao/Barber, 2008, 724). Der Beurteilungsprozess ist subjektiv, dynamisch, stark emotional und wird von den individuellen Charakteristika des Patienten bestimmt (vgl. Larabee, 2004, 254).

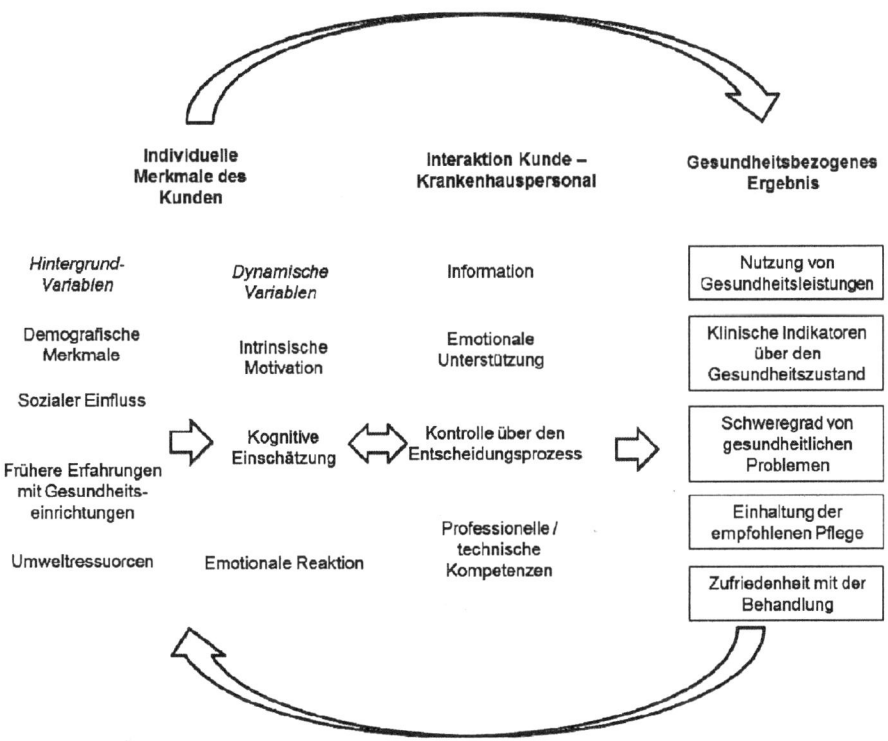

Abbildung 1: **Interaktionsmodell des Gesundheitsverhaltens des Kunden** (in Anlehnung an Cox, 2003, 93)

Im Mittelpunkt stehen die Erwartungen des Patienten. Entscheidend für die Zufriedenheit mit den erbrachten Leistungen ist, in welchem Ausmaß die Erwartungen des Patienten erfüllt wurden (vgl. Trout et al., 2000, 696). Die nachfolgende Abbildung beschreibt den komplexen Zusammenhang zwischen den individuellen Charakteristika des Patienten, der Interaktion mit dem Krankenhauspersonal und verschiedenen Ergebnisindikatoren, wie auch die Zufriedenheit mit der Behandlung.

Generell werden Pflegeleistungen (vgl. Carman, 2000, 344; Larabee, 2004, 264; Johannson, 2002, 337; Wagner/Bear, 2009, 698) und interpersonelle Aspekte (Bendall-Lyon, 2001, 14; Blanchard, 1990, 186f; Johannson, 2002, 337 und Wagner/Bear, 2009, 693) als bedeutendste Einflussfaktoren auf die Patientenzufriedenheit angesehen. Viele Studien nennen individuelle Merkmale wie Alter, Geschlecht und Gesundheitszustand des Patienten als Einflussfaktoren auf die Zufriedenheit (vgl. Haas, 2000, 122; Jaipaul/Rosenthal, 2003, 23 und Shannon, 2002, 177). Qualitativ hochwertiger technischer Standard ist bedeutend (vgl. Carman 2000, 344 und Mummalaneni/Gopalakrishna, 1995, 16) wird aber als selbstverständlich angesehen (vgl. Johannson, 2002, 337. Zusammenfassend berichten die Studien über die nachfolgenden Einflussfaktoren.

4.1. Interpersonelle Faktoren

Hier konnten signifikante Zusammenhänge zwischen dem Kommunikationsstil des Krankenhauspersonals und dem Patienten nachgewiesen werden (vgl. Johannson, 2002, 342; Bendall-Lyon, 2001, 11; Blanchard, 1990, 190; Radley, 2001, 1766 und Yazdi et al., 2008, 137). Vor allem emotionalen Faktoren wie Empathie, Aufmerksamkeit, Mitgefühl, Eingehen auf Wünsche und Bedürfnisse wird große Bedeutung zugeschrieben (vgl. Walker et al., 2003, 291; Wagner/Bear, 2009, 692 und Johannson, 2002, 338).

4.2. Information über Diagnose und Behandlungsverlauf

Vielen Patienten ist es wichtig, ausreichend über Diagnose und den Behandlungsverlauf informiert zu werden (vgl. Perez-Carceles, 2010, 462 und Wagner/Bear, 2009, 692). Hier spielen der Kommunikationsstil und eine adäquate Ausdrucksweise eine wichtige Rolle. Ausschlaggebend ist, ob der Patient in einer für ihn verständlichen Sprache informiert wird (vgl. hierzu und im folgenden Johannson, 2002, 243). Auch der Zeitfaktor ist bedeutend, Patienten möchten möglichst frühzeitig über Abläufe und Ergebnisse informiert werden.

4.3. Kontrolle über den Behandlungsprozess

Die Möglichkeit, aktiv an Entscheidungen teilnehmen zu können, wird von vielen Patienten als bedeutend eingestuft. Wird der Patient in Entscheidungen über den Behandlungsprozess, Medikation, Therapien miteinbezogen, so hat er das Gefühl, dass er die Kontrolle darüber behält und selbst mitbestimmen kann (vgl. Wagner/Bear, 2009, 692; Johannson, 2002, 342).

4.4. Professionelle Kompetenz des Krankenhauspersonals

Einfluss auf die Patientenzufriedenheit hat hier die wahrgenommene medizinisch-technische Kompetenz des Krankenhauspersonals (vgl. Wagner/Bear, 2009, 692). Ebenso spielt es für den Patienten eine wichtige Rolle ob das Personal in der Lage ist, eine Schmerzlinderung zu bewirken (vgl. Johannson, 2002, 342).

4.5. Organisationelle Faktoren

Nur wenige Studien beschäftigten sich mit dem Zusammenhang zwischen organisationellen Faktoren und Patientenzufriedenheit. Laut Johannson fördern reibungslos ablaufende administrative Prozesse, wenig unterschiedliche Betreuungspersonen oder gut funktionierendes Teamwork innerhalb der Abteilung die Zufriedenheit (vgl. Johannson, 2002, 340). Haas konnte im Rahmen einer empirischen Untersuchung einen Zusammenhang zwischen Mitarbeiterzufriedenheit und Patientenzufriedenheit nachweisen (Haas, 2000, 122).

4.6. Umfeldfaktoren

Hinsichtlich der Umfeldfaktoren kommen die Autoren zu unterschiedlichen Ergebnissen. Johannson berichtet über Forschungsstudien, welche einen Zusammenhang mit Umfeldfaktoren wie Sauberkeit, Hygiene, Geräuschpegel, Essen, andere Patienten, Architektur und Infrastruktur beeinflussen die Patientenzufriedenheit nachweisen konnten (vgl. Johannson, 2002, 342). Larabee et al. konnten in ihrer Untersuchung keine Zusammenhänge nachweisen (vgl. Larabee et al. 2004, 264).

4.7. Sozio-demografische Faktoren

Eine Reihe von Studien berichten über den Einfluss von sozio-demografischen Faktoren wie Alter, Geschlecht, Ausbildung, Einkommensschicht, Gesundheitszustand, bisherige Erfahrungen mit Gesundheitseinrichtungen auf die Patientenzufriedenheit (vgl. Findik, 2010, 168; Green/Davis, 2005, 154; Wagner/Bear, 2009, 692; Johannson, 2002, 342; Jaipaul/Rosenthal, 2003, 23; Shannon, 2002, 177; Mummalaneni/Gopala-krishna, 1995, 16; Murakami, 2010, 255).

Nachfolgende Abbildung listet zusammenfassend jene Einflussfaktoren auf die Patientenzufriedenheit auf, die von den Autoren identifiziert werden konnten.

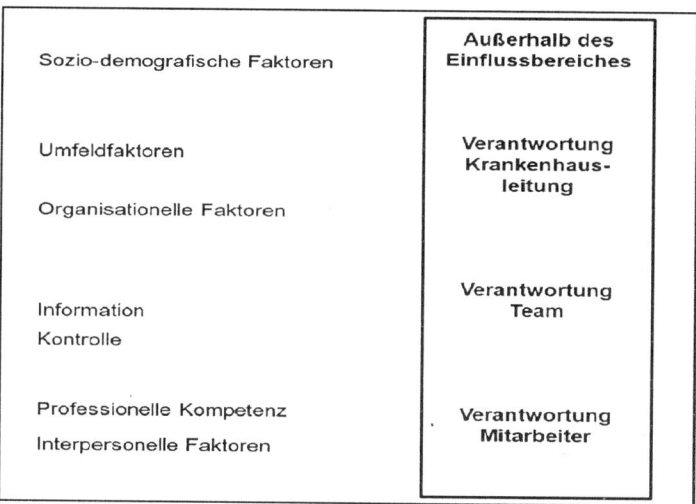

Abbildung 2: **Einflussfaktoren auf die Patientenzufriedenheit**

Aus der Perspektive des Krankenhausmanagements ist eine Institutionalisierung des Qualitätsgedankens im Krankenhaus wichtig. Im Hinblick auf die Umsetzung von patientenorientierter Leistungserbringung ist es zielführend, eindeutige Verantwortungsbereiche zu definieren. In der Abbildung wurde daher ebenso beispielhaft abgebildet, welche Ebene im Krankenhaus für welchen Einflussfaktor verantwortlich gemacht werden kann. Es zeigt sich, dass gerade bei einem öffentlichen Krankenhaus, welches einen allgemeinen Versorgungsauftrag hat, kein Einfluss auf sozio-demografische Faktoren genommen werden kann. Umweltfaktoren und organisationale Faktoren können der Krankenhausleitung zugeschrieben werden. Information über den Behandlungsverlauf sowie die Miteinbeziehung des Patienten erfolgen auf Abteilungsebene innerhalb eines Teams. Professionelle Kompetenz sowie die Interaktion mit dem Patienten wären Verantwortungsbereiche, die dem einzelnen Mitarbeiter im Krankenhaus direkt zugeschrieben werden können. Es zeigt sich, dass die wichtigsten Einflussfaktoren auf die Patientenzufriedenheit im unmittelbaren Verantwortungsbereich des jeweiligen Mitarbeiters angesiedelt sind. Die Rahmenbedingungen werden auf Abteilungsebene und auf Ebene des gesamten Krankenhauses festgelegt.

4. Diskussion der Ergebnisse

Forschungsstudien über Patientenzufriedenheit kommen hinsichtlich der Einflussfaktoren oft zu unterschiedlichen, teilweise auch widersprüchlichen Ergebnissen (vgl. Di Paolo, 1997, 523). Viele Studien berichten über methodologische und konzeptionelle Probleme in der Erfassung und Messung der Patientenzufriedenheit (vgl. Sixma, 1998, 83; Muralami, 2010, 561).

Es werden mehrheitlich quantitative Methoden zur Erfassung und Messung der Patientenzufriedenheit angewendet. Patientenzufriedenheit basiert jedoch auf subjektiven, stark emotionalen Faktoren wie Erwartungen und Erfahrungen. Fraglich ist, ob quantitative Methoden hier adäquate Messinstrumente und Verfahren darstellen. So zweifeln viele Forscher an der Reliabilität und Validität quantitativer Messinstrumente (vgl. Sixma, 1998, 83 und Hyrkaé, 2000, 227). Die Erwartungen der Patienten, vor allem die relative Bedeutung der einzelnen Faktoren variieren stark zwischen den Forschungsberichten. Trout et al. berichten über methodologische Probleme bei der Erfassung der Erwartungen der Patienten, wenn es beispielsweise darum geht, ob die Patienten technische Kompetenzen höher bewerten als interpersonelle Fähigkeiten (vgl. hierzu und im folgenden Trout et al., 2000, 561). Die Autoren vermuten, dass Inkonsistenzen hinsichtlich der Faktoren der Patientenzufriedenheit dadurch entstehen, dass die Patienten den einzelnen Faktoren unterschiedliche Bedeutung zumessen.

Das Konstrukt Patientenzufriedenheit bzw. die theoretische Grundlage sind noch nicht ausgereift. So konnten einige Studien keine Zusammenhänge zwischen Erwartungen und Zufriedenheit feststellen (vgl. Staniszewska/Ahmet, 1999, 466). Die gegenseitigen Wechselbeziehungen zwischen den einzelnen Variablen sind schwer erfassbar. Ein besseres Verständnis der Erwartungen und Zufriedenheit würde die

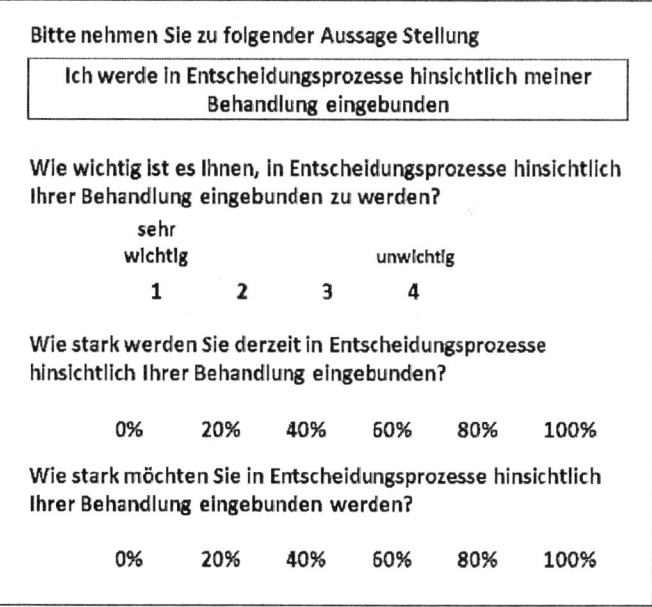

Abbildung 3: **Beispiel für Erwartungen und Wahrnehmung des Patienten hinsichtlich der Dimension Kontrolle über den Behandlungsverlauf**

Entwicklung eines theoretischen Modells ermöglichen, auf Grundlage dessen ein valides Instrument erstellt werden kann.

Ein möglicher Ansatz wäre, die individuellen Einflussfaktoren der Patientenzufriedenheit wie Bedeutung für den Patienten, Erwartung und Wahrnehmung im Rahmen eines mehrdimensionalen Fragebogens zu berücksichtigen.

Abbildung 3 zeigt ein Beispiel für ein Fragebogendesign, welches die oben genannten Punkte Erwartung, Wahrnehmung und Bedeutung für den Patienten berücksichtigt.

5. Schlussfolgerung und Ausblick

Eine wesentliche Rolle für die Erreichung von Patientenzufriedenheit spielen die einzelnen Mitarbeiter im Krankenhaus. Individuelles Eingehen auf den Patienten wird damit zur Voraussetzung für Patientenzufriedenheit. Die Ergebnisse der Forscher unterstreichen die Bedeutung der Erwartungen im Prozess der Qualitätsbeurteilung. Dies führt zu der Schlussfolgerung, dass die Patientenzufriedenheit erhöht werden kann, indem das Krankenhauspersonal sich mit den Erwartungen der Patienten intensiv auseinandersetzt (vgl. Blanchard, 1990, 186). Alle Menschen haben die gleichen Basisbedürfnisse, jeder einzelne hat jedoch auch ganz individuelle Wünsche und Erwartungen in den jeweiligen Stadien seines Lebens (vgl. Johannson, 2002, 338).

Nachdem die Patienten ihre persönlichen Bedürfnisse kennen und ganz spezielle Wunsche und Erwartungen hinsichtlich der Krankenhausleistungen haben, sollten eine individuelle Bedachtnahme und eine aktive Miteinbeziehung der Patienten bei der Leistungserbringung berücksichtigt werden.

Messungen der Patientenzufriedenheit sollen in regelmäßigen Abständen erfolgen, um Verbesserungspotentiale zu erkennen. Dabei sollten nicht nur quantitative Erhebungsinstrumente sondern auch qualitative Methoden zum Einsatz kommen. Möchte ein Krankenhaus großflächig die Patientenzufriedenheit erfassen, wird empfohlen, auf die Komponenten des Konzeptes Patientenzufriedenheit zu achten: die Erwartungen und Erfahrungen der Patienten. Schlüsselindikatoren für die Patientenzufriedenheit sollten daher unterschiedliche Aspekte enthalten:

- die Bedeutung für den Patienten selbst
- die Erwartungen des Patienten
- die Qualitätsbeurteilung durch den Patienten

Literatur

Bendall-Lyon D. et al. (2001): Time does not heal all wounds. Patients report lower satisfaction levels as time goes by. Marketing Health Services, 2, 3, 10-14.

Blanchard Ch. et al. (1986): The Impact of Oncologists' Behaviors on Patient Satisfaction With Morning Rounds, Cancer, 58, 2, 387-393.

Blanchard Ch. et al. (1990): Physician Behaviors, Patient Perceptions, and Patient Characteristics as Predictors of Satisfaction of Hospitalized Adult Cancer Patients. Cancer, 65, 1, 186-192.

Carman J. M. (2000): Patient perceptions of service quality. Combining the dimensions. Journal of Management in Medicine, 14, 5/6, 339-356.

Cox Ch. L. (2003): A Model of Health Behavior to Guide Studies of Childhood Cancer Survivors, Oncology Nursing Forum, 30, 5, 92-99.

Di Palo M. T. (1997): Rating Satisfaction Research: Is it Poor, Fair, Good, Very Good, or Excellent? Arthritis Care and Research, 10, 6, 422-430.

Donabedian A. (1988): The quality of care: how can it be assessed? Journal of the American Medical Association, 260, 12, 1743-1748.

Findik U. Y. et al. (2010): Patient satisfaction with nursing care and its relationship with patient characteristics. Nursing and Health Sciences, 12, 162-169.

Green A., Davis S. (2005): Toward a Predictive Model of Patient Satisfaction with Nurse Practitioner Care. 17, 4, 139-148.

Haas J. S. et al. (2000): Is the Professional Satisfaction of General Internists Associated with Patient Satisfaction? JGIM, 15, 122-128.

Hyrkaé K. et al. (2000): Patient satisfaction and research related problems (Part 1). Problems while using a questionnaire and the possibility to solve them by using different methods of analysis. Journal of Nursing Management, 8, 227-236.

Jaipaul C. K., Rosenthal G. E. (2003): Are Older Patients More Satisfied With Hospital Care Than Younger Patients? JGIM, 18, 23-30.

Johansson P. et al. (2002): Patient satisfaction with nursing care in the context of health care: a literature study. Scandinavian Journal of Caring Sciences, 16, 337-344.

Larabee J. H. et al. (2004): Predictors of Patient Satisfaction with Inpatient Hospital Nursing Care, Research in Nursing & Health, 27, 254-268.

Mummalaneni V., Gopalakrishna P. (1995): Mediators vs. moderators of patient satisfaction. The role of sociodemographic characteristics might be less significant than previously thought. Journal of Health Care Marketing, 15, 4, 16-22.

Murakami G. et al. (2010): Patient perceived priorities between technical skills and interpersonal skills: their influence on correlates of patient satisfaction. Journal of Evaluation in Clinical Practice, 16, 560-568.

Perez-Carceles M.G. (2010): Is the right to information fulfilled in an emergency department? Patients' perceptions of the care provided. Journal of Evaluation in Clinical Practice, 16, 456-463

Radley G. (2001): Doctor Communication Style and Patient Outcomes: Gender and Age as Moderators. Journal of Applied Social Psychology, 31, 8, 1749-1773.

Shannon S. E. et al. (2002): Patients, Nurses, and Physicians Have Differing Views of Quality of Critical Care. Health Policy and Systems, 34, 2, 173-179.

Sixma H. J. et al. (1998): Quality care from the patient´s perspective: from theoretical concept to a new measuring instrument. Health Exspectations, 1, 82-95.

Staniszewska S., Ahmet L. (1999): The concepts of expectations and satisfaction: do they capture the way patients evaluate their care? Journal of advanced nursing, 29, 2, 364-372.

Trout A. et al. (2000): Patient Satisfaction Investigations and the Emergency Dpartment: What does the literature say? Academic Emergency Medicine, 7, 6, 695-709.

Wagner D., Bear M. (2009): Patient satisfaction with nursing care: a concept analysis within a nursing framework. Journal of Advanced Nursing, 65, 3, 692-701.

Xiao H., Barber J. P. (2008): The Effect of Perceived Health Status on Patient Satisfaction, Value in Health, 11, 4, 719-725.

Yazdi N. A. et al. (2008): Communication training and patient satisfaction: A randomized trial study from Mashhad, Iran. Patient Preferences and Adherence, 2, 137-142.

Zifko-Baliga G. M., Krampf R. (1997): Managing Perceptions of Hospital Quality Negative emotional evaluations can undermine even the best clinical quality. Marketing Health Services, Spring, 17, 1, 28-35.

Im Mittelpunkt steht der Mensch
Ein Organisationsentwicklungsprojekt in Palliative Care

Michael ROGNER
Schaan

1. Über die Notwendigkeit von Palliative Care

Stellen Sie sich vor sie sind alt, chronisch krank und schwach. Haben Sie schon einmal darüber nachgedacht, wo und wie sie Ihre letzte Lebensphase verbringen wollen? Ob Sie diese Entscheidungen alleine oder im Kreise ihrer Familie treffen und vorbereiten können oder ob jemand aufgrund einer Demenz Ihre Interessen vertreten wird? Welche Vorkehrungen haben Sie diesbezüglich getroffen und wie sicher können Sie sich sein, dass man sich daran hält? Vielleicht haben Sie eine Verfügung oder eine Vorsorgevollmacht, vielleicht aber auch nicht? Was müssen Sie dafür tun, dass Ihre Interessen vertreten werden, Ihnen Autonomie gewährleistet wird und eine würdevolle Behandlung und Betreuung zuteil wird?

Was muss getan werden, dass Ihr Lebensabend keine furchtbare und trostlose Belastung wird, Sie die Tage nicht mit Schmerzen im Bett verbringen müssen, Ihre Ablehnung einer Ernährungssonde respektiert wird, würdevolle Betreuung und Begleitung nicht von ihrem Kontostand abhängt, Sinn und Freude im Alter gefördert und unterstützt wird, Ihre ganz individuelle Klasse geschätzt und gemocht wird, Sie als Person wahrgenommen werden?

Was auch immer jetzt Ihre Gedanken sind, diese Fragen werden uns früher oder später, den einen mehr den anderen weniger, betreffen. Natürlich wünschen wir uns alle Schmerzfreiheit, die Akzeptanz unserer Wünsche und alles Weitere das unsere individuelle Lebensqualität und auch unsere Sterbequalität maximiert. Doch was muss dafür getan werden, dass diese Qualität kein Zufall ist? Die Antwort kann nur heißen, Palliative Care in Organisationen nachhaltig umzusetzen. „Nur wo man gut gelebt hat, kann man auch gut sterben und umgekehrt, nur wo es eine gute Begleitung im Sterben gibt, dort kann man sich auch gut darauf einlassen, das hohe Alter zu leben." (Heimerl, 2008, 25).

1.1. Ein Exkurs unserer Zeit

Wir leben in einer Zeit in der die Gesellschaft keine Pause mehr einlegt, einer Gesellschaft in der die Intelligenz, Souveränität, Autonomie und Selbstbestimmung sehr wichtig sind. In den Medien wird ewige Jugend propagiert. Es gibt kaum Werbeeinschaltungen, die sich mit der anderen Seite des Alters beschäftigt. Es gibt keine Einschaltungen in den TV-Sendern im öffentlichen Interesse zur Entwicklung der Demenz – Sex sells, Demenz halt nicht. Vor diesem Hintergrund ist es klar, dass der Verlust der Autonomie eine riesige Projektionsfläche ureigener Ängste darstellt.

Jede Gesellschaft hat ihren eigenen Umgang mit dem Alter, dem Sterben und Leiden. Wir leben heute lange, werden hochbetagt und sterben auch hochbetagt. Hochbetagte Menschen haben häufig Erkrankungen, die nicht mehr kurativ behandelt werden können, sondern bei denen Linderung der belastenden Symptome im Vordergrund steht. Neben den rein körperlichen Symptomen haben hochbetagte Menschen häufig Lebenskrisen, stellen die Frage nach dem Sinn und der Wertigkeit ihres Lebens und vor allem den Wert für diese Gesellschaft. Eine holistische Auseinandersetzung mit der Person im Kontext seiner Prägung, seiner Familie und seiner Sozialisation ist unumgänglich für eine gelingende Palliative Care. Auch heute noch wird Palliative Care und Hospizkultur oft mit jungen, krebskranken Menschen assoziiert. Heimerl (2008, 12) merkt an, dass noch heute viele Hospize bevorzugt solche Menschen aufnehmen. Doch darf es sein, dass aufgrund des Alters und der Diagnose, Palliative Care für manche mehr und manch andere weniger vorhanden sein kann? Die klare Antwort muss sein NEIN. Heimerl (2008) berichtet diesbezüglich von einer beobachtbaren Trendwende. So berichtet sie von Curricula Entwicklungen für Palliative Care in der Altenhilfe, Publikationen der WHO (Better Palliative Care for Older People) oder das Handbuch Geriatric Palliative Care. Ebenso liegen mittlerweile viele Publikationen vor die sich mit Palliative Care in Pflegeheimen beschäftigen.

1.2. Palliative Care im Kontext von Langzeitpflege

Hier stellt sich, wie Heimerl (2008, 25) es betont, die Frage: Sind unsere Einrichtungen Häuser zum Leben oder Häuser zum Sterben? Im Idealfall natürlich beides. Aber wie ist der Bedarf letztlich ausgerichtet? Freilich gibt es bereits viele gute Konzepte in Pflegeheimen. Hinweise von individueller Pflege, vielfältigen Aktivierungsangeboten, qualitativ hochwertigem Essen und mehr Privatsphäre stehen auf jeder Homepage eines Pflegeheims. Häuser zum Leben sind auch zwangsläufig Häuser, in denen Sterben als unverzichtbarer Bestandteil des Lebens gut gelebt werden kann und muss – für die Mitarbeitenden, wie auch Bewohner.

Die Anforderungen im Langzeitpflegebereich sind durch viele verschiedene Faktoren immens gestiegen:

1. **Die Pluralität von Pflegesituationen**: Es gibt Personen mit den verschiedensten Krankheitsbildern und Symptomen. Krebs, Demenz, Multiple Sklerose, Dysphagien, Schmerzsymptomatik, Fatigue, Total Pain, Inkontinenz, Depression, Mangelernährung, Insult, etc.

2. **Ethische Herausforderungen**: Das Reden über Tod und Sterben, Wünsche am Lebensende, Bedeutung und Inhalte von Lebensqualität, Individualität, Nutzen vor Schaden. Das Vorbereiten, Moderieren und Dokumentieren von ethischen Fallbesprechungen, das gemeinsame Erstellen von Verfügungen und Werteanamnesen, Planen von End Of Life Entscheidungen, Diskutieren von Freiheitseinschränkenden bzw. -beschränkenden Maßnahmen, etc.

3. **Spezifischer Behandlungs- und Betreuungsbedarf**: Der Individualität von Personen und auch Situationen muss räumlich, strukturell, personell und auch in den Abläufen Platz zur Verfügung gestellt werden und zwar institutionell. Jeder bedarf einer speziell zugeschnittenen Palliative Care.

Davon lassen sich klar Ziele von Palliative Care in der Langzeitpflege ableiten (vgl. Curaviva, 2009):

1. Eine hohe und individuelle Lebensqualität für die Bewohner
2. Ein bio-psycho-sozialer Ansatz zum Verstehen von Personen und Situationen
3. Ein hoher Grad an interdisziplinärer und individueller Kompetenz (fachlich, sozial und personal) der Mitarbeitenden
4. Eine Kultur in der Sterben und Tod Platz hat und „normal" ist
5. Eine Kultur die auf Akzeptanz, Wertschätzung, Wahrung der Würde, Selbstbestimmung und Förderung der Autonomie beruht
6. Eine Kultur in der das ethische Prinzip „Nutzen vor Schaden" gilt und in alle Entscheidungen einfließt.

1.3. Indikationskriterien für Palliative Care

Wer bekommt jetzt eigentlich Palliative Care im Pflegeheim? Es gilt Palliative Care für alle die es brauchen. Doch es gibt dabei Unterschiede zu beachten. Grundsätzlich muss man dazu sagen, dass jeder Bewohner eines Pflegeheims in die Kategorie der **Palliative Care in der Grundversorgung** fällt. All diese Ziele von Palliative Care können anstandslos für die Betreuung von Menschen in der stationären Langzeitpflege zur Anwendung kommen.

Doch es gibt Unterschiede: Menschen mit spezifischen Herausforderungen, Situationen, Symptomen oder Krankheiten bedürfen **spezialisierter Palliative Care**. Hierbei nimmt die Behandlungskomplexität zu und die Zahl jener die diese spezialisierte Palliative Care brauchen nimmt ab (vgl. BAG, 2010).

Was genau kann man sich unter spezialisierter Palliative Care vorstellen? Grundsätzlich ist bei Personen, die dieser Art bedürfen die Situation instabil. Diese Instabilität kann sich auf verschiedene Bereiche beschränken oder in Wechselwirkung treten. Folgende Auszüge von möglichen Indikationskriterien ist in der Praxis zu beobachten: komplexe Symptome (Schmerz, Dyspnoe), herausforderndes Verhalten bei Menschen mit Demenz, schwierige Entscheidungsfindung, Trauer und Verzweiflung, psychische Krisen, schwierige familiäre Verhältnisse.

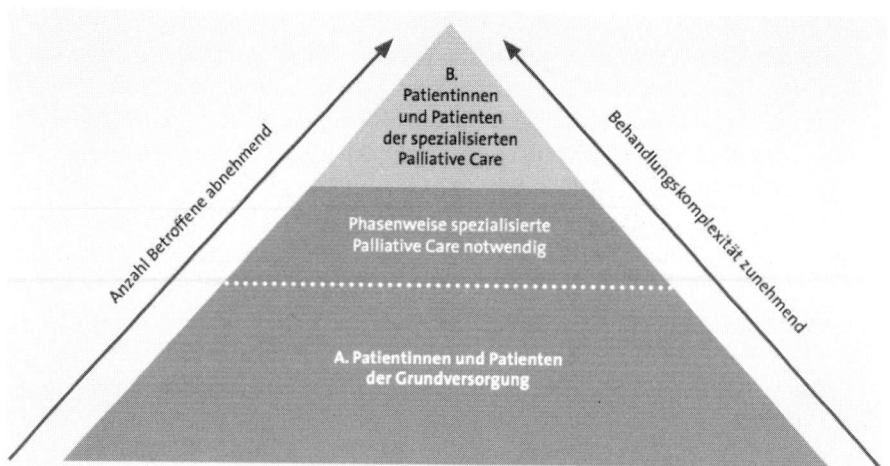

Abbildung 1: **Palliative Care in der Grundversorgung vs. Spezialisierte Palliative Care** (BAG, 2010)

Abbildung 2: **Indikationskriterien für spezialisierte Palliative Care** (vgl. BAG, 2010)

Die Notwendigkeit spezialisierter Palliative Care wird häufig von nicht-physischen Symptomen bestimmt. Oft sind es existenzielle, soziokulturelle und ethische Dilemmata die zu einem Mehrbedarf und einer absoluten Notwendigkeit an Palliative Care Kompetenz führen.

1.4. Warum ist Organisationsentwicklung notwendig?

Veränderungen in Organisationen müssen geplant, gesteuert, weiterentwickelt und evaluiert werden. Es gibt eine Reihe von externen Gründen, wie etwa Rationalisierungsdruck, Qualitätslabels oder Wettbewerb. Viel wichtiger für eine gesunde Organisationsentwicklung sind aber interne Gründe, da hier die Bedürfnisse der Mitarbeitenden ganz zentral miteinbezogen werden. Die von Warnken (2008, 63) angeführten internen Gründe sind dabei von wesentlicher Bedeutung:

- Verbesserung der Problemlösungs- und Erneuerungsprozesse
- Wandlung und Bereitschaft zur Innovation
- Partizipation und Mitverantwortung der Beteiligten
- Verbesserung der Leistungsfähigkeit im Sinne von Effektivität
- Verbesserung der Qualität im Sinne von Humanität in Organisationen.

Organisationsentwicklungsprozesse müssen auf einer soliden und nachhaltigen Basis konzipiert und umgesetzt werden. Vom Träger bis zur Reinigungsperson müssen alle Platz in diesem Prozess finden.

1.5. Vorbilder statt Leitbilder

Im Bereich der Organisationsentwicklung ist es von zentraler Wichtigkeit Vorbilder zu haben, an denen Veränderung sichtbar wird und die sich mit der Veränderung als positiven Prozess identifizieren. So genannten Change Agents kommt eine ganz wichtige Rolle zu. Sie haben Vorbildfunktionen und können Wandlungen positiv beeinflussen. Altenpflegeeinrichtungen kann man durchaus als Expertenorganisationen bezeichnen, die einer besonderen Beachtung von Personen, Strukturen und Kulturen bedürfen.

2. Das Implementierungsprojekt

Palliative Care in der Langzeitpflege ist seit geraumer Zeit eine Hommage an die Lebensqualität bis zum Tod und nur im interdisziplinären Kontext umsetzbar. Die zunehmende Komplexität im Rahmen von ethischen Herausforderungen im Spannungsfeld von Würde und Autonomie bedarf ausgeprägter Fähigkeiten und Kompetenzen in diesem Themenbereich, denen nur im Rahmen von umfassender Organisationsentwicklung begegnet werden kann. Palliative Care ist längst nicht ein Thema das rein die Pflege für sich beansprucht. Vielmehr ist jedes Element wichtig um Lebensqualität, Würde und einen hohen Grad an Professionalität gewährleisten zu können. Eine bewusste Auseinandersetzung mit den zu erwerbenden sozialen, fachlichen aber auch personalen Kompetenzen ist unumgänglich um den vielfältigen Anforderungen in der Lebensbegleitung auf fürsorgliche und professionelle Art zu begegnen. Die Geschäftsführung des Hauses St. Laurentius gab 2008 den Auftrag zur Einführung von Palliative Care.

2.1. Das Haus St. Laurentius

Das Haus St. Laurentius der Liechtensteinischen Alters- und Krankenhilfe (LAK) ist ein modernes Sozialzentrum im Herzen von Schaan in Liechtenstein. Es beherbergt nicht nur den Pflegebereich, sondern auch eine Kindertagesstätte (KITA) und verschiedene Netzwerkpartner wie etwa die Hospizbewegung, das Kriseninterventionsteam,

Familienhilfe, etc. Das Haus hat drei Stöcke zu je 16 Einzelzimmern und zwei Wohngruppen – insgesamt wohnen 48 Menschen in diesem integrativ geführten Haus. Das Haus hat sich zum Ziel gesetzt Palliative Care nachhaltig zu implementieren und eine Vorreiterrolle in der Region einzunehmen.

2.2. Zielbeschreibung

Das Ziel war eine erfolgreiche und nachhaltige Einführung von Palliative Care im Rahmen der Organisationsentwicklung und Steigerung der Selbstwirksamkeit und der fachlichen, sozialen und methodischen Kompetenzen der Mitarbeitenden ALLER Bereiche unter Berücksichtigung der Voraussetzungen für das Gelingen von Palliative Care (Heimerl, 2008). Im Haus sind neben dem Kernbereich Pflege auch die Bereiche Administration, Technik, Hauswirtschaft, Reinigung und Küche Adressaten der Implementierung. Um es nicht zu einem Projekt der Pflege werden zu lassen – was dem interdisziplinär angelegten Begriff Palliative Care widersprechen würde – sollten alle Mitarbeitenden aller Bereiche geschult werden.

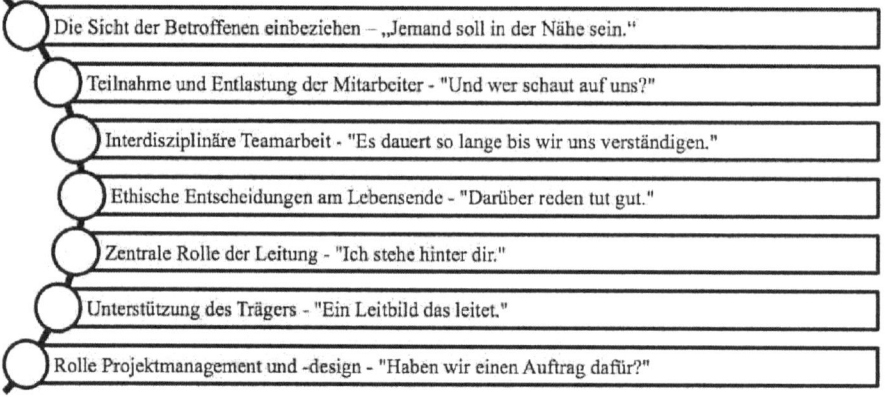

Abbildung 3: **Voraussetzungen für das Gelingen von Palliative Care** (vgl. Heimerl, 2008)

3. Das Projektmanagement

Unter der Leitung eines Pflegeexperten wurde ein Projekt-Kernteam – bestehend aus drei Fachpersonen – gegründet, welches im Kern sieben Aufgaben hatte:

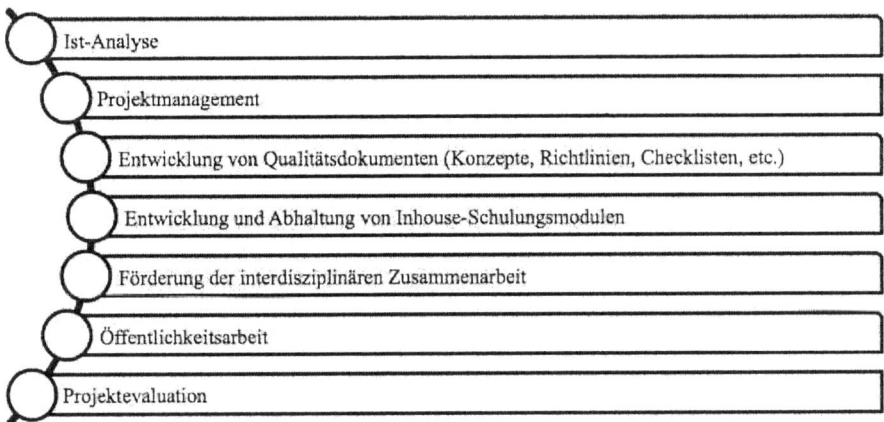

Abbildung 4: **Kernaufgaben der Projektgruppe**

Es fanden monatlich Projektgruppen-Sitzungen statt an denen die Arbeitsaufträge verteilt wurden und der Meilensteinplan abgearbeitet und permanent aktualisiert wurde.

3.1. Projektstruktur

Um einen gleichbleibenden Informationsfluss zu gewährleisten wurde von jeder Abteilung eine Person in der Projektgruppe installiert. Diese Personen hatten zugleich auch die Aufgabe die Veränderungen „On the Job" auf der jeweiligen Station zu forcieren und begleiten.

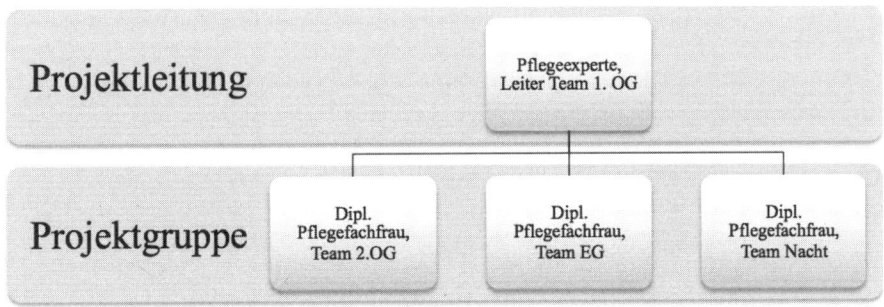

Abbildung 5: **Projektstruktur/Projektteam**

3.2. Strategieauswahl

Die Umsetzung der einzelnen Punkte stellt eine große Herausforderung dar, da die Aktivitäten im Organisationsentwicklungsprozess so zu gestalten sind, dass der

Standpunkt der tätigen Menschen entsprechend berücksichtigt wird. Die Mitarbeitenden im interdisziplinären Team haben einen wesentlichen Anteil am Gelingen des
Entwicklungsprozesses, insbesondere für die Prozess- und Ergebnisqualität.

Führungsebene

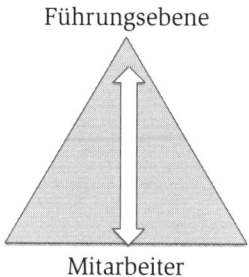

Mitarbeiter

Abbildung 6: **Bipolare Strategie** (vgl. Warnken, 2007)

Durch die besondere Mehrdimensionalität der Anforderungen an den Organisationsentwicklungsprozess ist eine BIPOLARE STRATEGIE für die Prozess- und Ergebnisqualität am sinnvollsten, da die Führungsebene und die Basis gleichermaßen agieren
können und die Bedürfnisse der Bewohner und Angehörigen als Ergebnisqualität
ebenfalls berücksichtigt werden (Warnken, 2007).

3.3. Projektfinanzierung, Budgetplan

Die administrativen Arbeiten für die Module wurden von der Aus- und Weiterbildungsstelle (AWB) übernommen. Mit den internen Referenten wurde ein Stundenlohn ausgehan-
delt der in etwa dem Lohn des normalen Arbeitsvertrages entspricht. Die Vorbereitungszeit wurde als Arbeitszeit gegeben. Nicht berücksichtigt im Budgetplan waren materielle
Anschaffungen, wie etwa Spritzenpumpen, Eisschrank, etc. Der Personalaufwand belief
sich auf ca. 2.000 Stunden, die zum Teil durch Aushilfen kompensiert wurden. Die Aus-
und Weiterbildungsstelle hatte einen Aufwand von ca. 32 Stunden. Um den personellen
Aufwand der AWB zu senken wurden ab dem 2. Modul die Schulungsunterlagen an eine
Druckerei gegeben. Die detaillierten Projektkosten werden nicht angegeben.

Module	Personalaufwand in Stunden	
	Team EG	252:30
	Team 1.OG	235:30
	Team 2.OG	
	Team Nacht	
	Hauswirtschaft	
	Andere	
	Kick off	
	Abschluss	60:00
	Projektgruppe	681:00
	GESAMT	**1923:30**

Abbildung 7: **Personalaufwand in Stunden**

4. Phasenplanung

4.1. Beschreibung der Projektphasen

Nach einjähriger Vorbereitungszeit durch die Projektgruppe begann im September 2010 nach einer Kick-Off Veranstaltung die Durchführungsphase mit der Implementierung der erstellten Dokumente und Abhaltung der Inhouse-Schulungen. In der einjährigen Vorbereitungszeit lag der Fokus auf der Projektorganisation, der Entwicklung der Qualitätsdokumente und Schulungsmodule (Präsentationen, Handouts, Methodik, etc.). Mit 7. Juni 2011 wurde die Schulungsserie beendet und es begann die Abschluss- und Evaluierungsphase mit Bedarfsanalyse. Die Schulungen fanden an insgesamt 26 Nachmittagsveranstaltungen statt. Im September 2011 fand nach 2-jähriger Projektzeit ein Abschlussfest statt, zu der auch ein Film produziert wurde.

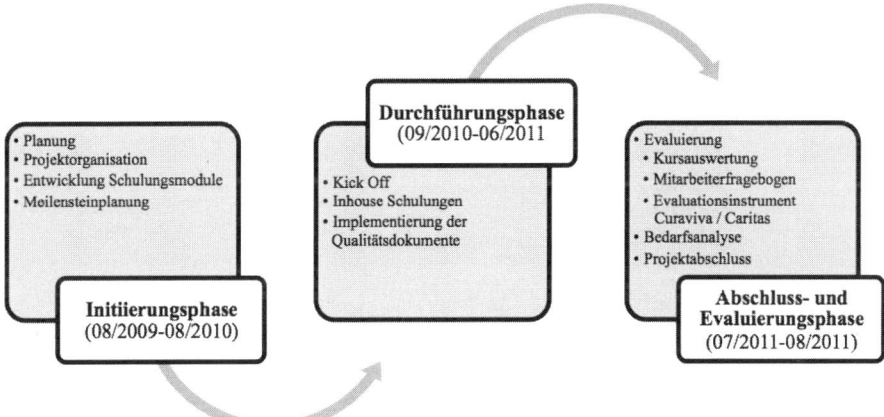

Abbildung 8: **Projektphasen**

4.2. Der Meilensteinplan

Anhand des Meilensteinplans können die einzelnen Meilensteine abgelesen werden. Dieser Plan wurde laufend aktualisiert und ergänzt.

Aktuelles Datum:	4. August 2011
Für die Arbeitsgruppe	mr (Leitung), tw, az, da V = Verantwortlich, I = Informiert (AG Palliative Care, PDL, PDL-Stv., HL, Heimärztin)

Nr.	Meilenstein	Termin (Soll)	Termin (Ist)
MS 1	Ausfüllen des Evaluationsinstruments zur Standortbestimmung „Palliative Care". V: mr	3. November 2009	3. November 2009
MS 2	Erstellung Verfügung – Liechtensteiner Patientenverfügung kombiniert mit einer adaptierten Version der Basler Verfügung und einer Erläuterung zur Verfügung. V: tw, mr	23. Oktober 2009	23. Oktober 2009
MS 3	Schmerzstandard, Schmerzassessment (ECPA, VAS), Schmerzprotokolle, Schmerzdokumentation, WHO-Stufenschema, Total Pain V. mr	12. Jänner 2009	12. Januar 2009
MS 4	Standard Pflegephänomene a) Subkutane Infusion b) Obstipation c) Schmerz d) Spezielle Mundpflege e) Nausea/Emesis f) Dyspnoe (Atemnot) g) Terminales Rasseln (Death Rattle) Konzepte finalisieren • Ethisches Handeln • Schmerz • Bezugspflege • Pflegeprozess, Pflegemodell V: mr, da	Zwischenbericht Ende November 2009 Fertigstellung bis Ende Mai 2010	Januar 2010
MS 5	Erstellung Leitfaden zur „Ethischen Fallbesprechung" (Familienkonferenz, Palliative Besprechung) und Kommunikation von möglichen Moderatoren (stationsübergreifend) für schwierige Situationen (im Team oder interdisziplinär) anhand der SOFT-Analyse V: mr	Ende April 2010	Ende April 2010
MS 6	Erstellung eines Inhouse-Schulungskonzepts V: mr, AG	20. April 2010	20. April 2010
MS 7	Erstellung Checkliste Todesfall V: tw	Fertigstellung Jänner 2009	12. Jänner 09
MS 8	Planung und Terminisierung der internen Schulungen V: mr	Bis Ende August 2010	Ende August 2010
MS 9	Freigabe der Dokumente durch PDL/ Geschäftsleitung V: mr, mw	Laufend	Laufend

Nr.	Meilenstein	Termin (Soll)	Termin (Ist)
MS 10	Erarbeitung einer Präsentation „PallCare-Implementierung im Haus St. Laurentius" V: mr	März 2010	März 2010
MS 11	Hospizdienste, KIT kontaktieren V: mr	März 2010	März 2010
MS 12	Implementierung von Palliative Care ins Leitbild V: GL	August 2011	Laufend (LAK Stark 2015)
MS 13	Kommunikation an Netzwerkpartner (Hausärzte, etc.) – auch via Heimärztin und PallNetz FL V: mr	Laufend	Laufend
MS 14	Erstellung Palliative Care Kasten im Haus – dazu eine Checkliste zum Inhalt und Materialbezug dieser V: de	Ende 2009	Ende 2009
MS 15	Abo für Fachzeitschrift „pflegen: PALLIATIV" für das Haus St. Laurentius V: mr	Ende Februar 2010	Februar 2010
MS 16	Erstellung Trauerbroschüre für Angehörige und Kontakt mit Hospizbewegung Liechtenstein V: mr	März 2010	März 2010
MS 17	Öffentlichkeitsarbeit lancieren (Beitrag Zeitung, Radio) V: mr	Juli 2011	Juli 2011
MS 18	Vernetzungstreffen der Implementierungsverantwortlichen für PallCare der LAK Häuser organisieren und moderieren / Präsent. Erarbeiten. V: mr	31. März 2010	16. März 2010
MS 19	Erarbeiten eines Seminarkonzepts für das Bildungshaus Stein Egerta im Rahmen des PN FL im Februar 2011 V: mr	Ende Mai 2010	April 2010
MS 20	Erarbeitung „Nachbesprechung Todesfall"-Formular V: M. Rogner	März 2010	März 2010
MS 21	Erstellung von Ordnern mit Palliative Care Themen (z.B. Schmerz, etc.) zum Nachschlagen für MA V: mr	Ende Jänner 2011	Ende Jänner 2011
MS 22	Verordnungsblatt PallCare am Lebensende V: mr, am	Ende Mai 2010	11. Mai 2010
MS 23	Beitrag für Homepage und Hauszeitung V: mr	Ende August 2010	August 2010

Nr.	Meilenstein	Termin (Soll)	Termin (Ist)
MS 24	Projektmanagement Palliative Care Implementierung erstellen (Auftrag, Ablauf, etc.) V: mr, mw	Ende Mai 2010	Mai 2010
MS 26	Kick Off Veranstaltung planen (Detailplanung vorhanden) V: AG PallCare	Mitte August 2010	August 2010
MS 27	Durchführung In-House Schulungen (Learning/Training on the job) V: mr, da, tw, az	Ab September 2010 (laufend)	Juni 2011
MS 28	Palliative Care Wagen und Motorspritzen zur Schmerztherapie V: mr, tw	Mai 2011	Mai 2011
MS 29	Checkliste Ansprechpersonen Palliative Care im Haus V: mr	Mai 2011	Mai 2011
MS 30	Projektbericht V: mr, mw	September 2011	August 2011
MS 31	Evaluation des Projekts „Palliative Care" auf drei Ebenen (Mitarbeiterfragebogen, Kursauswertung, Evaluationsinstrument Curaviva/Caritas) und Planung des weiteren Vorgehen V: mr, mw	September 2011	Juli 2011
MS 32	Bedarfsanalyse (Fragebogen) zu Schulungsmodulen V: mr	September 2011	Juli 2011
MS 33	Projektabschluss mit Mitarbeiterfest V: mr	Oktober 2011	September 2011
MS 34	Gründung Qualitätszirkel Palliative Care V: mr	Oktober 2011	Oktober 2011

5. Qualität ist kein Zufall! Die Entwicklung von Qualitätsdokumenten

Im Rahmen der Dokumentenentwicklung sind vor allem vier umfassende Konzepte entstanden, denen unterschiedliche mitgeltende Dokumente, wie etwa Richtlinien für ethische Fallbesprechungen oder ein Pflegeassessment strukturiert nach den AEDL`s (Aktivitäten und existenzielle Erfahrungen des Lebens) angehören. Diese wurden nach den derzeit aktuellen Erkenntnissen erstellt, laufend überprüft und im Rahmen der Schulungsmodule eingeführt. All diese Dokumente sind im Handbuch Pflege zusammengeführt worden und bilden somit die Basis für qualitativ hochwertige Strukturen und Prozesse. Der Kern pflegerischen Handelns und Arbeitens bilden vor allem zwei Konzepte: Bezugspflege und Pflegeprozess.

5.1. Konzepte

Konzepte bilden die Grundlage für pflegerisches Handeln. Sie werden für Themen herangezogen die ganz zentral behandelt werden. Im Rahmen des Projekts wurden folgende Konzepte erstellt:

- **Schmerz** (Assessment, Interventionen, Outcome, etc.)
- **Ethisches Handeln** (Verfügung, Ethische Fallbesprechung, freiheitseinschränkende Maßnahmen, Nachbesprechung Todesfall, etc.)
- **AEDL Pflegeprozess und Pflegemodell** (Kompletter Ablauf des Pflegeprozesses, Pflegediagnostik, Assessments, Evaluierungen, etc.)
- **Bezugspflege** (Struktur-, Prozess- und Ergebniskriterien der Pflegeorganisation als zentrales Element, etc.)

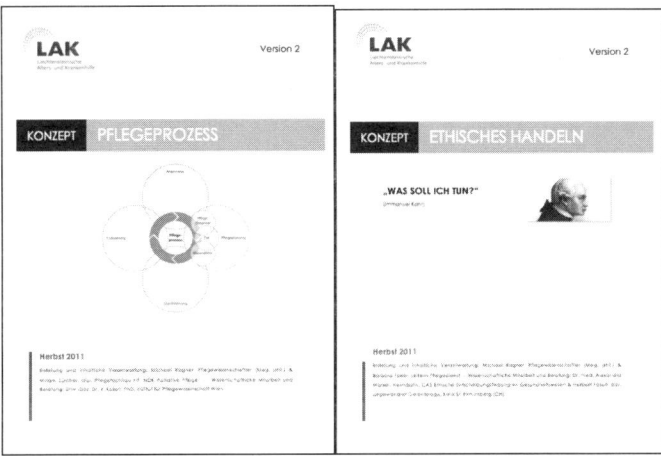

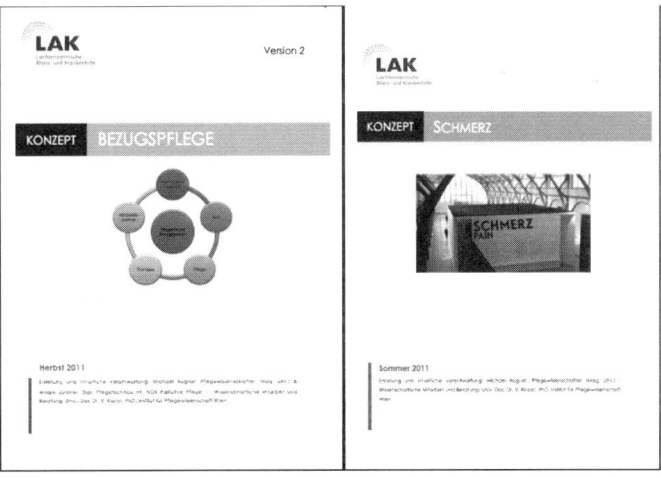

Abbildung 9: **Die vier Basis-Konzepte**

5.2. Qualitätsstandards

Qualitätsstandards wurden entsprechend der Struktur-, Prozess- und Ergebnisqualität entwickelt. Vorwiegend für spezielle Probleme im Bereich Palliative Care: Schmerzerfassung, Spezielle Mundpflege, Dyspnoe, Obstipation, Terminales Rasseln, Subcutantherapie, etc.

5.3. Richtlinien

Praktisch einsetzbare Richtlinien erleichtern die professionelle Arbeit, dazu gehören etwa folgende erstellte Richtlinien: Verordnungsblatt End Of Life Care, Abgängiger Bewohner, Morphin Spritzenpumpe, MMSE und Uhrentest, Ethische Fallbesprechung, etc.). Eine der wertvollsten Richtlinien ist jene zum „Verordnungsblatt End Of Life Care". Dieses Verordnungsblatt dient dem Pflegepersonal, eine optimale Symptombehandlung am Lebensende zu gewährleisten. Um im Falle der Nicht-Erreichbarkeit des Hausarztes (z. B. Wochenende, Randzeiten) und des sich abzeichnenden Todes eines Bewohners optimale Palliative Care bieten zu können, wird bereits im Vorfeld die Situation mit dem Hausarzt besprochen und ein Plan entwickelt, was im Falle der eintreffenden Situation zu tun ist. Tritt dieser Plan in Kraft, so wird beim nächstmöglichen Zeitpunkt der behandelnde Arzt darüber informiert. Es beinhaltet die wichtigsten Medikamente und Dosierungen für die letzten Tage und Stunden von Sterbenden. Die Medikamente haben eine sichere Wirkung und bekannt geringe Nebenwirkungen. Sie sind wasserlöslich, d. h. sie haben eine gute Wirkung bei subcutaner Verabreichung (auch über Spritzenpumpe) – weiters können diese Medikamente kombiniert werden.

5.4. Pflegeanamnese und Abklärungshilfen

Es wurde eine Pflegeanamnese strukturiert nach den AEDL`s von Monika Krohwinkel mit zugehörigen NANDA-Pflegediagnosen (North American Nursing Diagnosis Association) erstellt. Begleitend wurden Unterlagen zur biografischen Erhebung erstellt (Geschichten, die das Leben erzählt, Gespräche über das Leben). Abklärungshilfen (Assessments) wurden festgelegt: MMSE, AEDL`S, Schmerzskalen, Bradenskala (Zur Abklärung der Dekubitusgefährdung), ECPA (Schmerzmessung bei Menschen mit Demenz), etc.

5.5. Checklisten

Checklisten stellen einen Prüffragenkatalog dar. Sie dienen in der Regel der Vollständigkeitskontrolle von Abläufen. Die wichtigsten Checklisten, die im Rahmen des Projekts erstellt wurden, sind:

- Todesfall
- Spital Einweisung / Spital Rückkehr
- Eintritt Mitarbeiter
- Eintritt Bewohner
- Austritt Bewohner
- Kurzeinschätzung Pflegebedarf

5.6. Verfügung und Werteanamnese

Insgesamt wurden sieben Verfügungen aus dem deutschsprachigen Raum analysiert. Anhand dieser Analyse und auf Basis der Basler Verfügung wurde eine eigene Verfügung –entsprechend den Bedürfnissen – entwickelt. Diese ist speziell für Menschen in der Langzeitpflege erstellt worden. Teil der Verfügung ist eine Werteanamnese. Viele Bewohner können nicht konkret Angaben über ihre Wünsche geben, jedoch klare Angaben zu ihren Wertvorstellungen machen. Inhalte der Verfügung wurden auch beim Symposium der Privaten Universität Liechtenstein präsentiert. Sie gilt juristisch als beachtliche Verfügung.

5.7. Handbuch

All diese Qualitätsdokumente sind im Handbuch zusammengefasst worden. Das Handbuch ist einerseits als eigenes Laufwerk deklariert und andererseits auf den Stationen in Printversion in einem Ordner zu finden. In diesem Handbuch sind alle Qualitätsdokumente der Pflege zur Ansicht gesammelt – ebenso die Kenntnissnahmelisten zu den jeweiligen Dokumenten.

Abbildung 10: **Handbuch Pflege**

6. Ablauf der Inhouse Schulungsmodule

Die Projektgruppe entschied sich für ein Inhouse-Schulungsmodell bei dem insgesamt acht Module inhaltlich und methodisch erarbeitet wurden. Einerseits wird in der Literatur ein hoher Erfolgsgarant bei Inhouse-Modellen beschrieben und andererseits ist der Bereich Partizipation (Teilhabe) ein wichtiger Faktor. Pro Schulungsmodul wurden im Schnitt vier Stunden Unterricht pro Mitarbeitenden geplant. Pflegende aller Ausbildungsgrade absolvierten alle Module, während Mitarbeitende anderer Bereiche (Administration, Technik, Hauswirtschaft) die Module Palliative Care, Demenz, Ethische Herausforderungen und Tod, Sterben, Trauer besuchten. Die Gruppen waren gemischt, d. h. verschiedene Berufsgruppen nahmen an den Modulen teil.

Inhouse Schulungen und Weiterbildungen sind am effektivsten und es besteht dabei die größte Möglichkeit, eine Organisation positiv zu entwickeln. Nicht einzelne Personen werden auf Fortbildung geschickt und können das Gelernte in der Praxis dann nur schwer umsetzen, sondern ALLE Beteiligten bekommen die gleiche Schulung und haben danach den gleichen Wissensstand. Das hat den Vorteil dass alle Personen eine maßgeschneiderte Weiterbildung bekommen und dabei alle im gleichen Boot sitzen. Der Widerstand gegenüber der Veränderung ist dabei deutlich geringer, der Teamspirit dabei wesentlich höher. Aus der Praxis zeigt sich, dass Partizipation ein wichtiges Element ist um etwas GEMEINSAMES entstehen zu lassen. Da Palliative Care alle Bereiche berührt, ist es auch wichtig, alle Bereiche zu schulen. Palliative Care ist kein reines Thema der Pflege, sondern vielmehr ein berufsübergreifendes Konzept. Die Inhalte der Schulungsmodule sind allesamt am aktuellen Stand der wissenschaftlichen Erkenntnisse. Sie wurden bei Bedarf adaptiert und angepasst. Da es sich im Bereich Pflege auch sehr stark um eine Praxisdisziplin handelt ist das breit gestreute Erfahrungswissen – gepaart mit aktuellen Erkenntnissen – ein wichtiger Beitrag. Inhalt der Schulungen waren auch die Konzepte, Richtlinien, Checklisten und Standards der Liechtensteinischen Alters- und Krankenhilfe. Durch die praxisorientierte Verknüpfung des Gelernten mit freigegeben Dokumenten gibt es einen hohen Grad der Anwendbarkeit.

6.1. Lehrgang für Pflegende

Jedes Modul hat einen theoretischen und einen praktischen Teil. Nach Einführung in den Themenbereich gab es etwa Fallbeispiele, praktische Übungen, Reflexionen und den unmittelbaren Einbezug in den Alltag. Die angebotenen Module sind folgend angeführt.

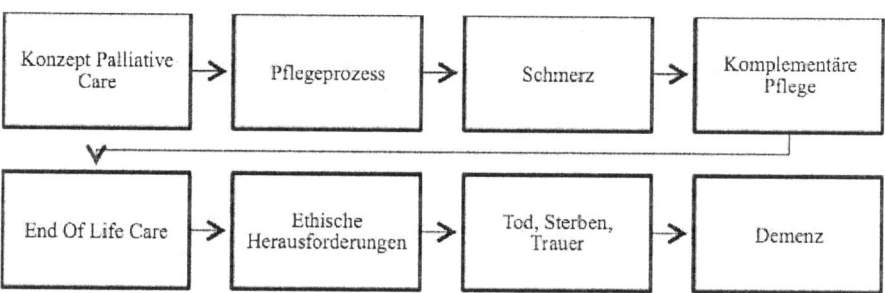

Abbildung 11: **Inhouse Schulungsmodule für Pflegende**

6.2. Zertifikate für Mitarbeitende anderer Bereiche

Mitarbeitende anderer Bereiche (Hauswirtschaft, Technik, Administration) absolvierten vier Module (siehe unten). Sie bekamen jeweils ein Kurszertifikat zur Bestätigung der Teilnahme. Die Bereiche Palliative Care, Ethik, Demenz und Tod, Trauer, Sterben sind für die Mitarbeitenden anderer Bereiche von hoher Praxisrelevanz.

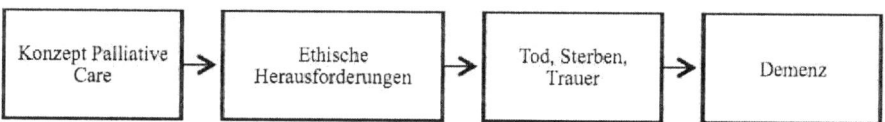

Abbildung 12: **Inhouse Schulungsmodule für Mitarbeitende anderer Bereiche (Technik, Administration, etc.)**

6.3. Referenten

Die Kursleiter und Referenten kamen – entsprechend dem interdisziplinären Ansatz von Palliative Care – aus den Bereichen Pflege, Medizin, Hospiz, Ethik, etc. Es handelte sich dabei um ausgebildete Fachexperten mit großem Erfahrungswissen in ihrem jeweiligen Bereich. Die Kursleiter aus dem Bereich Pflege sind allesamt Mitarbeitende der Liechtensteinischen Alters- und Krankenhilfe in Schaan.

6.4. Angehörige/Vertrauenspersonen/Freiwillige

Die Angehörigen wurden laufend via Heimzeitung über die Aktivitäten im Bereich Palliative Care informiert. Ebenso wurden sie bei einer Informationsveranstaltung über Palliative Care im Allgemeinen und das Projekt im Speziellen informiert. Informelle Informationen und Gesprächssituationen wurden permanent wahrgenommen. Die Freiwilligen bekamen im Rahmen eines Vortrags zum Thema „Personenzentrierter Umgang mit Menschen mit Demenz" Einblick in einen wesentlichen Bereich von Palliative Care.

7. Öffentlichkeitsarbeit (PR)

„TUE GUTES UND REDE DARÜBER" (Walter Fisch)

Öffentlichkeitsarbeit ist die Gestaltung und Pflege der öffentlichen Kommunikation. Dabei stehen verschiedene Kommunikationsinstrumente zur Verfügung. Öffentlichkeitsarbeit in einer Organisation ist sehr wichtig, dadurch wird das Image von der Umwelt wahrgenommen. Weitere Vorteile die in unseren Überlegungen eine Rolle spielten:

- Es gibt mehr Unterstützung von politischer Seite
- „Gerüchte" werden nicht so ernst genommen
- Gute Arbeit wird auch öffentlich so wahrgenommen
- Steigerung von Wettbewerb im Sinne der Entwicklung von Palliative Care
- Positive Wahrnehmung des Hauses durch glaubwürdige Information
- Hohe öffentliche Anerkennung der Arbeit des Personals im Haus
- Aufwertung des Pflegepersonals als kompetenter Partner im Gesundheitswesen
- Imagekorrektur und -verbesserung des Langzeitpflegebereichs im Allgemeinen

7.1. Radio

Am 3. Oktober 2010 fand gemeinsam mit der Heimärztin und dem Projektleiter eine einstündige Radiosendung auf „Radio L" zum Thema „Palliative Care" statt (ausgehend vom Palliativnetz Liechtenstein). Die Radiosendung beinhaltete verschiedene Themen: Aktive Sterbehilfe vs. Palliative Care, demografische Entwicklungen, Schmerz, Ethische Herausforderungen am Lebensende, interdisziplinäre Zusammenarbeit, etc.

(vgl. http://live.radio.li/archiv/radiol-2010-10-03_1105.mp3)

7.2. Trauerbroschüre

Die von der Projektgruppe Palliative Care gestaltete Trauerbroschüre wurde über das Palliativnetz Liechtenstein mit einer Auflage von 2000 Stück gedruckt und an alle Systempartner des Palliativnetz im Land verteilt.

(vgl.http://www.lak.li/LAK/Heimeintritt/tabid/358/Default.aspx)

Abbildung 13: **Trauerbroschüre**

7.3. Printmedien

Nach der Kick-Off Veranstaltung wurde bereits in beiden Landeszeitungen eine Information zum Projektstart publiziert. Am 19. April 2011 wurde ein umfassender Artikel mit dem Titel „Der Lebensqualität verpflichtet" in beiden Landeszeitungen lanciert.

7.4. Kongressbeiträge

Im Laufe des Projekts wurden auch Kongressbeiträge erstellt. Das Ziel war die Bekanntmachung des Projekts und von Palliative Care im Allgemeinen für Fachpersonen aus verschiedenen Bereichen.
- Symposium Patientenverfügung Privat Universität Liechtenstein im Oktober 2010, Vortrag mit dem Thema „End Of Life Care – Relevanz und Inhalte von Verfügungen in der Langzeitpflege",
- Pflegekongress Wien im September 2011, Vortrag zum Thema „Implementierung von Palliative Care in der Langzeitpflege" beim ÖGVP Pflegekongress in Wien. Zwei Poster für die Posteraustellung.
- Nationale Tagung Palliative Care in Lausanne im November 2011, Die Nationale Palliative Care Tagung ist die größte jährliche Veranstaltung im Bereich Palliative Care in der Schweiz. Für die Posteraustellung wurde ein Poster gestaltet.

7.5. Homepage / Hauszeitung

Beide Medien werden sowohl von Bewohnern als auch von Angehörigen genutzt um sich zu informieren. Weiters ist es ein wichtiges Medium für die Öffentlichkeitsarbeit

Abbildung 14: **Haus St. Laurentius (Ansicht Bewohnerbereich)**

hinsichtlich Rekrutierung von Personal. Auf der Homepage wie auch in der Hauszeitung wurde regelmäßig über Projektaktivitäten informiert. (vgl. http://stlaurentius. lak.li/)

8. Projektevaluation

8.1. Drei Ebenen Modell

Die Evaluation fand auf drei Ebenen statt:

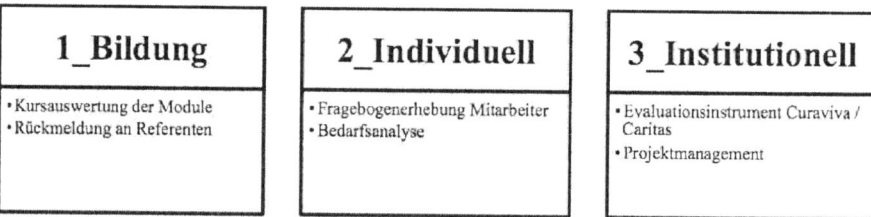

1_Bildung	**2_Individuell**	**3_Institutionell**
• Kursauswertung der Module • Rückmeldung an Referenten	• Fragebogenerhebung Mitarbeiter • Bedarfsanalyse	• Evaluationsinstrument Curaviva / Caritas • Projektmanagement

Abbildung 15: **Drei Ebenen Modell zur Projektevaluierung**

Die statistische Auswertung wurde mit großer Unterstützung einer Studentin des Studiengangs „Advanced Nursing Practice" der Fachhochschule Krems (Ö) durchgeführt. Auszüge der Auswertung sind in den folgenden Punkten zu finden. Es handelt sich bei der statistischen Erhebung um eine rein deskriptive Erhebung.

8.2. Ebene 1 – Kursauswertung

Auf Ebene 1 wurden die Kursauswertungen analysiert und die Ergebnisse den jeweiligen Leiterinnen und Leitern überbracht. Für die Darstellung der Evaluation werden alle einzelnen Kurse sowie eine Gesamtdarstellung (Modul 1-8) dargestellt. Insgesamt wurden 340 Kursauswertungsbögen mit insgesamt 3740 Fragen ausgewertet.

Es zeigt sich in allen Auswertungen (siehe Diagramme), dass alle Module eine sehr gute Bewertung bekamen. In der Auswertung zeigt sich eine Top-Bewertung für das Modul „Komplementäre Pflege" bei dem vor allem die Kombination von Theorie und Praxis sehr positiv bewertet wurde. Es spiegelt auch die Erkenntnis, dass Module mit einem hohen praktischen Anteil generell besser bewertet wurden, da hier eine Methodenvielfalt die Aufmerksamkeit fokussierte. Bei theoretischen Themen wie Tod, Sterben, Trauer oder End Of Life Care wurden die Teilnehmenden emotional und auch die Konzentration mehr gefordert. Trotzdem wurde auch bei diesen Modulen der hohe praktische Nutzen, die Möglichkeit der Selbstreflexion und auch die professionelle

Darstellung und Aufbereitung sehr gut bewertet. In Summe kann – entsprechend den Auswertungen – festgestellt werden, dass sämtliche Erwartungen, Inhalte, etc. völlig bzw. eher erfüllt wurden.

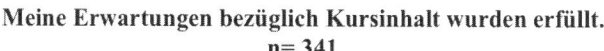

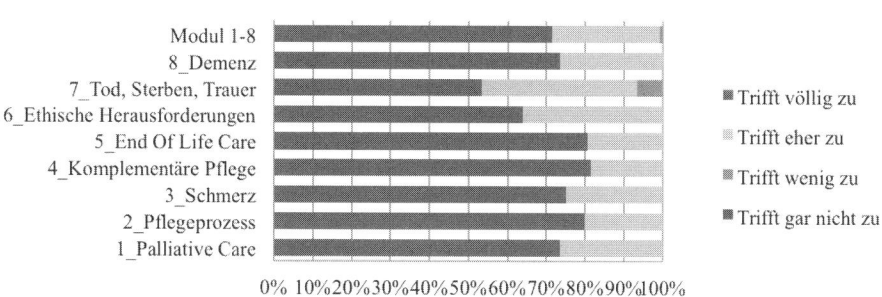

Abbildung 16: **Erwartungen bezüglich Kursinhalt**

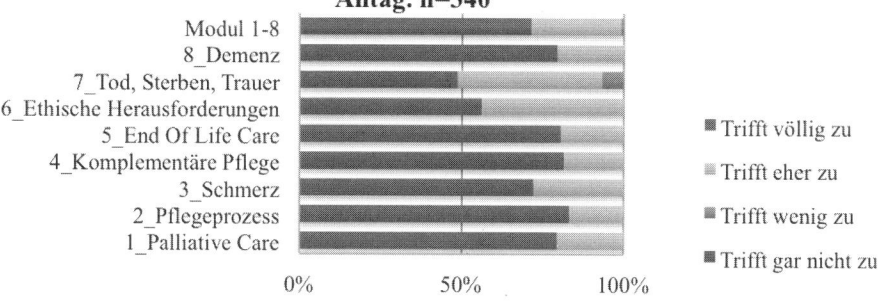

Abbildung 17: **Umsetzung im Alltag**

8.3. Ebene 2 – Mitarbeiterfragebogen

Auf Ebene 2 wurde ein Mitarbeiterfragebogen mit 41 Items (Fragen) erstellt und ein Prätest durchgeführt. Anschließend wurde der Fragebogen an die Mitarbeitenden verteilt und anonymisiert ausgewertet. Der Fragebogen beinhaltet Fragen zur persönlichen Entwicklung und Einschätzung des Projekts. Teil davon war auch die Erhebung des weiteren Bedarfs im Bereich Palliative Care im Sinne einer Bedarfsanalyse.

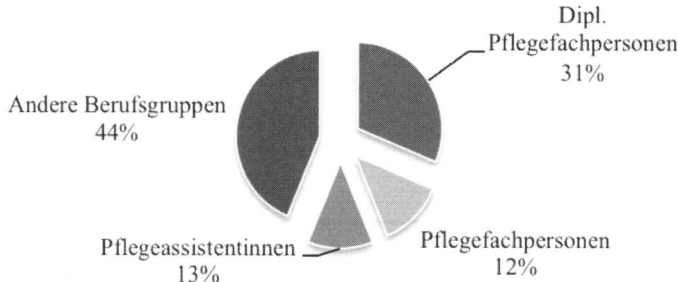

Abbildung 18: **Prozentuale Aufteilung der Berufsgruppen im Haus**

Grundsätzlich ist der Fragebogen für alle Berufsgruppen erstellt worden, wobei einige Fragethemen ausschließlich für Mitarbeitende aus der Pflege Geltung hatten. Folgend werden Teilergebnisse vorgestellt.

Kompetenzsteigerung und Arbeitsbelastung

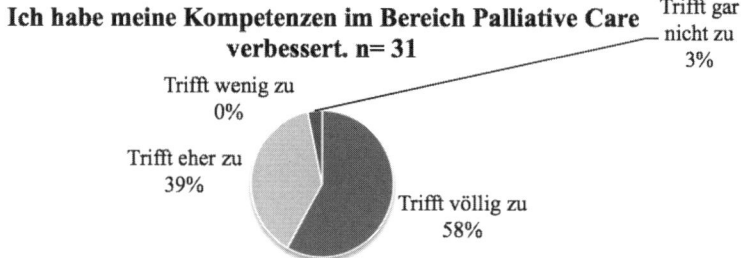

Abbildung 19: **Verbesserung der Kompetenzen**

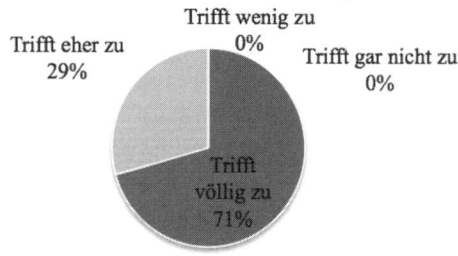

Abbildung 20: **Verbesserung der Pflegequalität**

Ich habe mein fachliches Wissen (z.B. Schmerz, Demenz) steigern können. n= 18

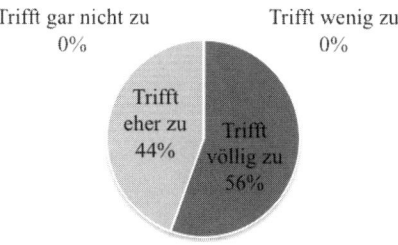

Abbildung 21: **Steigerung fachliches Wissen**

Ich finde es sinnvoll weiter regelmässig Fortbildungen im Haus zu halten. n= 30

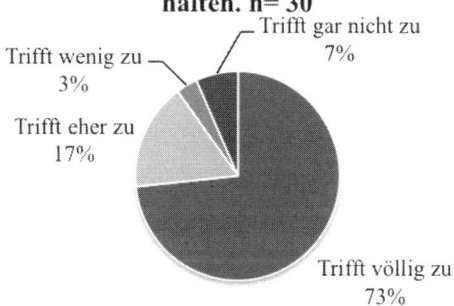

Abbildung 22: **Sinnhaftigkeit von Inhouse-Fortbildungen**

8.3.1. Bezugspflege und Pflegeprozess als organisatorische Basis

Ich finde den Pflegeprozess wichtig. n= 18

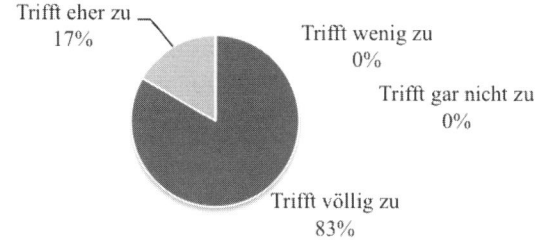

Abbildung 23: **Pflegeprozess**

Ich finde das System der Bezugspflege wichtig. n= 18

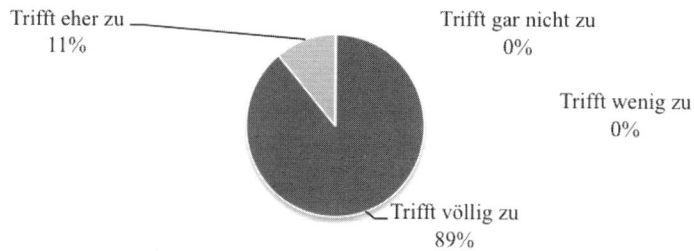

Abbildung 24: **Bezugspflege**

8.3.2. *Palliative Care Kultur im Haus*

Ich finde das Sterben und Tod im Haus Thema sind und eine offene Kultur des Umgangs herrscht. n= 18

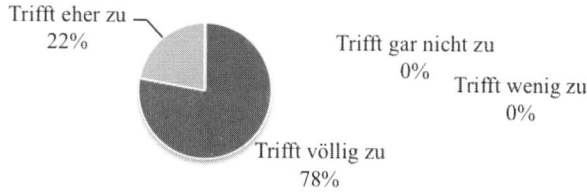

Abbildung 25: **Kultur des Sterbens**

Die Bewohner profitieren direkt von unseren Schulungen. n= 18

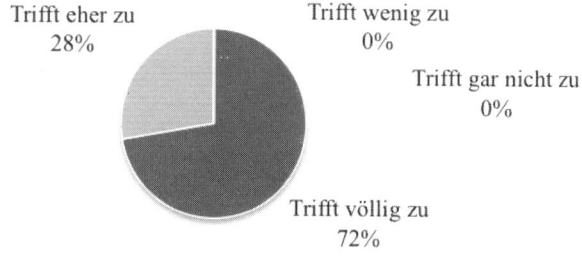

Abbildung 26: **Profit der Bewohner durch Schulungen von Personal**

Zusammengefasst konnten bei der Implementierung die Ziele klar erreicht werden. Strukturen, Prozesse und Ergebnisse haben sich verbessert. Die Selbstwirksamkeit der Mitarbeitenden („... ich kann was tun!") wurde stark erhöht, ebenso die fachlichen, sozialen und methodischen Kompetenzen. Der Pflegeprozess und das System der Bezugspflege werden als etwas ganz ZENTRALES angesehen.

84% sehen durch die Einführung von Palliative Care keine Mehrbelastung in der alltäglichen Arbeit. Fort- und Weiterbildung wird als wichtig angesehen und viele konnten persönlich von diesem Projekt profitieren. 100% meinen dass sich die Pflegequalität verbessert habe und die berufsübergreifenden Schulungen auch für die Gemeinschaft wichtig waren. Auch die Zusammenarbeit mit Netzwerkpartnern habe sich stark verbessert, während die Zusammenarbeit mit Angehörigen noch verbessert werden könne. 100% kennen die Ansprechpersonen für Palliative Care – dies ist ein Hinweis auf eine gut funktionierende Kommunikationskultur im Haus. 95% werden diese Ansprechpartner bei Fragestellungen konsultieren. 100% finden das Handbuch praktisch und hilfreich – Verbesserungspotenzial gibt es allerdings noch im Bereich der Anwendung. Hier benötigen die Mitarbeitenden noch Unterstützung und Beratung. Alle Befragten meinten, dass sie das Gelernte in die Praxis umsetzen könnten (trifft voll zu & trifft eher zu).

8.4. Ebene 3 – Evaluationsinstrument Curaviva/Caritas

Zu Projektstart wurde das Evaluationsinstrument der Curaviva/Caritas (vgl. Curaviva, 2008, Palliative Care Qualitätskriterien in Alters- und Pflegeinstitutionen) vom Leiter Pflegedienst und dem Projektleiter ausgefüllt. Dieses Evaluationsinstrument wurde zu Projektende nochmals ausgefüllt und mit den Ergebnissen der ersten Standortbestimmung verglichen.

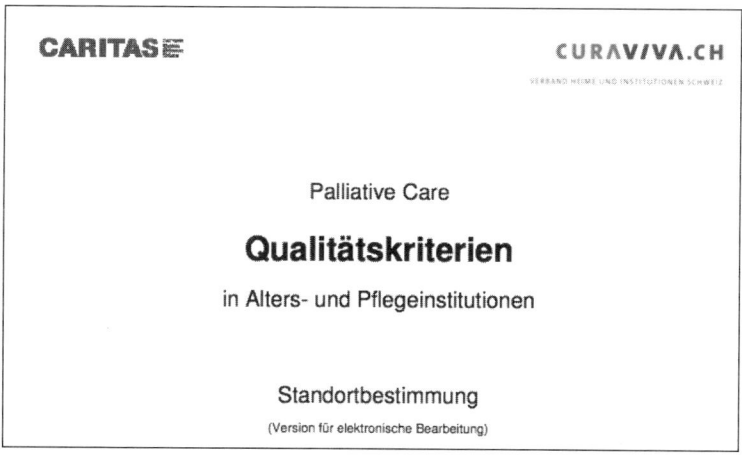

Abbildung 27: **Evaluationsinstrument Curaviva/Caritas Schweiz**

Folgende Ergebnisse konnten auf institutioneller Ebene verbessert bzw. erreicht werden:

Konzeptionelle Ausrichtung	Anforderungen erfüllt	Factsheet Palliative Care wird noch erstellt
Personelle und fachliche Ressourcen	Anforderungen erfüllt	Einschulungskonzept für neue Mitarbeiter wird noch erstellt
Zusammenarbeit und Vernetzung der Fachpersonen	Anforderungen erfüllt	Freiwillige als Teil des Betreuungsteams sind noch nicht konzeptuell verankert. Interdisziplinäre Zusammenarbeit mit Ärzten muss intensiviert werden.
Bewohner	Anforderungen erfüllt	Mitarbeiterbefragung anhand eines Fragebogens wird derzeit nicht durchgeführt.
Angehörige / Bezugspersonen	Anforderungen erfüllt	-
Symptomerfassung und -behandlung	Anforderungen erfüllt	-
Betreuungsteam und Kommunikation	Anforderungen erfüllt	Nachbesprechung Todesfall muss systematisch durchgeführt werden (Controlling).

Abbildung 28: **Ergebnisse der Evaluation**

8.5. Bedarfsanalyse für weitere Fortbildungen

Anhand der Ergebnisse der Fragebogenauswertung konnten einige frei formulierte Anregungen und Wünsche von Mitarbeitenden bezüglich der zukünftigen Entwicklung identifiziert werden:

Lebensqualität Bewohner

• Die Einhaltung des Bezugspflegekonzepts, des Normalitätsprinzips und der Weiterführung der respektvollen und individuellen Pflege und Betreuung werden als wesentlich erachtet um die Lebensqualität der Bewohner noch zusätzlich steigern zu können.

• Der Ausbau des Angebots für die Bewohner wird ebenfalls als ein wesentlicher Faktor genannt:
  - Werken
  - Fitness- und Entspannungsraum
  - Physiotherapeut im Haus für Bewohner wie auch Mitarbeiter
  - Fixe Heimärztin anstatt des Hausarztsystems (Qualitätssteigerung für ALLE)
  - Mehr Aktivierungsangebote (Malen, Nähen, Gartenangebote, etc.) durch speziell geschultes Personal.

Fort- und Weiterbildung

Folgende Themen & Problemstellen wurden von den Mitarbeitenden am häufigsten genannt:

- Mehr Zeit für Fortbildungen und Vertiefungen, eventuell auch Aufgaben vor Kursbesuchen
- Thema Demenz: Personenzentrierter Umgang nach Kitwood, Pflege bei Wahrnehmungsstörungen, Validation
- Kommunikation (Gesprächsführung, ethisches argumentieren, etc.)
- Thema Angehörige: Rollen und Rechte, Kommunikation, etc.
- Thema Palliative Care: Transkulturelle Pflege, Angehörige, Verfügung, Spritzenpumpe, Obstipation, Wunden, etc.
- Pflegeprozess und Pflegeplanung (Beratung, Erstellung, Evaluierung, etc.)
- Laufend Weiterführungs- und Wiederholungskurse
- Initiierung eines Projekts für Basale Stimulation

9. Conclusio und Aussicht

Meilensteine sind genauso Teil eines Projekts wie Stolpersteine. In diesem Rückblick soll nochmal auf diese „Steine" Rücksicht genommen werden und auch die gewinnbringenden Faktoren für das Gelingen des Projekts aufgezeigt werden. Durch die Beendigung des Projekts wird auch die Projektgruppe aufgelöst. Um die zukünftigen Herausforderungen annehmen und professionell bearbeiten zu können wird ein Qualitätszirkel Palliative Care gegründet.

9.1. Was haben wir gelernt?

Um ein Organisationsentwicklungsprojekt erfolgreich durchführen zu können, braucht es die Akzeptanz und Beteiligung aller Mitarbeitenden. Der Rückhalt durch die Führungskräfte ist unabdingbar. Ebenso ist die Partizipation der Mitarbeitenden ein MUSS. Zu Beginn des Projekts wurde das bestehende **System der Bezugspflege** überarbeitet und umgesetzt. Die damit verbundene Übernahme und Delegation von Verantwortung und Entscheidungskompetenz hat wesentlich zu einer erfolgreichen Umsetzung beigetragen. Die klare Darstellung des **Pflegeprozesses** mittels Konzept war ein wesentliches Fundament für die Implementierung weiterer Neuerungen. Ebenso hat die „**bipolare" Projektorganisation**, in der sowohl Bottom up, als auch Top down, Hand in Hand gearbeitet wurde, viel zur Akzeptanz und dem Erfolg beigetragen. Die hohe Fachkompetenz innerhalb der Projektgruppe und die damit verbundene Möglichkeit der **Inhouse Schulungen** haben einen nachhaltigen Effekt (siehe auch Projektkosten). Ein Stolperstein war der **Faktor Zeit**. Die ca. 2000 dokumentierten Stunden, waren für die Stationsleitungen eine planerische Herausforderung, die nur mit Überstunden und dem Einsatz von Aushilfen geleistet werden konnte. Ebenso wurde in den Evaluierungen immer wieder mehr Zeit für Fortbildungen gefordert.

Der **Einbezug aller Berufsgruppen** im Haus hat ein großes Interesse aller aufgezeigt. Laut den Befragungen konnten auch die Berufsgruppen außerhalb der Pflege profitieren. Diese Mitarbeitenden leisteten wertvolle Beiträge in den Schulungsmodulen, teils aus anderen Blickwinkeln. In informellen Gesprächen haben die berufsübergreifenden Schulungen zur Steigerung von gegenseitigem Verständnis geführt und sich so auf das allgemeine Klima im Haus positiv ausgewirkt. Mit der von der Arbeitsgruppe Pflegedienstleitungen installierten **Arbeitsgruppe Standards,** die sich mit der Erarbeitung von Qualitätsstandards beschäftigt, ist es zu Doppelspurigkeiten gekommen. Mit einer frühzeitigen Abklärung der Relevanz und Akzeptanz der Themen und damit verbundenen Erstellung von Dokumenten, hätte von Anfang an häuserübergreifend gearbeitet werden können. Dies wäre allerdings sehr wahrscheinlich mit einem höheren Zeit- und Personalaufwand verbunden gewesen – vor allem auch im Bereich der Pflegeexpertise. Ebenso konnte noch kein ideales **Controlling-System** aufgebaut werden – dies ist sicherlich für die Zukunft eine zentrale Aufgabe.

In der Projektarbeit wurde die **Interprofessionalität von Palliative Care** gelebt. Dies hat zu einer hohen Akzeptanz bei den Systempartnern geführt und es konnte von deren Know how profitiert werden. Zusammen mit dem Einbezug der Stakeholder (Interessensgruppen) und der Öffentlichkeitsarbeit konnte das Projekt breit abgestützt und Imagepflege betrieben werden.

Das Projekt hat gezeigt, dass Qualität kein Zufall ist, sondern vielmehr planbar. Durch die Installierung eines **Pflegeexperten** mit Projekterfahrung als Leiter des Projekts konnte innerhalb der Projektgruppe aber auch außerhalb ein hoher Grad an Effektivität und Effizienz erreicht werden. Dies war ein zentraler Garant für die wissenschaftliche Entwicklung von evidenzbasierten Qualitätsdokumenten, einer strukturierten Projektabwicklung und einer soliden Gesamtevaluierung des Projekts bei vergleichsweise geringen personellen und finanziellen Ressourcen. Durch die Projektgruppenmitglieder fand laufend Coaching on the Job statt, sodass sie eine **wesentliche Vorbildfunktion** einnehmen konnten. So wurden die Vorbilder wichtiger als Leitbilder (an der Wand).

9.2. Qualitätszirkel Palliative Care

Qualitätszirkel (QZ) sind innerbetriebliche Arbeitskreise, die das große Potential von Wissen, Ideenreichtum, Erfahrung und Verantwortungsbereitschaft der Mitarbeiter aktivieren sollen. Ziel dieser Kleingruppe wird es sein, Themen des eigenen Arbeitsbereiches zu analysieren und mit Hilfe spezieller, erlernter Problemlösungs- und Kreativitätstechniken Lösungsvorschläge zu erarbeiten sowie zu präsentieren. Der Qualitätszirkel wird von der Projektgruppe dadurch abgegrenzt, dass er auf unbestimmte Dauer eingesetzt ist. Ab Herbst 2011 übernimmt der Qualitätszirkel Palliative Care die konkreten Aufgaben wie folgt beschrieben.

Konkrete Aufgaben des neugegründeten QZ Palliative Care:

* Erreichung der Kriterien für die Zertifizierung durch den Schweizerischen Verein für Qualität in Palliative Care
* Analyse und Bewertung neuer Erkenntnisse im Bereich Palliative Care
* Laufende Evaluierung bestehender Qualitätsdokumente und Prozesse im Haus
* Coaching on the Job / Coaching off the Job
* Aufrechterhaltung und Intensivierung der Palliative Care Kultur („Am Ball bleiben") durch gezielte interne und externe Öffentlichkeitsarbeit (Homepage, etc.)
* Organisation (und Abhaltung) von Inhouse Fortbildungen zum Themenkreis Palliative Care
* Sitzungen einmal pro Monat (Juli/August Pause) mit klarem Info- und Kommunikationsfluss.

Die Auseinandersetzung mit dem Thema Palliative Care in der Langzeitpflege hat gezeigt, dass ein hoher Grad an Kompetenz vorhanden sein muss um Lebensqualität auch wirklich bieten zu können. Der stark zunehmenden Komplexität im stationären Langzeitbereich kann nur mit einer umfassenden und nachhaltigen Qualitätsentwicklung begegnet werden. Mit der Implementierung im Rahmen des Projekts und der anschließenden Gründung des Qualitätszirkels wird versucht diese nachhaltige Entwicklung zu gewährleisten. Das Projekt hat auch gezeigt, dass es gerade in der Langzeitpflege gut ausgebildetes Fachpersonal braucht, um definierte Qualität bieten zu können.

Literatur

Albin S. (2011): Lebensqualität im Sterben gestalten – Wahrnehmungen des Pflegepersonals im Stationären Palliative Care Setting und in der Langzeitpflege. VDM Verlag, Saarbrücken.

BAG (2010): Indikationskriterien für spezialisierte Palliative Care. www.bag.admin.ch/themen/medizin/06082/index.html?lang=de (16.5.2011).

BAG (2010): Nationale Leitlinien Palliative Care. www.bag.admin.ch/themen/medizin/06082/index.html?lang=de (16.5.2011).

Curaviva Schweiz (2008): Palliative Care Qualitätskriterien in Alters- und Pflegeinstitutionen. http://upload.sitesystem.ch/B2DBB48B7E/ED473CA005/1CF9886E36.pdf (12.12.2011).

Curaviva Schweiz (2009): Palliative Care in der stationären Langzeitpflege. http://upload.sitesystem.ch/131D5358A8/4BFEA0B204/ACFBE9F81A.pdf (12.122011).

Heimerl K. (2008): Orte zum Leben – Orte zum Sterben: Palliative Care in Organisationen umsetzen. Lambertus Verlag, Freiburg.

Heimerl K., Heller A., Kittelberger F.: (2005): Daheim sterben. Palliative Kultur im Pflegeheim. Lambertus Verlag, Freiburg.

Rogner M. (2009): Primary Nursing im ambulanten Setting. VDM Verlag, Saarbrücken.

Warnken C. (2007): Palliativpflege in der stationären Altenpflege. Schlüttersche Verlagsgesellschaft, Hannover.

Familiengesundheitspflege – eine Erweiterung der Pflege zu Hause im Bezirk Steyr-Land (OÖ)

STEFAN PETER HAGAUER
STEYR

1. Ausgangslage

Ca. 80% der pflegebedürftigen Menschen in Österreich werden zu Hause gepflegt und betreut. Pflegende Angehörige/Familien leisten dabei gesellschaftlich und volkswirtschaftlich gesehen eine unabdingbare Arbeit, ohne die das nationale Pflegesystem nicht funktionieren würde. Zudem kann man Krankheit bzw. Pflegebedürftigkeit nicht nur auf die betroffene Person beziehen, da das Umfeld (Familie) ebenfalls davon betroffen ist und Familien Gesundheitsverhalten, -einstellungen und -entscheidungen erheblich mitprägen (vgl. Born et al., 2002, 4). Gleichzeitig ändern sich die Familienkonstellationen (Berufstätigkeit der Frau, rückgängige Geburtenrate, Überalterung, etc.) und es kommt zum Rückgang der Unterstützungsressource „Familie" (vgl. Chorherr, 2007, 6-7; Wild, 2007, 18).

Nationale PflegeexpertInnen fordern bereits eine professionelle Familiengesundheitspflege, unter anderem als Erweiterung der Pflege zu Hause. Diese Forderung ist die logische Folge von fehlenden adäquaten familien- und gemeindenahen Pflege- und Betreuungsangeboten in Österreich. Der Bericht „Pflegenotstand in der mobilen Pflege" (LBIMGS, 2005), das „Regierungsprogramm 2008", sowie die „To Do-Liste für Österreich" (Rotes Kreuz Österreich, 2008) weisen bereits ausdrücklich auf die Versorgungslücken im familien- und gemeindenahen Setting hin und unterstreichen die Notwendigkeit einer professionellen Familiengesundheitspflege. Das Rote Kreuz Österreich schlägt für eine nationale Familiengesundheitspflege das WHO Konzept der Family Health Nurse vor und hat bereits in Zusammenarbeit mit dem Land Steiermark, dem österreichischen Gesundheits- und Krankenpflegeverband und dem Gesundheitsministerium das WHO Konzept auf nationale Gegebenheiten adaptiert und ein Ausbildungscurriculum entworfen.

Im Rahmen einer Diplomarbeit aus der Fachrichtung Pflegewissenschaften an der Universität Wien wurde eine qualitative Forschungsarbeit durchgeführt, bei der der

Bedarf einer Familiengesundheitspflege für den Bezirk Steyr-Land (OÖ) beispielhaft anhand der Situation pflegender Angehöriger aus der Gemeinde Großraming erhoben wurde, Empfehlungen für eine mögliche Implementierung erarbeitet wurden und ein fiktives Zukunftsszenario der Arbeit einer Familiengesundheitspflegekraft im Bezirk Steyr-Land konzipiert wurde.

2. Forschungsfrage und Ziele

In Anbetracht der Eingangs beschriebenen Ausgangslage, sowie aufgrund des persönlichen Bezugs und Interesses am Bezirk Steyr-Land, stellten sich folgende Forschungsfragen:

- *Besteht, aufgrund der Probleme der pflegenden Angehörigen aus der Gemeinde Großraming in der Pflege und Betreuung eines pflegebedürftigen Familienmitgliedes, ein Bedarf am Konzept der Familiengesundheitspflege des österreichischen Roten Kreuzes?*
- *Welche Voraussetzungen müssen für eine Umsetzung im Setting „Pflege zu Hause" im Bezirk Steyr-Land geschaffen werden?*

Folgende Ziele wurden zu Beginn der Arbeit festgelegt:

- Durchführung einer beispielhaften Bedarfsanalyse anhand der Situation pflegender Angehöriger aus der Gemeinde Großraming mittels problemzentrierten Leitfadeninterviews
- Erarbeitung bezirksspezifischer Empfehlungen für die Implementierung einer Familiengesundheitspflege im Setting „Pflege zu Hause", basierend auf den Interviewergebnissen, der theoretischen Auseinandersetzung mit der Thematik Familiengesundheitspflege und der Analyse der ambulanten Pflege- und Betreuungslandschaft in Österreich und Steyr-Land
- Analyse der Arbeit einer Familiengesundheitspflegekraft im Bezirk Steyr-Land anhand eines fiktiven Zukunftsszenarios.

Die Ergebnisse der Arbeit erweitern den Erkenntnisstand über die Familiengesundheitspflege in Österreich und veranschaulichen gesundheitspolitischen Entscheidungsträgern Möglichkeiten für eine mögliche Implementierung.

3. Familiengesundheitspflege

3.1. Geschichte der Familiengesundheitspflege

3.1.1. Ursprung und Entwicklung in Nordamerika

Die Wurzeln der Familiengesundheitspflege liegen in Nordamerika und gehen auf Carl Rogers zurück, der bereits vor 70 Jahren begann, klientenzentrierte Therapieformen bei PsychiatriepatientInnen anzuwenden. Rogers bestätigte mit seiner Therapieform, dass die therapeutische Beziehung zu seinen PatientInnen nicht nur das Verhalten der PatientInnen beeinflusst, sondern auch Auswirkungen auf ihr Familien- und Gesellschaftsleben hat (vgl. Bamm et al., 2008, 1618).

Mitte der 1960er Jahre ließ die Association for the Care of Children in Hospital (heute Association for the Care of Children's Health) die Ideen und Erkenntnisse von Rogers in ihre Arbeit mit einfließen. Sie gingen allerdings nicht mehr nur von einer klientenzentrierten Betreuung aus, sondern erkannten bereits den bedeutenden Einfluss der Familie auf die Krankheit bzw. das Wohlbefinden des Kindes (vgl. Rosenbaum et al., 1998, zitiert nach Bamm et al., 2008, 1618).

Bronfenbrenner (1979, zitiert nach Bamm et al., 2008, 1618) stellte in seiner „ecological theory of child development" fest, dass man beim Arbeiten mit Kindern nicht nur die Kern-familie, sondern auch die erweiterte Familie und die Umwelt des Kindes berücksichtigen sollte.

Ab den 1970er Jahren begann man in der Pflege die Bedeutung der Familie zu erkennen. Man vertrat bereits die Ansicht, dass die Familie nicht nur für Kinder, sondern auch für Erwachsene bei der Krankheitsbewältigung eine große Rolle spielt (vgl. Rosenbaum et al., 1998, zitiert nach Bamm et al., 2008, 1618).

„Family focused", „Family centered" und „Family Nursing" waren zu Beginn jene Begriffe, die als Synonym für den Bereich der Pflege von Familien verwendet wurden (vgl. Kean, 2001, 48). Das Pflegen im Kontext der Familie wurde zum Grundgedanken, die Familie wurde immer mehr als ein System gesehen und man legte die von Von Bertalanffy 1968 entwickelte Systemtheorie auf die Familien um (vgl. Bamm et al., 2008, 1619). Daraus entstand die systemtheoretische Grundlage für sämtliche in den Bereich des Family Nursing fallenden Modelle und Konzepte. In der angloamerikanischen Pflege (Nordamerika) entwickelten sich als erste berufspolitisch anerkannte Pflegebereiche „Public Health Nursing"[1] und „Community Nursing"[2], die erstmals die Familieneinheit als Bezugspunkt für Gesundheitsförderung und Prävention integrierten (vgl. Kean, 2001, 47).

Family Health Nursing ist demzufolge seit fast 40 Jahren ein berufspolitisch anerkannter Pflegebereich in Übersee und hat sich bis heute ständig weiter professionalisiert und spezialisiert.

---

[1] Public Health Nurses sind Pflegende in den USA, die nach einer pflegerischen Erstausbildung eine zusätzliche Weiterbildung absolviert haben. Sie arbeiten im ambulanten Bereich in der Betreuung von Kindern im Alter von bis zu 5 Jahren. Regelmäßige Hausbesuche, Vorsorgeuntersuchungen und Impfungen zählen zu ihren Aufgaben, die vergleichbar sind mit denen der Health Visitors in Großbritannien (vgl. Gehring et al., 2001, 252-253).

[2] Community Nurses sind Pflegende im ambulanten Bereich in Großbritannien, die im Setting „Gemeinde„ Menschen mit gesundheitlichen Problemen zu Hause versorgen. Zu ihnen zählen district nurses (ähnlich der deutschen Fachweiterbildung Gemeindekrankenpflege), community psychiatric nurses (Pflegende mit psychiatrischer Fachweiterblildung) und macmillan nurses (Pflegende, die im Bereich der onkologischen Pflege arbeiten) (vgl. Gehring et al., 251).

3.1.2. Family Health Nursing in Europa, speziell in Deutschland und Österreich

Public Health Nursing entwickelte sich zur selben Zeit (1970er Jahre) auch in Europa und hatte ihren Ausgangspunkt in Großbritannien in Form von Health Visitors[3], welche ihren Platz im britischen Gesundheitssystem bis heute inne haben. Zahlreiche ähnliche familien- und gemeindenahe Pflegeleistungen entstanden ebenso in Skandinavien zu dieser Zeit. In Deutschland und Österreich gab es während der NS-Zeit so genannte Gemeindeschwestern, die im Dienste der Nationalsozialisten ein ausführendes Organ der NS-Ideologie im Bereich der Gesundheitsförderung und Gesundheitserziehung waren. Sie waren „GesundheitserzieherInnen" in Gemeinden und hatten dadurch einen Überblick über die Gesundheit der Gemeindebürger. Ihre Aufgaben beinhalteten unter anderem Kinderlandverschickungen, sowie Kindesmissbildungen und Verhaltensabnormitäten an obere Instanzen weiterzuleiten. Gemeindeschwestern waren somit unmittelbar an der Erb- und Rassenpflege der Nationalsozialisten beteiligt (vgl. Degner, 1997, 7-8).

Die nächsten Ansätze bzgl. einer Gesundheitsförderung im Setting „Familie" entstanden vor 40 Jahren in Deutschland. Durch Sozialstationen wurden verschiedene Gesundheitsdienste gebündelt, mit dem Ziel mit möglichst geringem Aufwand und einer neuen Organisationsform eine pflegerische Versorgung flächendeckend zu gewährleisten und die Nachbarschaftshilfe zu forcieren (vgl. Herold, 1990, zitiert nach Hackmann, 2001, 212-213).

Ein wesentliches Aufgabengebiet der Sozialstationen war unter anderem die Schulung und Aufklärung der Bevölkerung über die häusliche Krankenpflege. Durch die Einrichtung der Sozialstationen kam es zu einer Professionalisierungswelle in der Pflege. 1975 entstand in Niedersachsen eine staatlich anerkannte Weiterbildung zum Fachkrankenpfleger bzw. zur Fachkrankenschwester in der Gemeindekrankenpflege mit Gesundheitserziehung und -vorsorge, Beratung und Pädagogik als wesentliche Weiterbildungsschwerpunkte. Gesundheitsförderung war im deutschen Pflegewesen somit bereits vor über 30 Jahren ein Thema (vgl. Hackmann, 2001, 213-215).

In Österreich fiel durch die Gesetzesnovellierung des Gesundheits- und Krankenpflegegesetzes von 1997 und dem Bundesgesetz über Maßnahmen und Initiativen zur Gesundheitsförderung, -aufklärung und -information (Gesundheitsförderungsgesetz – GfG) von 1998 der Startschuss für eine berufspolitisch anerkannte Gesundheitsförderung und Prävention in der professionellen Pflege, welche zu den Kernelementen der Familiengesundheitspflege zählen.

Den Grundstein zur möglichen Implementierung der Familiengesundheitspflege in Österreich legte die WHO mit dem Rahmenkonzept „Gesundheit 21". Es beinhaltet als eines der wesentlichen Ziele den Ausbau der gesundheitlichen Primärversorgung in Form einer Erweiterung von Versorgungsangeboten für das familien- und gemeindenahe Setting. Das FHN (Family Health Nurse) Konzept der WHO stellt diesbezüglich ein erweitertes Angebot dar, welches für die Mitgliedsstaaten

---

[3] vergleichbare Aufgaben wie Public Health Nurses in den USA

Rahmenbedingungen für eine länderspezifische Adaptierung vorgibt (vgl. Kollak, 2004, 96). In Deutschland wurde von 2005 bis 2008 ein Pilotprojekt durchgeführt, bei dem bereits erste positive Auswirkungen einer Familiengesundheitspflege für Familien nachgewiesen werden konnten (Schnittstellenoptimierung, Förderung der Unabhängigkeit, Stabilisierung der Familiensituation, etc.) (vgl. Eberl et al., 2008, 156-159).

3.2. Kernaspekte der Familiengesundheitspflege

Die Familiengesundheitspflege basiert auf einem interaktionsorientierten Pflegeansatz, der die pflegebedürftige Person inklusive ihres Bezugssystems (Familie) als Leistungsempfänger sieht. Der Ansatz zielt darauf ab, Gesundheitsförderung und Prävention direkt in die Familien einzubringen, um so potentielle Krisenherde (z.B. der Beginn einer Krankheit, Veränderungen der Rollen aufgrund einer beginnenden Pflegebedürftigkeit eines Familienmitgliedes, etc.) frühzeitig zu erkennen und auszuschalten. Die dafür notwendige Partizipation aller Beteiligten ist wesentlich, da Gesundheitsförderung und präventive Maßnahmen nur dann effektiv sind, wenn die Zielgruppe (Familie) aktiv mitarbeitet und mitgestaltet. Durch die Befähigung von Familien weitgehend selbstständig mit ihrer Situation umgehen zu lernen kann dies erreicht werden (vgl. Wild, 2008; WHO Regionalbüro für Europa, 2000).

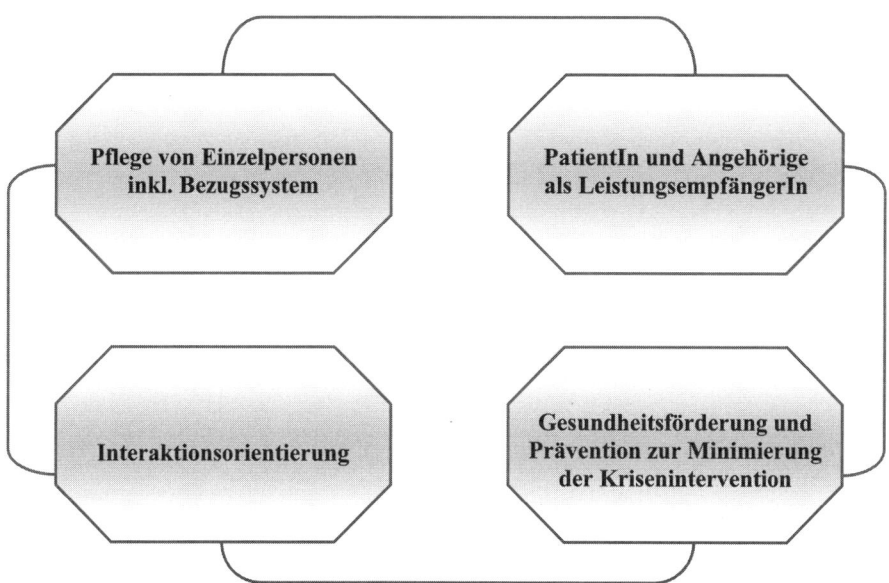

Abbildung 1: **Kernaspekte der Familiengesundheitspflege**

3.2.1. Familiengesundheitspflege – neue Aufgaben für die Pflege zu Hause

Die praktische Umsetzung der Kernaspekte der Familiengesundheitspflege führen in der Hauskrankenpflege in Österreich zu einer Handlungsfelderweiterung (vgl. Wild, 2008, 18-19):

- Präventive Hausbesuche um Gesundheitsförderung in die direkte PatientInnenpflege einzubringen
- Übernahme von Case und Care Managementaufgaben
- Identifizierung des Pflege- und Betreuungsbedarfes für eine Region bzw. für eine bestimmte Zielgruppe
- PflegexpertIn für Familien, Gemeinden oder andere Settings
- SchnittstellenkoordinatorIn für Leistungsempfänger, um sich im komplexen Netz des Gesundheitssystems zurechtzufinden und Schaffung einer Kontinuität
- VertreterIn der pflegerischen Sicht bei der Pflegestufeneinteilung, da sie die pflegebedürftige Person und ihr Umfeld (Familie) über einen längeren Zeitraum begleiten und so die Ressourcen und den Pflegebedarf optimal einschätzen können.

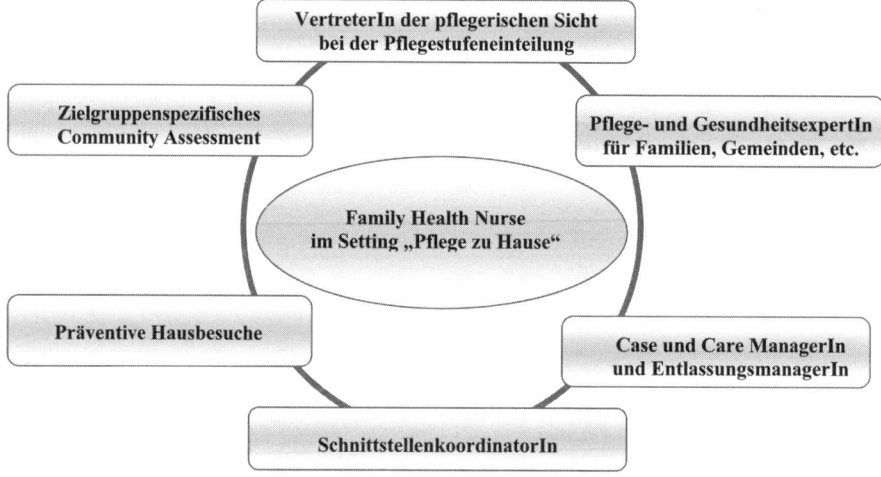

Abbildung 2: **Aufgaben der Family Health Nurse im Setting „Pflege zu Hause"**

3.3. Das österreichische Ausbildungscurriculum

Das Rote Kreuz Österreich hat in Zusammenarbeit mit dem Land Steiermark, dem österreichischen Gesundheits- und Krankenpflegeverband und dem Gesundheitsministerium ein Ausbildungscurriculum für eine professionelle Familiengesundheitspflege in Österreich entworfen. Das Curriculum gliedert sich in 3 Lehrgänge (Case und Care Management im Kontext familiärer Pflege, Public Health im Pflegewesen mit Schwerpunkt Gesundheitsförderung, Familiengesundheitspflege) und beinhaltet potentielle Einsatzfelder, Kompetenzen und Qualifikationen einer zukünftigen Familiengesundheitspflegefachkraft (vgl. Wild, 2007, 21).

Tabelle 1: Ausbildungscurriculum Familiengesundheitspflege in Österreich (vgl. Wild, 2007, 21-27; eigene Darstellung)

Case und Care Management im Kontext familiärer Pflege (30 ECTS)	
Schwerpunktkompetenzen	Information, Anleitung und Beratung von pflegenden Angehörigen, Gestaltung individueller Pflegearrangements, Sicherung der Betreuungskontinuität durch Case und Care Management
Potentielle Einsatzfelder	mobile Pflege und Betreuung, niedergelassene ÄrztInnen, Beratungsstellen bei Gesundheits- und Sozialeinrichtungen, Spitäler (Entlassungsmanagement), stationäre Pflegeeinrichtungen (Angehörigenarbeit)
Lernfelder	Familie als System, Assessment, sozialkommunikative Kompetenz, Konzepte und Methoden des Case und Care Managements, Ressourcenmanagement, Qualitätsmanagement, Bewältigungsstrategien, Wissenschaft und Forschung, Praktikum und Abschlussarbeit

Public Health im Pflegewesen mit Schwerpunkt Gesundheitsförderung (30 ECTS)	
Schwerpunktkompetenzen	Ressourcenorientierung und Stärkung der Selbst- und Bewältigungskompetenzen, Gesundheitsförderungsprojekte, Gesundheitsbildung und Gesundheitserziehung von Kindern und Jugendlichen
Potentielle Einsatzfelder	direkte Pflege und Betreuung unabhängig vom Ort der Leistungserbringung, Entwicklung und Durchführung von Gesundheitsförderungsprojekten in verschiedenen Settings, öffentliches Gesundheitswesen, z.B. bei Gemeinden, Schulen, Beratungsstellen bei Gesundheits- und Sozialeinrichtungen, etc.
Lernfelder	Public Health Konzepte, gesetzliches, wissenschaftliches und administratives Umfeld von Public Health, Human- und Sozialwissenschaften in Public Health, Gesundheitsbedarfsermittlung/Epidemiologie, Gesundheitsförderung und Gesundheitserziehung, Pflege und Public Health, Praktikum

Familiengesundheitspflege (Variante 1 30 ECTS; Variante 2 60 ECTS)	
Schwerpunktkompetenzen	Die Familie wird als systematische Einheit gesehen, mit der gearbeitet wird, Assessmentmethoden, Tools und Interventionsmethoden
Einsatzfelder	Familiengesundheitspflege als eigene Leistung in der häuslichen Pflege und Betreuung, Beratungsstellen, Spitäler (zur Beratung und Begleitung von Familien in schwierigen Lebenssituationen), stationäre Langzeitpflegeeinrichtungen, niedergelassene ÄrztInnen, etc.
Lernfelder	Familie als System, Lebensphasen und -muster, Phasen und Methoden der Familiengesundheitspflege, Funktion und Rollenverständnis der FamiliengesundheitspflegerInnen, Arbeit mit Gemeinschaften und spezifischen Bevölkerungsgruppen, Wissenschaft und Forschung, Praktikum

4. Der ambulante Pflege- und Betreuungsbereich im Bezirk Steyr-Land

Die 20 Gemeinden im Bezirk Steyr-Land gründeten 1998 nach den Bestimmungen des OÖ Sozialhilfegesetzes den SHVSE (Sozialhilfeverband Steyr-Land). Der SHVSE fungiert als Koordinierungs-, Organisations- und Auftraggeberorgan im Bereich der ambulanten Pflege und Betreuung und die Gemeinden versuchen unter seinem Schirm das Angebot dem Pflege- und Betreuungsbedarf anzupassen. Das Rote Kreuz Steyr-Land und die Caritas Oberösterreich führen hierbei im Auftrag des SHVSE die Dienstleistungen in der ambulanten Pflege und Betreuung durch. Sie teilen sich ihr Arbeitsgebiet regional und nach Leistungsangebot auf. Das Rote Kreuz übernimmt dabei im gesamten Bezirk die medizinische Hauskrankenpflege. Vereinzelt bieten auch andere Organisationen unabhängig vom SHVSE ambulante Pflege- und Betreuungsdienste an. Zudem werden zahlreiche ehrenamtliche Dienste vom Roten Kreuz, der Caritas, anderen Organisationen, Vereinen, etc. angeboten.

Die Sozialberatungsstellen nehmen eine Sonderstellung ein. Sie dienen in ganz Oberösterreich als Anlaufstellen für Menschen, die soziale Unterstützung und Informationen über Hilfsmöglichkeiten im Rahmen der Pflege und Betreuung benötigen. Die Sozialhilfeverbände sind laut Gesetz (gemäß § 31 Abs. 5-7 des oberösterreichischen Sozialhilfegesetzes 1998) dazu verpflichtet Sozialberatungsstellen in ihrem jeweiligen regionalen Zuständigkeitsbereich zu errichten (vgl. Land Oberösterreich, 2008, 18-20). Derzeit gibt es im Bezirk Steyr-Land zwei Sozialberatungsstellen.

Die Finanzierung der ambulanten Pflege und Betreuung erfolgt von mehreren Instanzen (Bund, Länder, Gemeinden). Die Verwendung der Gelder fällt in den Kompetenzbereich der Sozialhilfeverbände, die innerhalb der landesgesetzlichen Rahmenbedingungen möglichst bedarfsorientiert die finanziellen Mittel verteilen bzw. einsetzen. Die Probleme dieses Systems sind die unterschiedlichen Instanzen, die bei der Finanzierung beteiligt sind, Richtlinien vorgeben und Mitspracherecht haben, sowie die zahlreichen unterschiedlichen Leistungsanbieter. Die Leittragenden sind die pflegebedürftigen Menschen und ihre Familien, die mit dieser Komplexität oftmals überfordert sind.

5. Methode

Die beispielhafte Bedarfsanalyse erfolgte mittels Analyse der Situation pflegender Angehöriger aus der Gemeinde Großraming. In Anlehnung an das Pilotprojekt in Deutschland, bei dem Familien vor bzw. nach der Begleitung durch eine Familiengesundheitspflegekraft über ihre Erfahrungen und Meinungen mittels problemzentrierten Leitfadeninterviews befragt wurden (vgl. Eberl et al., 2008, 46-47), wurde für die Interviews der pflegenden Angehörigen (n=9; Durchführungszeitraum Jänner – März 2010) ebenfalls diese Interviewmethode verwendet. Das Ziel von problemzentrierten Interviews besteht darin, die persönliche Sichtweise der InterviewpartnerInnen zu bestimmten Problemfeldern einer Gesellschaft zu erfahren. Diese Form der Befragung findet vor allem bei Fragestellungen Anwendung, bei denen kein explorativer Charakter mehr vorhanden ist und somit über das behandelte Problem bereits etwas bekannt ist, sowie bei stark theoriegeleiteten Themen, bei denen konkrete und stark themenbezogene Fragen im Vordergrund stehen (vgl. Mayer, 2007, 181-182).

5.1. Zugang und Auswahl der Zielgruppe

Das Konzept der Familiengesundheitspflege soll hauptsächlich die Situation von Familien im Umgang mit Krankheit bzw. Pflegebedürftigkeit eines Familienmitgliedes verbessern. Jene Personen, die in diesem Zusammenhang großen Belastungen ausgesetzt sind, sind pflegende Angehörige. Sie würden von einer professionellen Familiengesundheitspflege mit Sicherheit profitieren. Demzufolge schien es naheliegend die Gruppe der pflegenden Angehörigen als Zielgruppe für die mündliche Befragung ins Auge zu fassen. Das Netzwerk „Gesunde Gemeinde" Oberösterreich erschien als idealer Zugang, um die besagte Zielgruppe über die „Stammtische für pflegende Angehörige" in der Region zu erreichen. Die Bezirksobfrau des Netzwerkes wurde per E-Mail angeschrieben. Sie vermittelte den Kontakt zur Stammtischleitung der Gemeinde Großraming. Diese wurde telefonisch kontaktiert und im Rahmen eines persönlichen Treffens über das Vorhaben und Anliegen informiert. Die Stammtischleitung wusste über die Pflege- und Betreuungslandschaft in der Gemeinde sehr gut Bescheid und stellte Namen, Adressen und Telefonnummern von potentiellen InterviewpartnerInnen zur Verfügung. Die pflegenden Angehörigen wurden angerufen und vorweg ebenfalls über das Vorhaben und die Intentionen der Arbeit informiert. Lediglich zwei von elf potentiellen InterviewpartnerInnen verweigerten ein Interview.

Tabelle 2: Familiensituation der pflegenden Angehörigen (Zeitpunkt April 2010)

Familie 1
Das Ehepaar lebt gemeinsam in einer Wohnung mitten im Ort. Der Ehemann (79 Jahre) war schon jahrelang Alkoholiker. 2004 wurde die Diagnose Alzheimer gestellt. Im selben Jahr begann auch die Pflege- und Betreuungstätigkeit der Ehefrau (74 Jahre). Der Ehemann ist in Pflegestufe 3 eingestuft. Seine Ehefrau und er haben jeweils 2 Kinder aus erster Ehe, die auswärts wohnen und nicht in die Pflege involviert sind. Die Ehefrau geht regelmäßig, sofern es die Zeit zulässt, zum Stammtisch für pflegende Angehörige und nahm zum Zeitpunkt des Interviews keine Hilfsdienste in Anspruch. Lediglich einmal in der Woche kommt eine Person von einer vom Land geförderten Institution, die sich mit dem Ehemann 1-2 Stunden beschäftigt (rechnen, Puzzle bauen, etc.).
Familie 2
Das Ehepaar lebt gemeinsam in einer Wohnung. Gleich nebenan im selben Haus wohnen Tochter und Schwiegersohn, die sich allerdings kürzlich eine Eigentumswohnung im südlichen Österreich gekauft haben und selten zu Hause sind. 2007 erfuhr das Ehepaar, dass der Ehemann (80 Jahre) Alzheimer und Parkinson hat. Im selben Jahr begann auch die Pflege und Betreuung der Frau (75 Jahre) für ihren Gatten.

Das Ehepaar hat noch eine zweite Tochter die auswärts wohnt. Diese übernimmt die finanziellen Angelegenheiten bzgl. der Pflege und Betreuung des Vaters. Der Ehemann hat Pflegestufe 4 und es werden derzeit keine Hilfsdienste in Anspruch genommen. Wegen einer Familienkrise vor einigen Jahren wurde die Sozialberatungsstelle bzgl. Hilfe kontaktiert. Die Ehefrau geht, sofern sie in dieser Zeit jemanden organisieren kann der bei ihrem Mann bleibt, regelmäßig zum Stammtisch für pflegende Angehörige.

Familie 3

Das Ehepaar lebt in einem Einfamilienhaus und hat 5 Kinder, die nicht in der Umgebung beheimatet sind und auch nicht in die Pflege involviert sind. Die pflegebedürftige Gattin (74 Jahre, Diagnose Alzheimer; sie hatte vor 3 Jahren einen Schlaganfall und sitzt seitdem im Rollstuhl) wird schon seit 3 Jahren vom Ehemann (76 Jahre) gepflegt. Die Frau ist in Pflegestufe 4 eingestuft. Seit einigen Monaten hat sich der AZ der Frau so verschlechtert, dass der Ehemann alleine nicht mehr zu recht gekommen ist. Anfangs wurde zweimal in der Woche Hilfe von der Caritas für die körperliche Pflege in Anspruch genommen. Danach entschied sich der Ehemann für eine 24-Stunden-Betreuung vom Ausland. Zusätzlich wird auch oftmals die Hilfe einer ehrenamtlichen Mitarbeiterin des Roten Kreuz in Anspruch genommen, um Informationen über notwendige pflegerische Hilfsbehelfe zu bekommen. Der Stammtisch für pflegende Angehörige ist zwar bekannt, wird aber nicht besucht.

Familie 4

Die pflegende Angehörige (52 Jahre) lebt gemeinsam mit ihrem Gatten und ihrer Schwiegermutter (90 Jahre) in einem Haus. Das Ehepaar hat 2 Kinder, die schon ausgezogen sind, dennoch aber regelmäßig nach Hause kommen. Die Schwiegertochter ist die Hauptpflegeperson und wird von ihrem Mann, ihren Kindern wenn sie zu Hause sind und ihrer Schwägerin in der Pflege und Betreuung der Schwiegermutter unterstützt. Berufstätig ist die Hauptpflegeperson nicht. Die Schwiegermutter wird seit 10 Jahren gepflegt, hat hochgradige Osteoporose, der AZ ist altersentsprechend und sie ist mit einer Gehhilfe unter Aufsicht noch mobil. Die Schwiegertochter hat Probleme mit der Bandscheibe und ist deswegen regelmäßig im Krankenhaus. Seit 2005 wird eine Heimhilfe in Anspruch genommen. Derzeit ist die Schwiegermutter in Pflegestufe 4 eingestuft. Der Stammtisch für pflegende Angehörige wird von der Hauptpflegeperson regelmäßig in Anspruch genommen.

Familie 5

Die pflegende Angehörige (55 Jahre) lebt gemeinsam mit ihrem Gatten und ihrer Tochter (29 Jahre) in einem Zweifamilienhaus im Erdgeschoss. Im Obergeschoss wohnen die Schwägerin und ihr Gatte. Die jüngere Tochter studiert auswärts, kommt aber dennoch regelmäßig nach Hause. Kurz nach der Geburt wurde, mit einigen Komplikationen bei der Feststellung der Krankheit aufgrund des seltenen Auftretens, bei der 29-jährigen Tochter die Diagnose Cornelia De Lange Syndrom[4] diagnostiziert. Alle Familienmitglieder helfen in der Pflege und Betreuung mit und entlasten die Hauptpflegeperson dadurch ein wenig. Die pflegende Angehörige (Hauptpflegeperson) ist nicht berufstätig und war seit der Geburt der Kinder zu Hause und kümmert sich um den Haushalt.

---

[4] Beim Cornelia de Lange Syndrom, kurz CdLS, handelt es sich um ein variables Krankheitsbild, bei dem vermutet wird, dass Genmutationen die Ursache für die Krankheit sind. CdLS gehört zu den Fehlbildungs- und Retardierungssyndromen. Je nach Stärke der Betroffenheit sind die Merkmale dementsprechend ausgebildet, was eine frühe Diagnose erleichtert, bzw. erschwert. Typische Krankheitsmerkmale sind z.B. ein Geburtsgewicht von meist unter 2500 Gramm, dichtes, kräftiges Kopfhaar und Augenbrauen, breiter Nasenrücken, geringe Kopfgröße, lange Oberlippenrinne, kleine Hände und Füße (vgl. Arbeitskreis CdLS, 2010, 2).

Tagsüber ist die Tochter in der Behindertentagesstätte im Ort untergebracht. Vor einigen Jahren wurde wegen eines Autounfalls der pflegenden Angehörigen für kurze Zeit eine Familienhilfe in Anspruch genommen. Ansonsten hat sich die Familie bislang immer selbst um das behinderte Familienmitglied gekümmert. Der Stammtisch für pflegende Angehörige ist zwar bekannt, wird aber nicht in Anspruch genommen.

Familie 6

Die pflegende Angehörige (48 Jahre) lebt mit ihrem Gatten, ihren 4 Kindern im Alter zwischen 18 und 25 Jahren, ihrem pflegebedürftigen Vater (78 Jahre) und der Schwiegermutter in einem Zweifamilienhaus mit einer kleinen Landwirtschaft. Vor 2 Jahren wurde von den Ärzten im nahe liegenden Krankenhaus die Diagnose Alzheimer gestellt und seit ca. 2 Jahren ist der Vater auch pflegebedürftig. Die Kinder kommen regelmäßig an den Wochenenden nach Hause, sind allerdings nicht in die Pflege und Betreuung ihres Großvaters involviert. Die pflegende Angehörige bekommt dennoch von ihrem Mann und der Schwiegermutter viel Unterstützung bei der Betreuung ihres Vaters. Die Pflegegeldeinstufung erfolgte in Stufe 3 und es werden derzeit keine Hilfsdienste in Anspruch genommen. Der Stammtisch für pflegende Angehörige wird von der Tochter regelmäßig in Anspruch genommen und sehr geschätzt.

Familie 7

Die pflegebedürftigen Familienangehörigen sind bereits verstorben (Schwiegermutter, 58-jährig, vor ca. 20 Jahren, Schwiegervater, 83-jährig vor einem Jahr). Die pflegende Angehörige (54 Jahre) lebt mit ihrem Gatten und ihren 3 Kindern im Alter zwischen 23 und 27 Jahren in einem Einfamilienhaus. Die Kinder studieren auswärts und kommen regelmäßig an den Wochenenden nach Hause. Die pflegebedürftige Schwiegermutter und der Schwiegervater lebten im Haus nebenan. Die primäre Betreuung reduzierte sich Jahre lang zunächst nur aufs Kochen und Putzen. Erst kurz vorm Tod der Schwiegermutter bzw. des Schwiegervaters wurde die Pflege aufwändiger. Der Schwiegervater hatte zu diesem Zeitpunkt Pflegestufe 2. Die Kinder halfen bei diversen pflegerischen Tätigkeiten immer mit. Die Schwiegertochter war nicht berufstätig. Es gab keine konkrete Krankheitsdiagnose. Aufgrund des hohen Alters kam es zu ständiger AZ-Verschlechterung. Die pflegende Angehörige ist selbst auch in der ehrenamtlichen Nachbarschaftshilfe tätig und kennt sich in der regionalen Hauskrankenpflege sehr gut aus. Hilfsdienste wurden nie in Anspruch genommen. Der Stammtisch für pflegende Angehörige wird von der pflegenden Angehörigen zwar nicht regelmäßig besucht, dennoch sehr geschätzt. Für sie wäre es vorstellbar, jetzt wo sie mehr Zeit hat, Vorträge von ExpertInnen im Rahmen des Stammtisches zu besuchen.

Familie 8

Die pflegebedürftige Mutter (85 Jahre) ist seit 1,5 Jahren (seit Beginn der Pflegebedürftigkeit) bei der Tochter und ihrem Mann in einem Einfamilienhaus. Die Mutter hatte vorher eine Wohnung im Haus der Schwester (ca. 40 km entfernt) gehabt, die allerdings berufsbedingt zu wenig Zeit hatte um für die Mutter zu sorgen. Die Krankheitsdiagnose lautet Diabetes mit Folgeerkrankung Neuropathie und Leukämie. Die pflegende Angehörige (Tochter, 58 Jahre) wird von ihrem Mann und ihren Geschwistern immer wieder entlastet. Die Mutter ist in Pflegestufe 2 eingestuft. Hilfsdienste werden zurzeit nicht in Anspruch genommen. Der Stammtisch für pflegende Angehörige wird regelmäßig besucht. Die pflegende Angehörige ist nicht berufstätig.

Familie 9
Die pflegende Angehörige (53 Jahre) lebt mit ihrem Gatten, ihrem Sohn und ihren Schwiegereltern auf einem Nebenerwerbsbauernhof (Gatte und Sohn gehen nebenbei Vollzeit arbeiten). Sie ist alleine für den Haushalt und den pflegebedürftigen Schwiegervater (92 Jahre) zuständig, der einen verschlechterten AZ aufweist und bereits harn- und stuhlinkontinent ist. Zudem erfährt sie wenig Anerkennung von Seiten der Schwiegermutter. Die pflegende Angehörige hatte selbst vor einigen Jahren eine Knieoperation mit Komplikationen (Prothese) und Brustkrebs, der eine Chemotherapie nach sich zog. Diesbezüglich ist sie regelmäßig wegen Kontrolluntersuchungen im Krankenhaus. Äußerungen der seelischen Verzweiflung kamen im Interview des Öfteren zum Vorschein. Derzeit werden täglich die medizinische Hauskrankenpflege (Insulin spritzen für die zuckerkranke Mutter) und 2 Pflegehilfen (bis auf Mittwoch und Sonntag) in Anspruch genommen. Zusätzlich erhalten sie von der Landwirteversicherung eine Arbeitshilfe für den Hof. Der Stammtisch für pflegende Angehörige wird von der Tochter aus zeitlichen und oftmals aus gesundheitlichen Gründen nicht besucht.

5.2. Die Interviewauswertung

Für die Auswertung der Interviewdaten wurde die Methode der zusammenfassenden qualitativen Inhaltsanalyse nach Mayring (2008) herangezogen. Zusammenfassende Inhaltsanalysen bieten sich vor allem dann an, wenn man lediglich am Inhalt des zu analysierenden Materials interessiert ist und ein überschaubarer, zusammengefasster Kurztext des Materials in komprimierter Form benötigt wird (vgl. Mayring, 2009, 472). Ziel dieser Form der Inhaltsanalyse ist es das Material so zu reduzieren, dass die wesentlichen Inhalte erhalten bleiben und durch Abstraktion eine überschaubare Zusammenfassung geschaffen wird, welche dennoch das Ausgangsmaterial repräsentativ abbildet (vgl. Mayring, 2008, 58).

6. Ergebnisse der Bedarfsanalyse

Die Interviewergebnisse (Tabelle 3) zeigen beispielhaft den regionalen Bedarf einer Familiengesundheitspflege auf und decken sich weitgehend mit den Ergebnissen aus dem Endbericht „Situation Pflegender Angehöriger" (ÖBIG, 2005) und den Familienbefragungen im Rahmen des deutschen Pilotprojektes (Eberl et al., 2008, 130-137).

Tabelle 3: Ergebnisse der Bedarfsanalyse – Situation pflegender Angehöriger in der Gemeinde Großraming

FOKUS Pflege und Betreuung im Setting „Familie"
• Das Bedürfnis Familienangehörige zu Hause zu pflegen (aufgrund von schlechten Erfahrungen mit Altenheimen, Beibehalten des gewohnten Umfeldes, familiäres Verpflichtungsgefühl)
• Die Bedeutung der Familie für pflegende Angehörige (Unterstützungsressource, familiärer Zusammenhalt als Entscheidungskriterium für die Pflege zu Hause)

- Kinder sind nicht verpflichtet in der Pflege des pflegebedürftigen Elternteils mitzuhelfen (aufgrund von eigenen Vorerfahrungen, Wohnverhältnisse – geographische Entfernung)
- Einschränkungen/Veränderungen durch die Pflegebedürftigkeit des Familienangehörigen (ständige Anwesenheit zu Hause notwendig, Alltagsabstimmung auf die Bedürfnisse des pflegebedürftigen Familienmitgliedes, Belastungsgrenzen werden erreicht bzw. überschritten, Hilfe/Unterstützung muss selbst organisiert werden)

FOKUS Pflege- und Betreuungsangebot (inkl. ehrenamtliche Hilfsleistungen)

- Keine adäquaten Hilfsdienste (Fokus liegt auf pflegebedürftiger Person; restl. Familie wird im Kontext der Gesamtsituation nicht wahrgenommen, pflegende Angehörige werden von den Hilfsdiensten nicht miteinbezogen, fehlende Absprache der Hilfsdienste untereinander)
- Fehlendes/mangelndes Entlassungsmanagement nach Krankenhausaufenthalt (fehlende Informationen über veränderten Pflegebedarf und Gesundheitszustand, Hilfsdienste müssen selbst organisiert werden)
- Viele Ansprechpersonen anstatt einer zentralen Kontaktperson erschwert die Informationseinholung und Organisation von Hilfsdiensten (Hausarzt, Leitungsperson Stammtisch für pflegende Angehörige, ehrenamtliche RK Mitarbeiterin im Ort, Familienmitglieder; Sozialberatungsstellen werden nicht in Anspruch genommen)
- Stammtisch für pflegende Angehörige ist wesentliche Bereicherung (geschützter und vertraulicher Rahmen zum Austausch mit Gleichgesinnten, regelmäßige Treffen beugen sozialer Isolierung vor, Austausch-, Informations- und Fortbildungsplattform)
- Familien- und gemeindenahe Angebote können/wollen nicht in Anspruch genommen werden (fehlende Zeit durch Notwendigkeit der Anwesenheit zu Hause, fehlendes Angebot/fehlende regionale Angebotsnähe, Familiensituation soll anonym bleiben, Gesundheitszustand der pflegenden Angehörigen lässt Angebotsnutzung nicht zu, Verpflichtung, für kostenlose Hilfe etwas zurück geben zu müssen, hält davor ab)
- regelmäßiger Kontakt mit professionellen Ansprechpersonen erwünscht (fixe Ansprechperson im Ort, die die individuelle Situation der pflegenden Angehörigen und ihrer Familien kennt und individuell Hilfe organisiert
- regelmäßige Informationen zum aktuellen Pflege- und Betreuungsangebot erwünscht

FOKUS Wissens-/Informationsstand von pflegenden Angehörigen

- Wissensmangel über konkretes Pflege- und Betreuungsangebot in der Region (zu wenig Informationen und nicht auf die pflegenden Angehörigen abgestimmte Informationsvermittlung der Leistungsanbieter, Wissens- und Informationsgenerierung meist per Zufall bzw. über Dritte)
- Wissen über Angehörigenpflege und Krankheit des pflegebedürftigen Familienmitgliedes ist essentiell für die Situationsbewältigung (steigert persönliche Selbstfürsorge der pflegenden Angehörigen, Copingstrategien werden professionalisiert, Unabhängigkeit von Hilfsdiensten wird gefördert)

FOKUS pflegende Angehörige im Kontext der Gesellschaft

- Fehlende Wertschätzung und Anerkennung (von Seiten der Familie/Verwandte, Betreuungs- und Hilfsdienste, Gemeinde/Land/Bund)
- Unzufriedenheit mit der Pflegestufeneinteilung (Ablauf – fehlende Einbindung der pflegenden Angehörigen und der Pflege- und Betreuungsdienste, Momentaufnahme, lange Wartezeiten zwischen Antragstellung und Pflegegelderhalt)

Fokus Familiengesundheitspflege – erste Vorstellungen der pflegenden Angehörigen

- fremde Person, welche regelmäßig die Familien zu Hause aufsucht
- Anonymität/vertraulicher Umgang (Familiensituation soll im Ort nicht öffentlich bekannt werden)
- primäre Ansprechperson für sämtliche pflegerische Belange

7. Empfehlungen für die Implementierung einer Familiengesundeitspflege

7.1. Sensibilisierung der gesundheitspolitischen Entscheidungsträger

Ohne die Unterstützung und Überzeugung der gesundheitspolitischen Entscheidungsträger wird die Implementierung einer Familiengesundheitspflege nicht stattfinden können. Deshalb müssen die Entscheidungsträger für die Thematik sensibilisiert werden. Die österreichische Pflegewissenschaft wird in diesem Zusammenhang Überzeugungsarbeit leisten müssen. Gesundheitspolitischen Entscheidungsträgern muss der nachhaltige Nutzen von Gesundheitsförderung und Prävention kontinuierlich vergegenwärtigt werden. Wissenschaftliche Arbeiten müssen klar und präzise aufzeigen, dass die österreichische Pflegelandschaft ohne den „günstigen" Leistungsbeitrag der Familien (pflegende Angehörige) nicht existenzfähig ist. Die Ressource Familie gehört deshalb unterstützt, um eine Verlagerung von stationär auf ambulant vollziehen zu können. Der gesellschaftliche Stellenwert von Familien als soziale Einheit eines Staates muss aufgewertet werden. Eine Aufwertung des extramuralen Pflege- und Betreuungsbereiches auf allen Ebenen (z.B. bessere Einbindung während der Grundausbildung, finanzielle Lukrativität, bessere Weiterbildungsmöglichkeiten, etc.) muss ebenfalls vollzogen werden. Dafür wird die Unterstützung der regionalen Leistungsanbieter im extramuralen Pflege- und Betreuungsbereich benötigt. Ohne die Anerkennung und Befürwortung der Leistungsanbieter ist eine Einführung schwer möglich. Sie müssen in die wissenschaftlichen Überlegungen miteinbezogen werden, um sie von der Notwendigkeit und den Nutzen einer Familiengesundheitspflege für ihre Organisationen zu überzeugen. Die Überzeugungsarbeit muss, aufgrund der föderalistischen Strukturen in Österreich, auf Bundes-, Landes-, Regional- und Kommunalebene erfolgen, um den flächendeckenden Bedarf und Nutzen einer Familiengesundheitspflege nachweisen zu können. Die bereits begonnene Akademisierung der Pflege lässt für die Zukunft diesbezüglich viel versprechen. So können den Entscheidungsträgern evidenzbasierte Daten geliefert werden, welche die Notwendigkeit einer Familiengesundheitspflege belegen.

7.2. Adäquate Familiengesundheitspflegeausbildung

Das österreichische Rote Kreuz schlägt für die Umsetzung der Familiengesundheitspflege eine Anerkennung der Ausbildung nach § 65 (Sonderausbildung) GuKG vor (vgl. Wild, 2008, 13). Demzufolge wäre die Familiengesundheitspflege auf derselben Ebene angesiedelt wie die derzeitig rechtlich anerkannten Sonderausbildungen (Kinder- und Jugendlichenpflege, psychiatrische Gesundheits- und Krankenpflege, Pflege im OP-Bereich, Anästhesiepflege, etc.). In Anbetracht der aktuellen Situation in Österreich ist diese Ausbildungsform für die Familiengesundheitspflege momentan lediglich ein Wunschdenken und als Sonderausbildung nicht umsetzbar, da dieses Berufsbild in Österreich de facto noch nicht existiert.

Im Zuge der bereits begonnenen Akademisierung in der Pflege, sowie den ExpertInnenmeinungen im Rahmen des deutschen Pilotprojektes, sollte die Ausbildung zur FHN zukünftig auf universitärer Ebene angeboten werden. In Oberösterreich bietet die Gespag seit Oktober 2010 ein 7-semestriges Kombistudium an, welches zum einen das Gesundheits- und Krankenpflegediplom beinhaltet und zum anderen mit dem Bachelor in Pflegewissenschaften abschließt. Am Ausbildungsstandort am LKH Steyr besteht die Möglichkeit die Ausbildung in dieser Form zu absolvieren. Die Family Health Nurse Ausbildung könnte demzufolge als weiterführendes berufsbegleitendes Masterstudium angeboten werden und in Zusammenarbeit mit dem Fachhochschulcampus in Steyr durchgeführt werden. Ein dafür passendes Curriculum existiert bekanntlich bereits. Fachhochschulstudiengänge werden in Oberösterreich sehr stark von der jeweiligen regionalen Wirtschaft finanziell gefördert und unterstützt. Dementsprechend wird auch das Studienangebot von den Wirtschaftsakteuren mitbestimmt. Es ist deshalb notwendig, wirtschaftlichen Entscheidungsträgern den langfristigen Nutzen (finanzielle Entlastung des stationären Sektors durch einen verbesserten extramuralen Bereich, Qualitätssteigerung und somit steigende Kundenzufriedenheit, nachhaltige Kostenreduzierung, etc.) einer professionellen Familiengesundheitspflege aufzuzeigen. Das Studienangebot der Fachhochschule Steyr zeigt, dass bisweilen lediglich wirtschaftsbezogene Studien anderer Branchen angeboten werden, da die großen Firmen gut ausgebildete AbsolventInnen in dieser Sparte für ihren eigenen Betrieb benötigen. Eine Umsetzung des Masterstudiums „Family Health Nurse" in Steyr könnte an dieser branchenbezogenen Wirtschaftslastigkeit und der spezifischen AbsolventInnennachfrage scheitern. Eine Ausweichmöglichkeit könnte der Fachhochschulcampus in Linz sein, an dem es bereits eine Sparte mit sozialen Studienrichtungen gibt.

Die noch nicht weit fortgeschrittene Akademisierung der Pflege in Österreich ist allerdings eine temporäre Hürde für eine Ansiedelung der Family Health Nurse Ausbildung auf tertiärer Bildungsebene. Bis zur vollständigen Akademisierung dauert es noch Jahre. Demzufolge sollte als Alternative eine Weiterbildung nach § 64 GuKG angeboten werden, die explizit die Familiengesundheitspflege zum Inhalt hat. Hierfür ist eine passende Zusatzbezeichnung wesentlich. Das Pilotprojekt in Deutschland zeigt, dass die Berufsbezeichnung „FamiliengesundheitspflegerIn" als nicht adäquat angesehen wird. Die Bezeichnung „Family Health Nurse" scheint als besser geeignet, da der Begriff „Nurse" international einen höheren Stellenwert hat als in Deutschland der Begriff „Pflege". Es könnten dadurch die Qualifikationen nicht transparent zum Ausdruck gebracht werden. Unterschiedliche Berufsbezeichnungen könnten zu einer fehlenden internationalen Vergleichbarkeit führen und eine länderübergreifende Nostrifizierung erschweren. Zudem wurde von den AusbildungsteilnehmerInnen in Deutschland die Erfahrung gemacht, dass Gesundheitseinrichtungen die Qualifikationen und Aufgaben der Familiengesundheitspflege mit denen der Familienpflege gleichsetzen (vgl. Eberl et al., 2008, 52). Auch für Österreich sollte zur besseren Abgrenzung (z.B. von der Familienhilfe) und Transparenz der Qualifikationen die international verwendete Bezeichnung „Family Health Nurse" gewählt werden. Für eventuelle Auslandssemester oder Praktika während eines möglichen zukünftigen

Masterstudiums wäre die internationale Bezeichnung „Family Health Nurse" ebenso von Vorteil.

Die Ausbildungskosten sollten gefördert werden. In Deutschland wurde die Erfahrung gemacht, dass sich viele InteressentInnen nicht für die Ausbildung entschieden haben, weil sie für die Kosten selbst aufkommen hätten müssen. Die berufsbegleitende Ausbildungsvariante lässt diesbezüglich darauf schließen, dass die ArbeitgeberInnen der AusbildungsteilnehmerInnen für die finanzielle Unterstützung aufkommen sollten. Das geht vermutlich nur, wenn die Kosten-Nutzenrechnung einer Familiengesundheitspflege für diese Organisationen positiv ausfällt. Des Weiteren erkannten viele Institutionen den nachhaltigen Wert und Nutzen einer funktionierenden Gesundheitsförderung und Prävention für ihre Organisation nicht und tendierten deshalb dazu vorerst abzuwarten, bis der Markt den Wert auch sieht (vgl. Eberl et al., 2008, 101-102). Eine kontinuierliche Öffentlichkeitsarbeit wäre in diesem Zusammenhang erstrebenswert, um die Organisationen permanent mit der Thematik zu konfrontieren und zu sensibilisieren.

Die StudentInnensuche sollte über die im Bezirk Steyr-Land zuständigen mobilen Pflege- und Betreuungsdienste erfolgen. In Anbetracht der Tatsache, dass ein Diplom der Gesundheits- und Krankenpflege Voraussetzung für die Family Health Nurse Ausbildung ist, wären jene Personen, die im Auftrag des Roten Kreuzes die medizinische Hauskrankenpflege erledigen, eine wesentliche Zielgruppe. Auch die MitarbeiterInnen der Beratungsstellen der Caritas könnten an dieser Weiterbildung interessiert sein. Wichtig ist, den Fokus nicht nur auf Personen zu legen, die im extramuralen Feld arbeiten, da die Familiengesundheitspflege, beispielsweise im Entlassungsmanagement, auch Vorteile und Handlungsfelder für den stationären Bereich hat. Demnach sollten diplomierte Pflegepersonen aus regionalen Krankenhäusern, Pflege- und Altenheimen und aus familien- und gemeindenahen Pflege- und Betreuungseinrichtungen (z.B. kleinstrukturierte betreute Wohngemeinschaften, Tagesbetreuungsstätten, etc.) ebenso als Zielgruppe angedacht werden. Für Vereine wie das Netzwerk „Gesunde Gemeinde" Oberösterreich wäre das Know How einer professionellen Familiengesundheitspflege ebenfalls von Vorteil.

Die Akquirierung geeigneter Lehrkräfte stellt vermutlich eine größere Herausforderung als die StudentInnensuche dar. Das Feld der Familiengesundheitspflege ist noch Neuland in Österreich. Dementsprechend wenig nationale ExpertInnen gibt es auf diesem Gebiet. Dennoch sollten diese ExpertInnen unbedingt in den Anfängen der Ausbildung als Lehrkräfte fungieren. Durch ihr Wissen sind sie in der Lage, mögliche Curriculumsinhalte und Ausbildungsrichtlinien kritisch zu bewerten und notwendige Veränderungen vorzunehmen. In Anbetracht der geographischen Nähe der Stadt Steyr und Linz zum Ausbildungsstandpunkt München (2,5 – 3 Autostunden) könnten auch jene ExpertInnen als Lehrkräfte in Frage kommen, die in München bereits am deutschen Pilotprojekt beteiligt waren. Das berufsbegleitende Ausbildungsmodell in Form von mehrtägigen theoretischen Blöcken würde externen Lehrkräften entgegen kommen. Zudem müssten regionale ExpertInnen für die Ausbildung gewonnen werden. Sie kennen die regionale Pflege- und Betreuungslandschaft und können dadurch erheblich zu einer bedarfsgerechten und qualitativ hochwertigen Ausbildung beitragen. Für neutrale Ausbildungsinhalte, die nicht explizit Wissen in der Familiengesundheitspflege voraussetzen, können auch ExpertInnen, deren Schwerpunkt nicht in der Gesundheits- und Krankenpflege liegt, herangezogen werden.

7.3. Einbindung der Familiengesundheitspflege in die bezirksspezifischen Strukturen

Die föderalistische Organisation der ambulanten Pflege und Betreuung in Österreich führt dazu, dass neue Angebote und Leistungen auf dem mobilen Pflegesektor von Bundesland zu Bundesland unterschiedlich umzusetzen sind. Demnach muss eine mögliche Familiengesundheitspflege im Bezirk Steyr-Land an die Strukturstandards des Landes Oberösterreich angepasst werden. Die dafür vom SHVSE beauftragten Organisationen (Rotes Kreuz und Caritas) sind somit jene Institutionen, die eine professionelle Familiengesundheitspflege als Ergänzung ihres bisherigen Angebots anbieten könnten. Es ist daher notwendig zu analysieren, inwieweit die Familiengesundheitspflege für diese beiden Organisationen von Vorteil ist und umsetzbar wäre. Die von der Caritas angebotenen Sozialberatungsstellen könnten von den Fähigkeiten einer Familiengesundheitspflege erheblich profitieren und ihre Informations- und Beratungsverpflichtung professionalisieren.

Eine Family Health Nurse ist aufgrund ihrer Ausbildung in der Lage ein gezieltes Community Assessment (Bedarfs- und Ressourcenerhebung in Gemeinden) durchzuführen (vgl. Wild, 2010, 18). Davon würde der SHVSE profitieren, weil exakte Daten und Fakten bzgl. Pflege- und Betreuungsbedarf erhoben werden können, welche für die finanzielle Mittelverteilung wichtig sind. Für familien- und gemeindenahe Pflege- und Betreuungsangebote wäre eine Family Health Nurse als ExpertIn von Vorteil und würde zum Ausbau und Professionalisierung dieser Angebote (z.B. Tagesheimstätten) beitragen. Das in der Hauskrankenpflege tätige diplomierte Pflegepersonal könnte durch die zusätzliche Ausbildung den Familienkontext besser berücksichtigen und die Kontinuität der Hilfsleistungen verbessern. Durch eine Umstellung auf „Primary Nursing" würde eine FHN im Rahmen des interprofessionellen Primary Nursing Teams als FamilienpflegeexpterIn eine wichtige Rolle einnehmen.

Eine allgemeine Aufwertung des ambulanten Pflege- und Betreuungsbereiches (in der Grundausbildung, finanziell, Fortbildungsmöglichkeiten, etc.) ist notwendig, um den Leitspruch „ambulant vor stationär" ohne Qualitätsverlust umsetzen zu können. Welche einzelnen Schritte dafür notwendig sind zeigt der Bericht „Pflegenotstand in der mobilen Pflege" (LBIMGS, 2005).

Beim von der Caritas geforderten „4-Augen-Prinzip" im Bereich der Pflegestufeneinteilung könnte die Family Health Nurse durch ihr Wissen über die pflegebedürftige Person und ihre Familie die pflegerische Sicht optimal vertreten. Auch für zahlreiche Fort- und Weiterbildungskurse im Rahmen der Angehörigenpflege können Family Health Nurses einen großen Beitrag leisten. Das Angebot darf dennoch den anderen

privaten Anbietern in der Region nicht vorenthalten werden, da auch für diese Organisationen (z.b. Volkshilfe, Hilfswerk, etc.) eine professionelle Familiengesundheitspflege eine Angebotserweiterung ist. Ehrenamtliche Angebote (z.b. Stammtisch für
pflegende Angehörige) könnten durch aktive Beteiligungen von Family Health Nurses
ebenfalls profitieren.

Die finanzielle Vergütung der Leistungen der Familiengesundheitspflege erwies
sich schon beim Pilotprojekt in Deutschland als größte Schwierigkeit bzgl. einer langfristigen Umsetzung. Es wurde die Abgleisung ins ehrenamtliche bzw. freiberufliche
Tätigkeitsfeld befürchtet, da die Organisationen nicht bereit waren die Leistungen der
FHN zu vergüten (vgl. Eberl et al., 2008, 80-81).

Auch für den Bezirk Steyr-Land stellt sich, zusätzlich erschwert durch die ge-
nerellen unterschiedlichen Finanzierungsvarianten als Folge des föderalistischen
Systems in Österreich, die Frage nach einer möglichen Finanzierungsmöglichkeit der
Familiengesundheitspflege. Das Land Oberösterreich bekommt für die Finanzierung
der Hauskrankenpflege einen Pauschalbetrag aus dem KRAZAF (Krankenanstalten-
zusammenarbeitsfond), der auf die einzelnen Sozialversicherungsträger aufgeteilt
wird (vgl. Wild, 2000, 322). Hierbei handelt es sich allerdings nur um die kostenlose
Vergütung der medizinischen Hauskrankenpflege durch die Krankenkassen. Der
restliche Betrag wird einerseits, je nach Bedarf, auf die Sozialhilfeverbände aufgeteilt
und andererseits als Landespflegegeld verwendet. Die Gemeinden des SHVSE leisten
zudem auch einen großen finanziellen Beitrag zur Finanzierung der ambulanten
Pflege und Betreuung im Bezirk. Für eine nachhaltige Finanzierungslösung einer
Familiengesundheitspflege bedarf es demnach die notwendigen Voraussetzungen auf
Bundes-, Landes-, Bezirks- und Kommunalebene zu schaffen, um die Leistungen der
Familiengesundheitspflege anerkennen und vergüten zu können. Werden die Leistungen der Familiengesundheitspflege im stationären Bereich angeboten, muss die
Abrechnung wiederum anders erfolgen. Die Finanzierung ist demzufolge eine Hürde,
die im Vorfeld der Einführung abgeklärt werden muss. Sicherlich von Vorteil wäre
ein österreichweit einheitliches extramurales Pflege- und Betreuungssystem, ähnlich
dem Vorarlberger oder Tiroler Modell. Dies würde nicht nur bei der Finanzierung zu
Transparenz führen, sondern bundesweit geltende Qualitätsnormen für sämtliche in
der ambulanten Pflege tätigen Institutionen ermöglichen und regionale Vergleiche
zulassen. Es könnte dadurch auch eine bundesweit einheitliche Familiengesund-
heitspflegeausbildung umgesetzt werden. Ähnlich sieht das Rogner (2008, 116) für
die Einführung von Primary Nursing in Österreich.

7.4. Anstellung von Familiengesundheitspflegekräften bei Gemeinden und regionalen Gesundheits- und Sozialeinrichtungen

Die Ergebnisse der Interviews verdeutlichen, dass familien- und gemeindenahe
Versorgungsstrukturen in der ländlichen Region Steyr-Land große Relevanz haben.
Die Gemeinde und niedergelassenen HausärztInnen stellen für die Menschen jenes
Setting dar, innerhalb dem sie versorgt, gepflegt, betreut und behandelt werden möch-

ten. Die Anstellung von Familiengesundheitspflegekräften bei Gemeinden oder bei niedergelassenen HausärztInnen würde demnach das familien- und gemeindenahe Pflege- und Betreuungsangebot im Bezirk Steyr-Land professionalisieren. Ob in jeder Gemeinde eine FHN nötig ist oder ob eine FHN mehrere Gemeinden betreut, hängt davon ob, wie groß der Bedarf ist. Hierfür ist abermals eine flächendeckende Bedarfsevaluierung notwendig.

Im Rahmen einer Gemeindeanstellung kann eine FHN aufgrund ihres Fachwissens Pflegebedarfsanalysen (Community Assessments) durchführen und den Pflege- und Betreuungsbedarf auf Gemeindeebene evaluieren. Sie ist durch ihre präventive Arbeitsweise in der Lage, potentielle Pflegebedürftigkeit bzw. Familienkrisen vorzeitig zu erkennen. Dadurch können die Familien von Anfang an beraten und betreut und eine Situationsüberforderung vermieden werden, welche häufig während der Anfangsphase auftritt. Im Rahmen der Gesundheitsförderung können Familiengesundheitspflegekräfte in den Kindergärten und Schulen eine wesentliche Rolle spielen, um die junge Bevölkerung für die eigene Gesundheit, präventive Verhaltensweisen und Gesundheitsförderung zu sensibilisieren. Themenschwerpunkte wie gesunde Ernährung, Bewegung und Suchtverhalten könnten beispielsweise in Projekten umgesetzt werden. Auch Gemeindeprojekte im Rahmen der Gesundheitsförderung und Prävention könnten durch das Know How von Familiengesundheitspflegkräften profitieren. Diesbezüglich würde das Netzwerk „Gesunde Gemeinde" Oberösterreich von der Mitarbeit/Anstellung von Familiengesundheitspflegekräften profitieren.

Die Gemeinden sollten dafür einen fixen Posten zur Verfügung stellen. Eine FHN könnte sich so um die sozialen und gesundheitlichen Angelegenheiten in der jeweiligen Gemeinde kümmern und für pflegende Angehörige und andere Hilfesuchenden eine kompetente und fixe Ansprechperson sein. Gemeinsam mit den Hilfesuchenden könnte deren individuelle Situation analysiert und eingeschätzt werden und eine bedarfsgerechte Hilfe geplant, in die Wege geleitet und regelmäßig evaluiert werden. Für die Umsetzung dieser Vorhaben auf Gemeindeebene sollten Familiengesundheitspflegekräfte ein verpflichtendes parteiunabhängiges Mitspracherecht im Gemeinderat erhalten. Zudem können sie gemeindeübergreifend dem Sozialhilfeverband als Beratungsorgan dienen, regionale pflege- und betreuungsrelevante Entwicklungen beobachten und politische Entscheidungsträger darüber in Kenntnis setzen. So könnten sich Familiengesundheitspflegekräfte als ExpertInnen an der Planung und Verbesserung des ambulanten Pflege- und Betreuungsbereiches im Bezirk Steyr-Land beteiligen und kommunalpolitisch gesteuerte Gesundheits- und Pflegeversorgungsstrukturen aufgrund ihres Fachwissens mitgestalten.

Die Arbeitsstätte einer Familiengesundheitspflegekraft sollte nicht im Gemeindeamt sein, sondern direkt in der Gemeindearztpraxis, falls es die Räumlichkeiten zulassen. Zumindest während der Ordinationszeiten sollte ihnen in den Arztpraxen die Möglichkeit eingeräumt werden, vor Ort arbeiten zu können. Da GemeindeärztInnen in ländlichen Regionen hauptsächlich für die älteren Menschen die einzige gesundheitliche Versorgungseinrichtung sind, könnte so ein idealer Zugang für Familiengesundheitspflegekräfte geschaffen werden, um potentielle Gefahren wie Krisen oder Pflegebedürftigkeit frühzeitig zu erkennen. Die hilfsbedürftigen Menschen würden sich nicht mehr um alles selbst kümmern müssen, sondern bräuchten lediglich von Tür zu Tür (von Gemeindearzt zur FHN) gehen, um professionelle Beratung, Information und Betreuung zu bekommen. Dadurch könnte auch die Schnittstelle „Gemeindearzt – notwendige Pflege- und Betreuungsdienste – hilfsbedürftige Person" optimiert werden. Der regelmäßige Kontakt kann durch präventive regelmäßige Hausbesuche bzw. durch die zukünftigen Hausarztbesuche aufrecht erhalten werden.

Im Rahmen des Entlassungsmanagements könnten Familiengesundheitspflegekräfte als Case ManagerInnen arbeiten. Diesbezüglich wären sie bei regionalen Spitälern und anderen stationären Gesundheitseinrichtungen angestellt. Der Bedarf an Pflege und Betreuung, der nach Entlassung einer Person (bereits zuvor pflegebedürftig oder auch nicht) möglicherweise entstanden ist, kann dadurch frühzeitig evaluiert werden. Gerade im Entlassungsmanagement ist es wichtig auch das häusliche Umfeld der Entlassenen zu berücksichtigen. Das ist wiederum nur möglich, wenn sich die EntlassungsmangerInnen durch Hausbesuche ein Bild von der häuslichen Situation unmittelbar nach der Entlassung machen und nicht nur, wie momentan der Fall, sich die Situation durch Erzählungen der Betroffenen, ihren Angehörigen und den in Anspruch nehmenden Hilfsdiensten schildern lassen. Die EntlassungsmanagerInnen erheben den Bedarf und vermitteln bzw. koordinieren die notwendigen Pflege- und Betreuungsdienste. Durch diese Art des Entlassungsmanagements könnte man der Gefahr einer Überforderung während der Anfangsphase, bzw. bei Veränderungen der Pflegebedürftigkeit eines Familienmitgliedes, entgegenwirken. Die Interviewergebnisse zeigen, dass auch pflegende Angehörige nach einem Krankenhausaufenthalt, aufgrund der möglichen Veränderungen ihrer eigenen Leistungsfähigkeit, ebenfalls in den Fokus des Entlassungsmanagements gerückt werden müssen. So könnte vermieden werden, dass die eigene und durchaus notwendige Selbstfürsorge der pflegenden Angehörigen nach der Entlassung nicht gleich wieder ignoriert wird und das pflegebedürftige Familienmitglied nicht unmittelbar zum Lebensmittelpunkt gemacht wird. Regionale Gesundheits- und Sozialeinrichtungen, beispielsweise die Sozialberatungsstellen der Caritas, könnten, wie bereits erwähnt, von der Familiengesundheitspflege ebenfalls profitieren und ihre verpflichtende Informations- und Beratungsfunktionen professionalisieren.

7.5. Regional flächendeckende Bedarfsevaluierung

Die im Rahmen dieser Arbeit erfolgte Bedarfsermittlung stellt lediglich beispielhaft den Bedarf einer Familiengesundheitspflege dar. Für einen Bedarfsnachweis im gesamten Bezirk Steyr-Land bedarf es einer flächendeckenden Evaluierung. Die pflegenden Angehörigen aus Großraming erwiesen sich diesbezüglich als sehr gut geeignet, um beispielhaft einen bestehenden Bedarf aufzuzeigen. Sie sind es nämlich, die tagtäglich mit den Belastungen, verbunden mit der Pflegebedürftigkeit eines Familienangehörigen, konfrontiert werden und die Situation zu meistern haben.

Deshalb erscheint für eine flächendeckende Bedarfsevaluierung ein Fokus auf die pflegenden Angehörigen passend. Der Zugang zu dieser Personengruppe sollte über die vom SHVSE für die mobile Pflege und Betreuung beauftragten Organisationen (Rotes Kreuz und Caritas) erfolgen. So könnten jene pflegende Angehörige erreicht werden, die zur Unterstützung mobile Hilfsdienste beanspruchen. Zudem sollte über die Sozialberatungsstellen der Caritas in Erfahrung gebracht werden, welche Personen in der Region professionelle Beratung von den Sozialberatungsstellen bekommen. So könnten auch jene pflegende Angehörige erreicht werden, die keine bzw. noch keine mobilen Hilfs- und Betreuungsdienste in Anspruch nehmen. Ehrenamtliche Hilfsdienste, z.B. der Stammtisch für pflegende Angehörige, stellen ebenfalls einen Zugangsweg dar. Der in dieser Arbeit gewählte qualitative Forschungsansatz ist aufgrund der begrenzten Grundgesamtheit dafür nicht geeignet. Es sollten auch die Meinungen der in der Region tätigen Organisationen ihm Rahmen der mobilen Pflege und Betreuung eingeholt werden. Die Organisationsleitungen, Beratungsstellen und die in der mobilen Pflege und Betreuung arbeitenden Pflegefachkräfte (inkl. freiwillige MitarbeiterInnen) sollten diesbezüglich in die Bedarfsevaluierung miteinbezogen werden. Dafür erscheint, aufgrund der geringen Grundgesamtheit, ein qualitativer Forschungsansatz (mündliche Befragungen) als passend.

Der vom ÖBIG (2005) veröffentlichte Endbericht zur „Situation pflegender Angehöriger" stellt hierfür eine sehr gute Orientierung dar. Zudem bedarf es eines öffentlich bekannten Auftraggebers, um einerseits die Gründe der Bedarfsevaluierung für politische Entscheidungsträger (Land, Sozialhilfeverband Steyr-Land und die dazugehörigen Gemeinden) interessant zu machen und andererseits die Finanzierung der Evaluierung gewährleisten zu können. Das Land Oberösterreich, in Zusammenarbeit mit dem Roten Kreuz Steyr Land, als Vorreiter und wesentlicher Befürworter einer Familiengesundheitspflege in Österreich, wäre für diese Rolle geeignet.

7.6. Pilotprojekt als Vorstufe und Richtungsweiser

In Anlehnung an das deutsche Pilotprojekt bzgl. der Einführung einer Familiengesundheitspflege sollte auch für Österreich ein solches Pilotprojekt gestartet werden. Es kann dadurch, ähnlich wie in Deutschland, festgestellt werden, in wie weit eine Familiengesundheitspflege in Österreich überhaupt umsetzbar ist und welche konkreten Problemstellen es gibt. Vorarbeit diesbezüglich wurde bereits durch die an die österreichischen Verhältnisse adaptierte Curriculumsentwicklung geleistet. Für Oberösterreich würde sich der Bezirk Steyr-Land sicherlich sehr gut für ein Pilotprojekt eignen. In Zusammenarbeit mit dem Pflegeausbildungsstützpunkt der Gespag am Landeskrankenhaus Steyr und dem FH Campus Steyr könnte die Ausbildung während der Pilotprojektphase an einen der beiden Ausbildungsstandorte angeboten werden. Der Bedarf einer Familiengesundheitspflege, zumindest am Beispiel der Bezirksgemeinde Großraming, zeigt, dass die im Rahmen des Curriculums erarbeiteten potentiellen Handlungsfelder der Familiengesundheitspflege in Steyr-Land durchaus erprobt werden können. Das Land Oberösterreich,

der SHVSE, sowie die einzelnen Gemeinden könnten mit ihrer Zustimmung zum
Pilotprojekt auch die finanziellen Weichen für eine Durchführung stellen. Des
Weiteren sollten auch die an der Curriculumsentwicklung mitgewirkten Organisationen das Pilotprojekt unterstützen. Notwendig ist auch eine wissenschaftliche
Begleitforschung, um laufend den Ausbildungsverlauf evaluieren zu können und
Verbesserungs- bzw. Veränderungsnotwendigkeiten herauszuarbeiten. Die wissenschaftliche Begleitforschung sollte allerdings auch über die Ausbildungsdauer
hinaus weiter bestehen bleiben. Es muss evaluiert werden, wie sich die Arbeit der
zukünftigen Familiengesundheitspflegekräfte auf die Pflege- und Betreuungslandschaft im Bezirk Steyr-Land auswirkt. Nur so kann der nachhaltige Nutzen einer
Gesundheitsförderung und Prävention im Rahmen einer professionellen Familiengesundheitspflege aufgezeigt werden. Österreichische bzw. regionale Institute, welche
auch im Bereich der Pflegewissenschaft tätig sind, sollten die wissenschaftliche
Begleitforschung übernehmen.

8. Fiktives Zukunftsszenario

In Anbetracht der derzeitigen Situation bzgl. der Umsetzung einer Familiengesundheitspflege in Österreich ist dieses Betätigungsfeld derzeit leider nur eine Zukunfts-
vision. Dennoch wurde versucht, unter der Annahme, dass die zuvor gegebenen
Empfehlungen umgesetzt werden, die Arbeit einer FHN im Bezirk Steyr-Land anhand
eines fiktiven Zukunftsszenarios zu beschreiben. Es werden für dieses Vorhaben im
Einzelnen die Punkte „Jobqualifikation", „Anstellungsverhältnis", „ mögliche Tätig-
keitsbereiche" und „Arbeitsplatz" analysiert.

8.1. Jobqualifikation

Unabhängig vom jeweiligen Betätigungsfeld muss eine FHN über zahlreiche Kompetenzen verfügen um als Familiengesundheitsexpertin tätig werden zu können. Diese
sollten sich im Zuge der bisherigen Berufserfahrung und fachlichen Ausbildung
entwickeln. Zudem bedarf es zahlreicher persönlicher Kompetenzen, die eine FHN
besitzen sollte. Die folgende Tabelle soll die notwendigen Qualifikationen einer FHN
im Überblick darstellen, die idealerweise vorhanden sein sollten:

Berufserfahrung

• jahrelange Berufserfahrung
• Berufserfahrung in verschiedenen Aufgabenbereichen:
   – stationäre Pflege, inklusive Langzeitpflege, geriatrische Pflege und Palliativ-pflege
   – Hauskrankenpflege
   – Leitungsfunktion (z.B. Stationsleitung)
   – Beratungsfunktion (z.B. EntlassungsmanagerIn, Angehörigenberatung)

• Erfahrung und Wissen im Umgang mit verschiedenen Krankheitsbildern:
  – Demenz, Alzheimer
  – Alkohol-, Drogenabusus
  – Multiple Sklerose
  – spez. Kinderkrankheiten
  – pathologische zum Tod führende Krankheiten (maligne Tumore, etc.)
  – etc.

Fachliche Kompetenzen

• Gesundheits- und Krankenpflegediplom
• FHN Ausbildung
• ev. weitere hilfreiche Ausbildungen (WundmanagerIn, Palliativpflege, Stomapflege, Weiterbildung für Führungsaufgaben, etc.)
• Handling mit neuen Medien (Internet, Notebook, Handy)
• Forschungskenntnisse
• ExpertInnenwissen bzgl.:
  – gesetzlichen Richtlinien (GuKG, SV, Pflegegeld)
  – nationaler und regionaler Pflegelandschaft (ambulant und stationär)
  – Führung, Kommunikation, Konfliktmanagement und Beratung
  – Gesundheitsförderung und Prävention (Anleitung, Beratung, Durchführung)
  – Projektmanagement
  – Assessmentinstrumente (gezielte Anwendung und Evaluierung)
  – statistischen Erhebungs- und Auswertungsverfahren (für Pflege- und Betreuungsbedarfsevaluier- ungen, etc.)

Persönliche Kompetenzen
• Teamfähigkeit (inklusive Leitungs- und Führungsfähigkeit) • Flexibilität • Belastungsfähigkeit • Empathie und Beziehungsfähigkeit (aber auch Abgrenzungsfähigkeit) • komplexes Fallverstehen • diplomatische Einstellung • Offenheit (für neue evidenzbasierte Methoden) • Interesse an regionalen gemeinnützigen Projekten

Die Erfahrungen aus Deutschland und die Vorstellungen der pflegenden Angehörigen aus Großraming führen zu der Erkenntnis, dass die FHN nicht direkt von jenem Ort sein sollte, in dem sie beschäftigt ist. Dadurch soll eine gewisse Anonymität der individuellen Familiensituationen gewährleistet werden. Dieser Aspekt sollte beim Anforderungsprofil ebenfalls berücksichtigt werden.

8.2. Anstellungsverhältnis und mögliche Tätigkeitsbereiche

Die Anstellung einer FHN im Bezirk Steyr-Land könnte verschiedene Formen haben und teilweise unterschiedliche Aufgabenbereiche.

Anstellungsverhältnis	mögliche Tätigkeitsbereiche
Fixe Anstellung bei der Gemeinde In der Gemeinde wird ein fixer Posten für die FHN eingeräumt und als eine Art Sozialressort geführt. Die Gelder dafür werden von der Gemeinde selbst aufgebracht. Die FHN bekommt ein parteiunabhängiges Gemeinderatmandat um Gemeindevorhaben mitentscheiden zu können. *Fixe Anstellung beim niedergelassenen Hausarzt oder freiberufliche Tätigkeit* Die FHN arbeitet eng mit dem Hausarzt zusammen und ist für sämtliche pflegerische Belange in der Praxis zuständig. Sie ist entweder direkt beim Hausarzt angestellt, oder frei beruflich tätig und führt eine Art Gemeinschaftspraxis mit dem Gemeindearzt.	• regelmäßige Pflege- und Betreuungsbedarfsevaluierung • Informationsmanagement (kontinuierliche und zielgruppengerechte Informationsweitergabe bzgl. aktuellem ambulanten Pflege- und Betreuungsangebot) • Beratungsfunktion (Familienberatung/Angehörigenberatung, etc.) • Projektmanagement (Planung, Durchführung und Evaluierung von gesundheitsrelevanten gemeindeinternen oder gemeindeübergreifenden regionalen Projekten; z.B. gesunde Ernährung in der Schule und im Kindergarten, etc.) • Unterstützung und Koordinierung der ehrenamtlichen Hilfsdienste (Stammtisch für pflegende Angehörige, Essen auf Räder, etc.) • Mitarbeit beim Aus- und Aufbau von gemeindenahen Pflegearrangements (betreutes Wohnen, Tagesbetreuungsstätten, etc.) • Planung und Vermittlung von notwendigen Pflege- und Betreuungsdiensten für hilfsbedürftige Familien • Pflegeabstimmungsgespräch mit benötigten Hilfsdiensten (gemeinsam mit den Familien) vor Beginn der Pflege- und Betreuungstätigkeit • regelmäßige (oder auf Anfrage) Situationsgespräche mit Familien mit einem pflegebedürftigen Familienmitglied • interdisziplinäre Zusammenarbeit mit Hausarzt, Rotem Kreuz, Caritas, Krankenhäusern (Entlassungsmanagement) und anderen Akteuren im ambulanten Setting • Hilfe bei Amts-/Behördenwege • Vertretung des Pflegestandpunktes bei der Pflegestufeneinteilung (4-Augen-Prinzip[5]) • Vertretung der Gemeindeinteressen beim SHVSE aufgrund des ExpertInnenwissen • Sensibilisierung der Gemeinde für Gesundheitsförderung und Prävention
Fixe Anstellung beim den vom SHVSE beauftragten ambulanten mobilen Diensten Die FHN ist beim Roten Kreuz Steyr-Land oder bei der Caritas Oberösterreich angestellt.	• Professionalisierung eines zielgruppenorientierten Beratungsmanagements (Sozialberatungsstellen, etc.) • Informationsmanagement (zielgruppenorientierte Vorträge über Pflegeangebot, finanzielle und rechtliche Möglichkeiten, adäquate Wahl der Werbepositionierung, etc.) • Auf- und Ausbau des organisationsspezifischen ambulanten Pflege- und Betreuungsangebotes

---

[5] Beim 4-Augen-Prinzip im Rahmen der Pflegegeldeinstufung sollen Arzt und diplomierte Pflegeperson gemeinsam die Einstufung vornehmen. Durch die zusätzliche Beurteilung aus pflegerischer Sicht können die tatsächliche Situation und der notwendige Betreuungsbedarf des pflegebedürftigen Menschen korrekt erfasst werden (vgl. Caritas, 2009).

Fixe Anstellung bei anderen nicht vom SHVSE beauftragten ambulanten Dienste Die FHN ist bei einer privaten Organisation (z.B. Hilfswerk, Volkshilfe) angestellt.	• regionale Pflege- und Betreuungsbedarfsevaluierung • Forcierung der interdisziplinären Zusammenarbeit (FamilienexpertIn im Rahmen eines Primary Nursing Teams) • Vertretung der Organisationsinteressen auf landespolitischer Ebene • Sensibilisierung der Institutionen für Gesundheitsförderung und Prävention
Fixe Anstellung direkt beim SHVSE Die FHN ist direkt beim SHVSE angestellt und fungiert als eine Art Stabstelle.	• Mitspracherecht und Beteiligung bei Planung, Aus- und Aufbau des ambulanten Pflege- und Betreuungsangebotes (basierend auf einer kontinuierlichen regionalen Bedarfsevaluierung) • Beratungsfunktion für die im SHVSE vertretenen Gemeinden, Alten- und Pflegeheime • Sensibilisierung des SHVSE und der landespolitischen Entscheidungsträger für Gesundheitsförderung und Prävention
Fixe Anstellung beim Verein „Gesunde Gemeinde" Oberösterreich Die FHN ist beim Verein „Gesunde Gemeinde" Oberösterreich angestellt. Ihre Arbeit wird somit vom Land Oberösterreich finanziert.	• Aus- und Aufbau des vereinsinternen ehrenamtlichen Angebotes • Projektmanagement (Beratung, Durchführung und Evaluierung von gemeindeinternen bzw. gemeindeübergreifenden regionalen Gesundheitsprojekten) • Forcierung des ehrenamtlichen Engagements • Professionalisierung der Zusammenarbeit von ehrenamtlichen und professionellen Pflege- und Betreuungshilfsdiensten • Sensibilisierung der Bevölkerung für Gesundheitsförderung und Prävention

8.3. Arbeitsplatz

Ein adäquater Arbeitsplatz ist Grundvoraussetzung für das professionelle Arbeiten einer FHN. Unabhängig wo die FHN angestellt ist, benötigt sie für ihre Arbeit verschiedene Informationstechnologien. Dazu zählen Laptop mit mobilen Internetzugang, Handy und Digitalkamera. Mit Hilfe dieser Geräte ist die FHN ortsunabhängig und kann unter anderem bei Beratungsgesprächen mit Familien direkt vor Ort Informationen für die spezifischen Situationen via Internet (aus Wissens- und Informationsdatenbanken) darlegen und gemeinsam mit den Familien besprechen. Zudem benötigt eine FHN einen fixen Arbeitsplatz (Büro), um ihre zahlreichen anderen Tätigkeiten (Bedarfsevaluierungen, Gesundheitsprojekte, etc.) durchführen zu können. Je nachdem bei welcher Institution die FHN angestellt ist, kommen dafür unterschiedliche Lokalitäten in Betracht (Gemeindeamt, Praxis des Hausarztes, regionale Hauptdienststelle des Roten Kreuz oder der Caritas, SHVSE Geschäftssitz, Vereinsniederlassung der „Gesunden Gemeinde" Oberösterreich). Ein Firmen-PKW, bedingt durch die vielen außerbürolichen Tätigkeiten, sollte ebenfalls zu Verfügung stehen.

9. Diskussion und Aussicht

Für eine erfolgreiche Implementierung einer professionellen Familiengesundheitspflege in Österreich sind zahlreiche Maßnahmen notwendig. Derzeit ist es leider wieder still geworden um diese Thematik, obwohl sich die PflegeexpertInnen darüber einig sind, dass die Familiengesundheitspflege das zu wenig ausgeschöpfte Betätigungsfeld der Gesundheitsförderung und Prävention im ambulanten Bereich forcieren und professionalisieren kann. Das konzipierte Zukunftsszenario bestätigt diese Annahme. In Anbetracht des demographischen Wandels müssen neue Versorgungskonzepte für das familien- und gemeindenahe Setting geschaffen werden um eine qualitativ hochwertige Pflege aufrecht erhalten zu können. Die Adaptierung des WHO Konzeptes der Family Health Nurse auf nationale Gegebenheiten und die Curriculumsentwicklung waren wichtige und große Schritte hin zu einer Implementierung einer professionellen Familiengesundheitspflege in Österreich. Die Weichen müssen allerdings die politischen Entscheidungsträger stellen.

Die Pflegewissenschaft etabliert sich zunehmend in Österreich und treibt eine kontinuierliche, wissenschaftlich fundierte Professionalisierung der Pflege voran. Vor allem der ambulante Pflege- und Betreuungsbereich mit seiner noch relativ jungen Geschichte wird davon wesentlich profitieren.

Eine professionelle Familiengesundheitspflege in Österreich wäre sicherlich der richtige Schritt um die Versorgungslücke im familien- und gemeindenahen Setting zu schließen und die Gesundheitsförderung und Prävention im Bereich der Pflege zu professionalisieren. Demnach darf eine professionelle Familiengesundheitspflege in Österreich nicht nur eine Zukunftsversion bleiben, sondern muss als fixer Bestandteil in das österreichische Pflegesystem integriert werden.

Literatur

Arbeitskreis CdLS (2010): Faltblatt über allgemeine Informationen zum Cornelia de Lange Syndrom. http://www.corneliadelange.de/faltblatt.pdf (13.2.2010).
Bamm E. L., Rosenbaum P. (2008): Family-Centered Theory: Origins, Development, Barriers and Supports to Implementation in Rehabilitation Medicine. Archives of Physical Medicine and Rehabilitation, 89, 1618-1624.
Born G., Mertens E., Bartmann K. (2002): Pflegende Angehörige. Balance zwischen Fürsorge und Entlastung. Verbraucher-Zentrale Nordrhein-Westfalen e. V., Düsseldorf.
Caritas (2009): Caritas fordert das 4-Augen-Prinzip für optimale Pflegegeldeinstufung. Presseaussendung vomDezember 2009. http://www.ots.at/presseaussendung/OTS_20091223_OTS0068/caritas-fordert-4-augen-prinzip-fuer-optimale-pflegegeldeinstufung (27.8.2010).
Chorherr T. (2007): Hilfe, wer pflegt mich? Fakten, Standpunkte, Perspektiven. Verlag Carl Ueberreuter, Wien.
Danzinger A., Götz H., Rieder J., Unterberger I. (Hrsg.)(2000): Bausteine der Gesundheits- und Krankenpflege. Aus der Praxis für die Praxis. Verlag Wilhelm Maudrich, Wien.
Degner M. (1997): Die gesellschaftspolitische Rolle der Krankenpflege im Nationalsozialismus. Heimarbeit aus dem Fach Berufskunde, Campus für Alten- und Krankenpflege

an der Hans-Weinberger-Akademie, München. http://www.klinikum.uni-muenchen.
de/Campus-fuer-Alten-und-Krankenpflege/download/inhalt/Berufskunde/National-
sozialismus.pdf (3.3.2010).

Eberl I., Schnepp W. (2008): Abschlussbericht – Die multizentrische Pilotstudie der WHO
zur Family Health Nurse. Eine Untersuchung über die Machbarkeit der Familiengesundheitspflege in Deutschland. Lehrstuhl für familienorientierte und gemeindenahe
Pflege in Witten/Herdecke. Im Auftrag des Deutschen Bundesverband für Pflegeberufe
e. V. (DBfK). http://www.familiengesundheitspflege.de/ files/assets/FHN%20Abschl
ussbericht%20Uni%20Witten%202008-08-21.pdf (7.3.2010).

Flick U., Von Kardoff E., Steinke I. (Hrsg.)(2009): Qualitative Forschung. Ein Handbuch.
7. Auflage, Rowohlt Taschenbuch Verlag, Reinbeck bei Hamburg.

Gehring M. (2001): Familie – eine Begriffsdefinition. In: Gehring M., Kean S., Hackmann
M., Büscher A. (Hrsg.): Familienbezogene Pflege. Verlag Hans Huber, Bern, 15-32.

Gehring M., Kean S., Hackmann M., Büscher A. (Hrsg.)(2001): Familienbezogene Pflege.
Hans Huber, Bern.

Hackmann M. (2001): Zur Geschichte der Gesundheitsförderung in der ambulanten Pflege.
In: Gehring M., Kean S., Hackmann M., Büscher A. (Hrsg.): Familienbezogene Pflege.
Hans Huber, Bern, 209-219.

Hagauer S. (2010): Familiengesundheitspflege als Erweiterung der Pflege zu Hause im Bezirk
Steyr-Land (OÖ). Eine Bedarfsanalyse am Beispiel von pflegenden Angehörigen aus der
Gemeinde Großraming mit Empfehlungen für die Umsetzung im Bezirk Steyr-Land.
Diplomarbeit, Universität Wien. www.oegkv.at/publikationen/abschlussarbeiten/di-
plomarbeiten.html (20.11.2010).

Hasseler M., Meyer M. (Hrsg.)(2004): Ambulante Pflege: Neue Wege und Konzepte für
die Zukunft. Professionalität erhöhen – Wettbewerbsvorteile sichern. Schlütersche,
Hannover.

Kean S. (2001): Family Nursing – Was ist das? In: Gehring M., Kean S., Hackmann M.,
Büscher A. (Hrsg.): Familienbezogene Pflege. Verlag Hans Huber, Bern, 47-63.

Kollak I. (2004): FHN – Internationale Beispiele gelungener häuslicher Versorgung. In:
Hasseler M., Meyer M. (Hrsg.): Ambulante Pflege: Neue Wege und Konzepte für die
Zukunft. Professionalität erhöhen – Wettbewerbsvorteile sichern. Schlütersche, Han-
nover, 85-108.

Land Oberösterreich, Direktion Soziales und Gesundheit, Abteilung Soziales (2008):
Oberösterreichischer Sozialbericht 2008. Online unter http://www.ooe.gv.at/cps/rde/
xbcr/SID-355B1567-4D35EF72/ ooe/sozialbericht08_kap01.pdf (15.10.2009).

LBIMGS – Ludwig-Boltzmann Institut für Medizin- und Gesundheitssoziologie (2005):
Pflegenotstand in der mobilen Pflege? Diagnosen und Lösungsmöglichkeiten.

Mayer H. (2007): Pflegeforschung anwenden. Elemente und Basiswissen für Studium und
Weiterbildung. 2. aktualisierte und überarbeitete Auflage, Facultas Universitätsverlag,
Wien.

Mayring P. (2008): Qualitative Inhaltsanalyse. Grundlagen und Techniken. 10. Auflage,
Belz Verlag, Weinheim und Basel.

Mayring P. (2009): Qualitative Inhaltsanalyse. In: Flick U., Von Kardoff E., Steinke I. (Hrsg.):
Qualitative Forschung. Ein Handbuch. 7. Auflage, Rowohlt Taschenbuch Verlag, Reinbeck bei Hamburg, 468-475.

ÖBIG – Österreichisches Bundesinstitut für Gesundheitswesen (2005): Situation pflegender Angehöriger. Endbericht. Im Auftrag des Bundesministeriums für soziale
Sicherheit, Generationen und Konsumentenschutz. http://www.bmsk.gv.at/cms.
site/attachments/9/0/6/CH0184/CMS1229093595174/situation_pflegender_angehö-
riger.pdf (26.3.2010).

Österreichische Bundesregierung (2008): Regierungsprogramm für die XXIV. Gesetzgebungsperiode. Präambel Regierungsprogramm 2008 – 2013. Gemeinsam für Österreich. http://images.derstandard.at/2008/11/23/ regierungsprogramm.doc (25.11.2008).

Rogner M. (2008): Primary Nursing im ambulanten Setting – eine Chance für Österreich? Diplomarbeit, Universität Wien.

Rotes Kreuz Österreich (2008): To Do-Liste für Österreich. http://www.roteskreuz.at/ fileadmin/user_upload /PDF/Gesellschaftspolitik/Anliegen_Bundesregierung_FI-NAL__2_.pdf (18.11.2008).

WHO – Regionalbüro für Europa (2000): Die Familien-Gesundheitsschwester. Kontext, Rahmen und Curriculum. http://www.seeeducoop.net/education_in/pdf/family_health_nurse-oth-grm-t06.pdf (17.11.2009).

Wild M. (2000): Hauskrankenpflege in Österreich. Vom Aschenputtel zur Königstochter? In: Danzinger A., Götz H., Rieder J., Unterberger I. (Hrsg.): Bausteine der Gesundheits-und Krankenpflege. Aus der Praxis für die Praxis. Verlag Wilhelm Maudrich, Wien, 320-324.

Wild M. (2007): Pflege (in) der Familie – Umsetzung der Family Health Nurse in Österreich. Österreichische Pflegezeitschrift, 60, 10, 18-23.

Wild M. (2008): Gesundheitsförderung im Alter. Gesundheitsförderung ein neues Handlungsfeld für die Pflege? http://www.oeph.at/docs/Linz2008/Wild.pdf (20.03.2010).

Wild M. (2010): Public Health als Handlungsfeld für die Pflege. Österreichische Pflegezeitschrift, 63, 1, 15-19.

Das diabetische Fußsyndrom

MARKUS DUFT
WIEN

1. Einleitung

Im Jahr 2004 wurde der erste Österreichische Diabetesbericht erstellt der folgende Schätzungen enthält. In Österreich waren zu diesem Zeitpunkt etwa 450.000 bis 500.000 Menschen von der Erkrankung eines Diabetes Mellitus betroffen (1). Es stellt sich die Frage, welcher an Diabetes erkrankte Patient an einem diabetischen Fußsyndrom (DFS) leidet bzw. was Mediziner und diplomierte Gesundheits- und Krankenpflegepersonen unter dem Diabetischen Fußsyndrom verstehen? Erst eine einheitliche, verständliche Definition dieses komplexen Krankheitsbildes ermöglicht es allen medizinischen Dienstleistern und Behandlern entsprechend abgestimmte Therapie- und Behandlungskonzepte für einen Patienten zu erstellen und diese umzusetzen. Schon 1998 wurde eine Klassifikation entwickelt die leider noch immer nicht ihren flächendeckenden Einzug in den klinischen Arbeitsalltag gefunden hat. Basierend auf der Definition der Weltgesundheitsorganisation wird unter einem DFS eine Infektion, Ulzeration und/oder Destruktion tiefen Gewebes, die mit neurologischen Auffälligkeiten und verschiedenen Graden einer peripheren arteriellen Verschlusskrankheit in der unteren Extremität einhergeht, verstanden (2). Vereinfacht gesagt wird unter einem DFS jede pathologische Veränderung an den Füßen, sowohl am Fußskelett, wie auch an den Fußweichteilen verstanden, welche begünstigt oder verstärkt durch Diabetes auftritt. Etwa 15-20% aller Diabetespatienten erleiden im Laufe ihrer Erkrankung Fußläsionen, die leider sehr oft anfangs bagatellisiert werden und in einer Amputation enden (3). Aus diesem Grund ist es wichtig die „Innere Wunde", den Grund für eine Äußere Wunde, zu finden, um durch Einleitung einer entsprechenden kausalen medizinischen Behandlung die Zielsetzung der Weltgesundheitsorganisation und der Internationalen Diabetes Föderation aus dem Jahr 1989, der sogenannten St. Vincent Deklaration, dem Beinerhalt, zu entsprechen.

Pathogenese des diabetischen Fußsyndroms

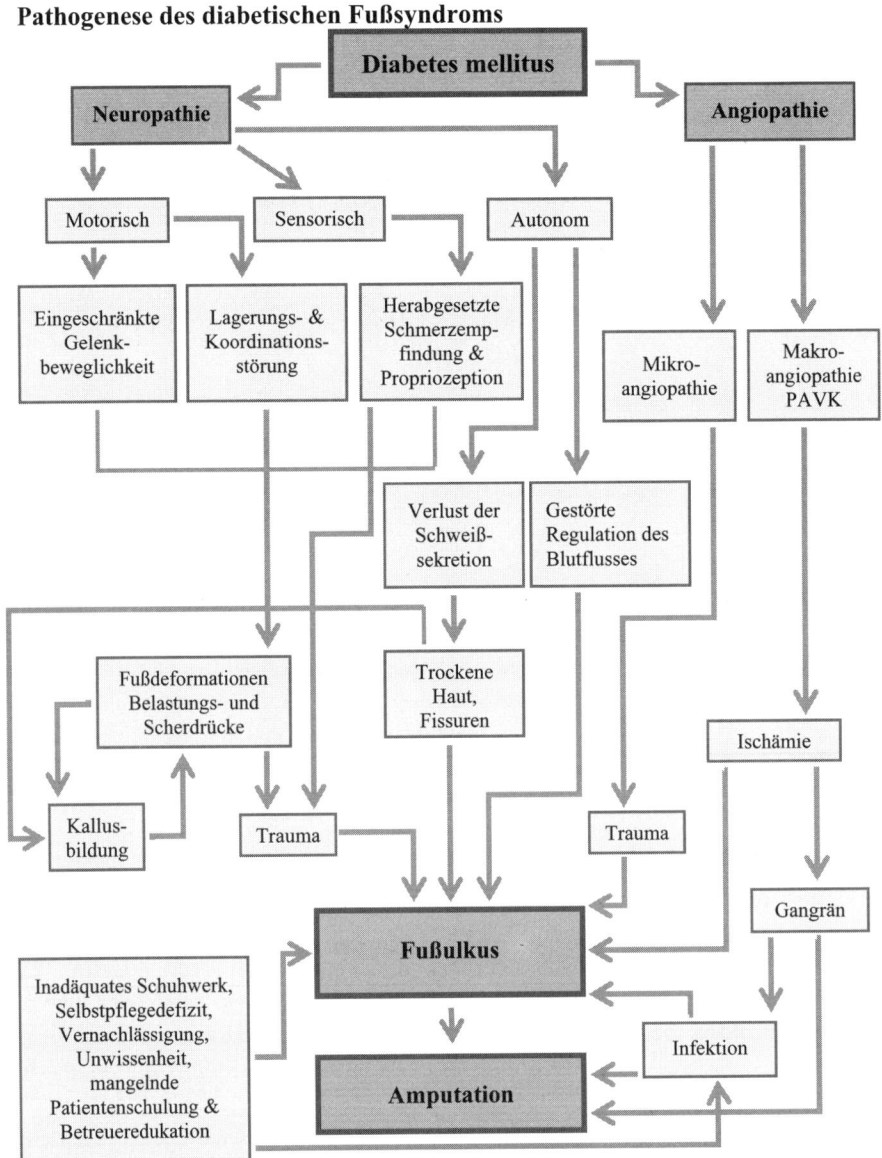

Abbildung 1: **Pathogenese der diabetischen Fußulzeration**
Modifiziert von M. Duft nach Spraul M. (Hrsg.)(1999): Internationaler Konsensus über den Diabetischen Fuß / Internationale Arbeitsgruppe über den Diabetischen Fuß. Verlag Kirchheim, Mainz, 39.
Online http://www.ag-fuss-ddg.de/download/DiabetischerFuss.pdf (15.12.2011).

2. Pathogenese des diabetischen Fußsyndroms

Die Pathogenese des diabetischen Fußsyndroms ist eine multifaktorielle. Sie gründet auf das Zusammenspiel gleichzeitig auftretender Pathologien, die sich über Jahre als Folge des Diabetes Mellitus entwickeln. Neuere Untersuchungen zeigen, dass die diabetische Neuropathie in Kombination mit erhöhten plantaren Drücken die Hauptursache der Entwicklung des diabetischen Fußes ist. In fast 2/3 der Fälle ist eine Neuropathie allein für die Genes eines DFS verantwortlich. Nur in bis zu 20% ist ausschließlich eine periphere arterielle Verschlusskrankheit (pAVK), in 25% eine Kombination von Neuro- und Angiopathie als auslösendes Moment der diabetischen Plantarulzeration nachweisbar (4, 5, 6, 7)(siehe Abb. 1).

Die PAVK manifestiert sich bei Patienten mit Diabetes typischerweise an den distalen Unterschenkelarterien. Man unterscheidet bei der Neuropathie eine motorische, sensorische und peripher autonome Komponente (8, 9). Die motorische Neuropathie bewirkt eine gestörte Innervation der Skelettmuskulatur, die zu einer Atrophie der selbigen führt. Häufig überwiegt die Atrophie der kleinen Fußmuskeln und der Binnenmuskulatur. Die Innervation der Extensoren überwiegt über die der Flexoren was zu einer Fehlstellung der Zehen im Sinne einer Krallen- und Hammerzehenbildung führt. Es resultiert eine Instabilität der Fußarchitektur, die eine Fußdeformation und eine Veränderung der Belastungsschwerpunkte des Fußes beim Gehen bedingt. Am Fuß eines Diabetikers finden sich typische gefährdete Stellen (siehe Abb. 2). Der Körper bekämpft diese Druckspitzen mit der Bildung von Hyperkeratosen, die zu einem Malum perforans führen können (siehe Abb. 3).

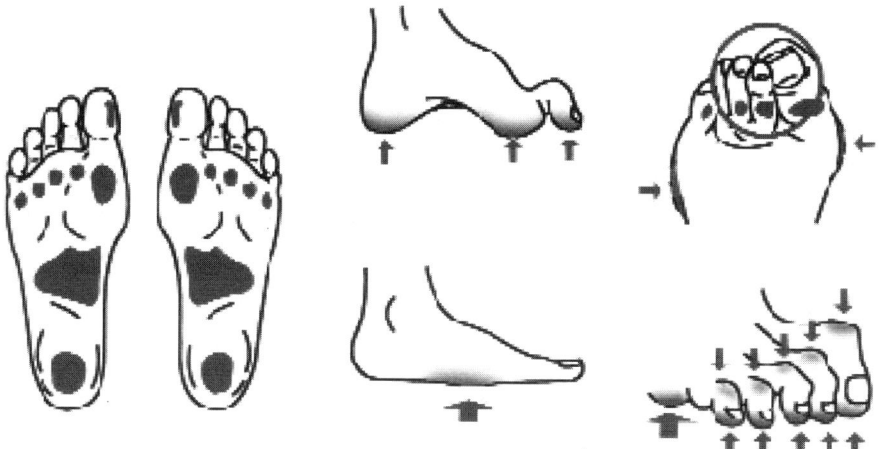

Abbildung 2: **Gefährdete Stellen am Fuß eines Diabetikers**
Quelle: Apelqvist J., Bakker K., van Houtum W. H. et al. (2008): Practical guidelines on the management and prevention of the diabetic foot: based upon the International Consensus on the Diabetic Foot (2007) Prepared by the International Working Group on the Diabetic Foot. Diabetes Metab Res Rev, 24, Suppl. 1, 181-187.

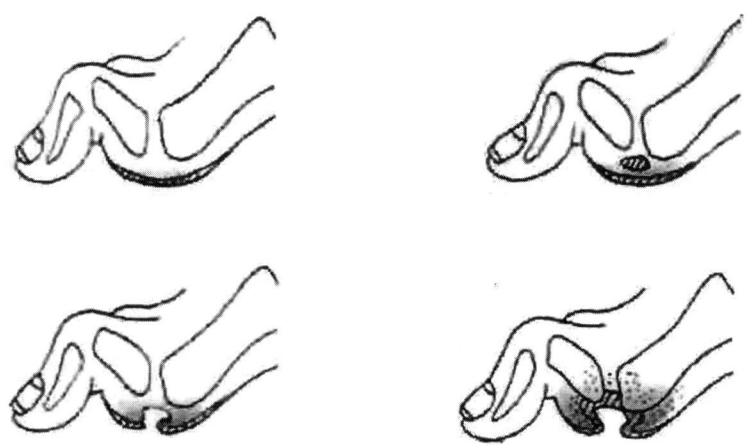

Abbildung 3: **Entstehung eines Malum perforans**
Quelle: www.sgedssed.ch/fileadmin/files/dokumente/Diabetischer_Fuss.pdf (15.12.2011).

Unter der Hyperkeratose bildet sich ein subcutan gelegenes Hämatom, welches sich an die Oberfläche wühlt. Das Ulcus ist geboren und der Weg für eine Infektion tiefgelegener Strukturen, dem Knochen ist frei. Es resultieren chronische Knocheninfektionen. Aufgrund der sensorischen Neuropathie verliert der Patient seine Schmerzempfindung und erhält keine oder eine falsche Information von seinen Füßen. Aus diesem Grund werden kleine Verletzungen, zu enge Schuhe die Druckstellen verursachen, Kälte bzw. Wärme nicht adäquat oder gar nicht wahrgenommen und die körpereigenen Schutzfunktionen versagen. Das Konzept des Leibesinselschwundes (10), der „Kopflose Fuß" erklärt anschaulich warum ein Patient seine Fußprobleme nicht wahrnehmen kann. Zusätzlich macht sich die sensorische Neuropathie durch Missempfindungen vor allem in Ruhe bzw. nachts bemerkbar. Diese manifestiert sich in Form von Brennen, Stechen, Kribbeln, Ameisenlaufen oder Taubheitsgefühlen in den Füßen bzw. im Bereich der Unterschenkel. Durch die autonome Neuropathie kommt es zu einer Verminderung der Schweißsekretion. Die Haut trocknet aus, wird rissig, der Säureschutzmantel der Haut versagt und es eröffnen sich Eintrittspforten für Bakterien. Zusätzlich führt die periphere autonome Neuropathie zu einer Vasomotorenlähmung mit Eröffnung von arterio-venösen Shunts. Die Folge ist eine lokale Hyperperfusion der Knochen die zu einer Entmineralisierung und somit verringerten Belastbarkeit des Knochens führt. Hieraus folgen Frakturen und Deformationen. Diese Störung des Knochenstoffwechsels verläuft progressiv und führt zu primär aseptischen Knochennekrosen. Diese Sonderform des DFS wird als diabetische-neuropathische Osteoarthropathie DNOAP (Synonym Charcot Arthropathie) bezeichnet welche oft aufgrund ihrer klinischen Symptomatik Erythem, Ödem und Hyperthermie fälschlich als akute Infektion wahrgenommen und fehlerhaft behandelt wird. Liegt zusätzlich eine pAVK vor ist die typische belastungsabhängige Schmerz-Symptomatik, die Claudicatio intermittens, bei gelichzeitiger Neuropathie stark abgeschwächt oder fehlend.

Die reduzierte Sauerstoffversorgung des Gewebes führt zu einem Gewebsuntergang, einer Nekrosenbildung an den Akren, an nicht belasteten Stellen wie den Fußrücken oder den Zwischenzehenräumen. Des Weiteren begünstigt sie die Entstehung einer Wundinfektion und verzögert die Wundheilung von banalen nicht bemerkten Bagatelltraumen. Barfußgehen, enge Schuhe und nicht fachgemäße Fuß- und Nagelpflege sind oft in der Anamnese als auslösende Faktoren eines nicht heilenden Fußulcus erhebbar.

Die stadiengerechte, die Pathogenese berücksichtigende Einteilung, modifiziert nach Wagner/Amstrong (siehe Abb. 4) hat sich bewährt, da sie nicht nur einen Anhaltspunkt für den Schweregrad des DFS, sondern auch für die notwendige Abklärung und Therapie liefert. Berücksichtigt wird in dieser Klassifikation das Ausmaß des Gewebsschaden. Dieser wird nach der modifizierten Wagnergraduierung in Grad 0 bis Grad 5 unterschieden.

	0	1	2	3	4	5
A	prä- oder postulceröse Läsion	oberflächliche Wunde	Wunde bis zur Ebene von Sehne oder Kapsel	Wunde bis zur Ebene von Knochen oder Gelenk	Nekrose von Fußteilen	Nekrose des gesamten Fußes
B	mit Infektion	mit Infektion	mit Infektion	mit Infektion	mit Infektion	mit Infektion
C	mit Ischämie	mit Ischämie	mit Ischämie	mit Ischämie	mit Ischämie	mit Ischämie
D	mit Infektion & Ischämie	mit Infektion & Ischämie	mit Infektion & Ischämie	mit Infektion & Ischämie	mit Infektion & Ischämie	mit Infektion & Ischämie

Abbildung 4: **Wagner/Amstrong Klassifikation**
Eckardt A., Lobmann R. (2005): Der diabetische Fuß; Interdisziplinäre Diagnostik und Therapie. Springer, Berlin, 8.
Amstrong D. G., Lavery L. A., Harkless L. B. (1998): Validation of a Diabetic Wound Classification System. Diabetes Care, 21, 855-859. http://care.diabetesjournals.org/content/21/5/855.full.pdf (15.12.2011).
Wagner F. W. (1981): The dysvascular foot: a system for diagnosis and treatment. Foot & Ancle, 2, 64-122.

Grad 0 beschreibt einen Risikofuß, eventuell mit Deformation, jedoch liegen keine offenen Läsionen vor

Grad 1 beschreibt eine oberflächliche Läsion

Grad 2 beschreibt eine tiefe, bis zur Gelenkskapsel, Sehnen oder Knochen reichende Läsion

Grad 3 beschreibt eine tiefe Ulzeration mit Abszess, Osteomyelitis

Grad 4 beschreibt eine begrenzte Nekrose im Vorfuß- oder Fersenbereich

Grad 5 beschreibt eine Nekrose des gesamten Fußes

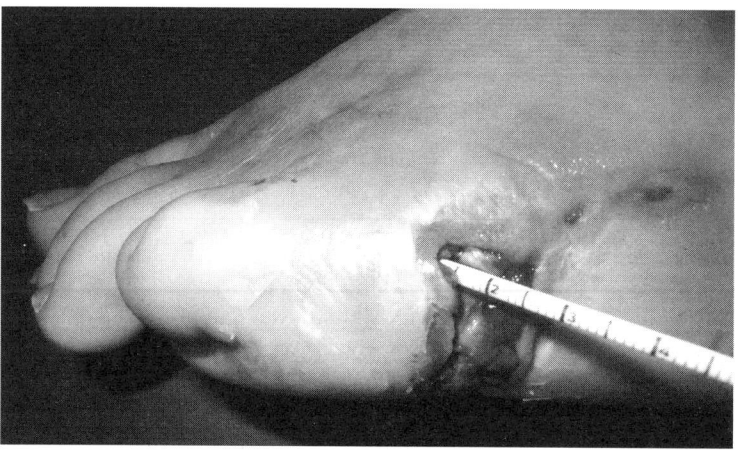

Abbildung 5: **Probing to bone – Knochen im Wundgrund tastbar?**

Um die Tiefenausdehnung bestimmen zu können ist das probing to bone notwendig, welches nach Nekrektomie vorgenommen werden muss. Bei einer positiven probing to bone ist eine Knocheninfektion anzunehmen (15)(siehe Abb. 5).

Durch die Ergänzung der Erfassung von Ischämie und Infektion wird die Klassifikation um Armstrong erweitert.

Armstrong A beschreibt ein unkompliziertes Stadium
Armstrong B beschreibt eine Infektion
Armstrong C beschreibt eine Ischämie
Armstrong D beschreibt eine Infektion und Ischämie

Die Erkennung einer Wundinfektion ist aufgrund der diabetischen Stoffwechsellage erheblich erschwert. Die Kardinalsymptome einer lokalen Entzündung sind aufgrund der Neuropathie nicht verlässlich. Die subtile Wunddiagnostik bzw. -beschreibung kann helfen eine Wundinfektion zu erkennen. Eine Zunahme der Exsudatvolumina bzw. eine Veränderung der Exsudatqualität (Geruchsentwicklung, grünliche Farbe) sprechen für einen Wundinfekt. Bei 2/3 der Diabetespatienten fehlen selbst bei schweren Wundinfektionen die typischen Infektionszeichen Fieber, Schüttelfrost und Leukozytose. Einen wichtigen Hinweis auf eine bedrohliche Infektion ist die Hyperglykämie – der „verrückt spielende" Blutzucker – trotz einhalten der Diabetesdiät und der korrekten Medikation.

Die klinischen Zeichen, die an eine Ischämie denken lassen sind Blässe, Zyanose, Hypothermie, Haarverlust, akrale trockene Nekrosen. Belastungsabhängige Schmerzen, Ruheschmerzen oder Schmerzlinderung bei Tieflagerung der Extremität sind aufgrund einer möglichen vorliegenden Neuropathie keine sicheren Kriterien für eine pAVK. Die Ischämie des Fußes kann durch einfaches Erheben des Pulsstatus der

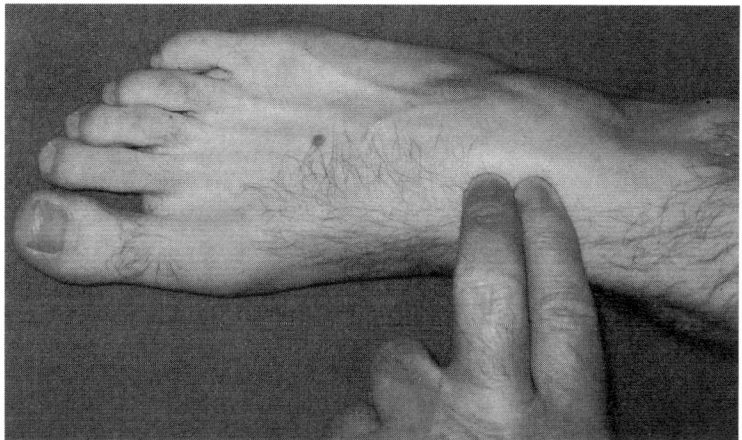

Abbildung 6a: **Palpation des Arteria dorsalis pedis-Pulses**

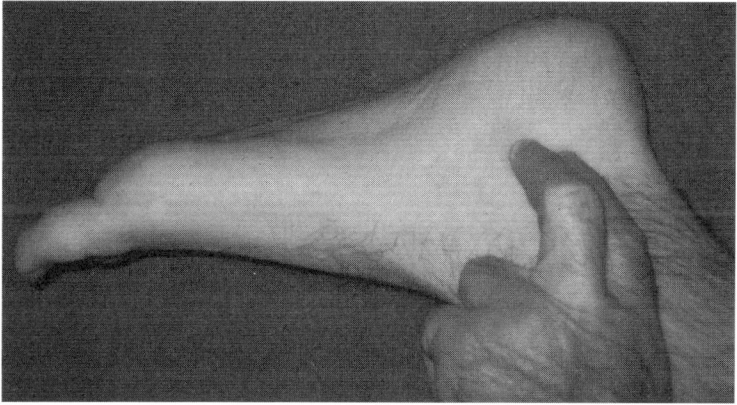

Abbildung 6b: **Palpation des Arteria tibialis posterior-Pulses**

Extremität abgeschätzt werden. Das Fehlen eines Arteria dorsalis pedis-Pulses (Abb. 6a) und eines Arteria tibialis posterior-Pulses (Abb. 6b) ist ein sicherer Hinweis für das Vorhandensein einer signifikanten arteriellen Insuffizienz. Das Vorhandensein eines positiven Arteria Poplitea-Pulses bei fehlenden Fußpulsen schließt eine relevante distale Durchblutungsstörung bei Diabetes mellitus nicht aus, und bedarf weiterer apparativer Abklärung (12).

3. Therapie des diabetischen Fußsyndroms

Die Behandlung eines, an einem diabetischen Fußsyndrom leidenden Diabetikers, ist aufgrund der multifaktoriellen Genese eine klassische interdisziplinäre Herausforderung. Ziel der Behandlung muss die Detektion der Inneren Wunde sein, die zu einer Wunde am Fuß führt. Erst nach Erkennung der selbigen kann ein entsprechendes Therapiekonzept erstellt werden. Handelt es sich gemäß Wagner/Armstrong um eine Mischform aus Infektion und Ischämie, erfolgt gemäß dem IRAN Therapiekonzept (Infektsanierung, Revaskularisierung, Amputation, Nachsorge) die Behandlung. Die erste Maßnahme bei Abszessen oder Phlegmonen ist die chirurgische Infektkontrolle. Diese sollte großzügig erfolgen, aber nachfolgende Maßnahmen wie orthopädische Fußrekonstruktionen oder eine mögliche Revaskularisation auf die Fußarterien nicht unmöglich machen (12, 13). Nach der chirurgischen Infektkontrolle bzw. dem Wunddébridement richtet sich das lokale Therapiekonzept nach den TIME Prinzipien (14). Bestandteil der Infektsanierung ist auch die Ruhigstellung der betroffenen Extremität. Erst nach erfolgter Infektsanierung und Revaskularisation der Extremität durch eine transluminale Therapie – PTA mit oder ohne Stentimplantation, oder eine gefäßchirurgische Sanierung – Bypassrekonstruktion sollte wenn möglich eine orthopädische Fußrekonstruktionen, oder wenn notwendig, eine Amputation vorgenommen werden. Hierbei wird eine Minor- von einer Majoramputation unterschieden. Bei rein neuropathischen Fußläsionen oder der Charcot Arthropathie, ist das sogenannte Off Loading, die konsequente Druckentlastung des diabetischen neuropathischen Fußes, ein weiteres Grundprinzip der interdisziplinären Behandlungsstrategie. Die Ruhigstellung der betroffenen Extremität erfolgt mittels Unterschenkelgips, Voll-Kontaktgips aber auch der aktiven Bettruhe. Die dauerhafte Druckentlastung der Extremität wird durch entsprechende Versorgung mit orthopädieschuhtechnisch adaptierter Fußbettung nach Maß, mit dämpfenden Materialien in Sandwich-Bauweise erreicht. Maßschuhanfertigungen sind bei ausgeprägten Fuß- und Zehenfehlstellungen angezeigt. Bei schwerwiegenden Achsenfehlstellungen, Instabilitäten, abgeheilten Ulzerationen oder nach orthopädischer Fußrekonstruktion ist eine hochschaftige Versorgung des Fußes indiziert. Im Rahmen der Nachsorge müssen regelmäßig Füße auf neue Läsionen, Schuhe und Fußbettung auf Materialverschleiß kontrolliert und etwaige notwenige Nachbesserungen bei geänderter Statik entsprechend dem Fußbefund vorgenommen werden. Die effiziente Stoffwechseloptimierung mit normnahen Blutzuckerwerten, die Zuckereinstellung, ist als Basis der Behandlung energisch zu verfolgen. Im Rahmen der strukturierten Patientenedukation, ist die Entwicklung von Bewältigungsstrategien für die Aktivitäten des täglichen Lebens ein Schlüssel zur Adhärenz der gemeinsam von Patient, Arzt und Pflegeperson gesetzten Therapieziele. Die Wichtigkeit der Nachbehandlung und Prävention illustriert die Tatsache, dass innerhalb von 5 Jahren nach einer Fußläsion bei 70% der Patienten ein Rezidiv aufgetreten ist und bei 72% eine Amputation erforderlich wurde (15). Aus diesem Grund wird eine medizinische Nachsorge, basierend auf dem individuellen Risiko, empfohlen (siehe Abb. 7).

Die Kompetenz der Pflege in der Betreuung von Patienten mit diabetischem Fußsyndrom, liegt in der Erkennung der Selbstfürsorgedefizite und Selbstmanagementkompetenzen und dem Setzen der entsprechenden pflegerischen Maßnahmen. Die Kenntnis über Verbandstoffe und deren Anwendung, sowie eine hochgradige Sozialkompetenz und eine hohe Wahrnehmungs- Beobachtungsfähigkeit stellen

Kategorie	Risikoprofil	Untersuchung
0	keine sensorische Neuropathie	1 x jährlich
1	sensorische Neuropathie	1 x alle 6 Monate
2	sensorische Neuropathie und Zeichen einer peripheren arteriellen Verschlusskrankheit und/ oder Fußdeformitäten	1 x alle 3 Monate
3	früheres Ulkus	1 x alle 1 bis 3 Monate

Abbildung 7: **Nachsorgeempfehlung**, EK IV, Härtegrad A
Quelle: Spraul M. (Hrsg.)(1999): Internationaler Konsensus über den Diabetischen Fuß / Internationale Arbeitsgruppe über den Diabetischen Fuß. Verlag Kirchheim, Mainz, 39. Online http://www.ag-fuss-ddg.de/download/DiabetischerFuss.pdf (15.12.2011).

weitere Voraussetzungen für die kompetente interprofessionelle und interdisziplinäre Betreuung von dieser Patientenpopulation dar.

4. Conclusio

Für Diabetiker, erkrankt am DFS nach Wagner Armstrong 0, d.h. die Füße weisen keine Wunden auf, gilt: diese Füße werden gepflegt um die Entstehung von Wunden zu verhindern. Jedoch werden alle Diabetiker, erkrankt am DFS eines höheren Stadiums nach Wagner Amstrong, d.h. mit Wunden unterschiedlichster Ausdehnung, interprofessionell behandelt. Dazu bedarf es der Kooperation rationaler Egoisten (16). Denn erst durch die rege interprofessionelle Zusammenarbeit aller Dienstleister im Gesundheitswesen wird der Beinerhalt bzw. der Erhalt von Lebensqualität möglich.

Literatur

1. Rieder A. et al. (2004): Österreichischer Diabetesbericht, Daten, Fakten, Strategien.
2. Spraul M. (Hrsg.)(1999): Internationaler Konsensus über den Diabetischen Fuß / Internationale Arbeitsgruppe über den Diabetischen Fuß. Verlag Kirchheim, Mainz. Online unter http://www.ag-fuss-ddg.de/download/DiabetischerFuss.pdf (15.12.2011).
3. Probst W., Vasel-Biergans A. (2010): Wundmanagement. Ein illustrierter Leitfaden für Ärzte und Apotheker, Wissenschaftliche Verlagsgesellschaft, Stuttgart.
4. Caselli A., Pham H., Giurini J. M., Armstrong D. G., Veves A. (2002): The forfoot-to-rearfott plantar pressure ratio is increased in severe Diabetic neuropathy and can predict foot ulceration. Diabets Care, 25, 1066-1071.
5. Day M. R., Harkless L. B. (1997): Factors associated with pedal ulceration in patients with Diabetes mellitus. J Am Podiatr med Assoc, 87, 365-369.
6. Frykberg R. G., Lavery L. A., Pham H. et al. (1998): Role of neuropathy and high foot pressures in Diabetic foot ulceration. Diabetes Care, 21, 1714-1719.
7. Shaw J. E., Boulton A. J. (1997): The pathogensesis of Diabetic foot problems an overview. Diabetes, 46, Suppl 2, 558-561.

8. De lbridge L., Ctercteko G., Fowler C., Reeve T. S., Le Quesne L.P. (1985): The aetiology of Diabetic Neuropathic ulceration of the foot. Br J Surg, 72, 1-6.

9. McFadden J. P., Corrall R. J. M., O`Brien I. A. D. (1991): Autonomic and sensory nerve function in Diabetic foot ulceration. Clin Exp Dermatol, 16, 193-196.

10. Risse A. (2006): Anthropologische Bedeutung der Polyneuropathien für Patienten und Versorgung. Qualitativer, neophänomenologischer Beitrag. Der Diabetologe, 2, 125-131.

11. Hölzenbein T., Domenig C., Aspalter M., Budzanowski A., Umathum M. (2007): Der diabetische Fuß Diagnostik und differenzierte Therapie. In: Wild T., Auböck J. (Hrsg.): Manual der Wundheilung. Kapitel 20, Springer, Wien.

12. Marston W. A., Davies S. W., Armstrong B., Farber M. A., Mendes R. C., Fulton J. J., Keagy B. A. (2006): Natural history of limbs with arterial insufficiency and chronic ulceration treated without revascularization. J Vas Surg, 44, 1, 108-114.

13. Sheahan M. G., Hamdan A. D., Veraldi J. R., McArthur C. S., Skillman J. J., Campbell D. R., Scovell S. D., LoGerfo F. W., Pomposelli F. B. (2005): Lower extremity minor amputations: the roles of diabetes mellitus and timing of revascularization. J Vas Surg, 42, 3, 476-480.

14. Schultz G. S., Sibbald R. G., Falanga V. et al. (2003): Wound bed preparation: a systematic approach to wound management. Wound Repair Regen, 11, 2, Suppl, 1-28.

15. Apelqvist J., Larsson J., Agardh C. D. (1993): Long-term prognosis für diabetic patients with foot ulcers, J Int Med, 23, 485-491.

16. Grayson M. L., Gibbons G. W., Balogh K., Levin E., Karchmer, A. W. (1995): Probing to Bone in infected pedal ulcers, a clinical sign of underlying osteomyelitis in diabetic patients. AMA, 273, 9, 721-723.

Wundinfektionen und Wundheilungsstörungen in der Thoraxchirurgie

PATRICK NIERLICH

WIEN

Wundinfektionen und Wundheilungsstörungen nach chirurgischen Eingriffen zählen immer noch zu gefürchtetsten Komplikationen, die neben der Erhöhung der Morbidität und Mortalität auch zu einer enormen finanziellen Mehrbelastung des Gesundheitssystems führen. In Zeiten wo einerseits die finanziellen Belastungen des Gesundheitssystems immer häufiger hinterfragt werden und andererseits der Wunsch und Anspruch nach einer erhöhten Behandlungsqualität für den Patienten zunehmen, muss der behandelnde Arzt diese Aspekte immer mehr im Auge behalten.

In der Thoraxchirurgie stellen folgende Bereiche die größten Probleme und Herausforderungen in der Behandlung von Wundinfektionen dar:
1. Infektionen und Wundheilungsstören im Bereich der Weichteile
2. Infektionen der Pleurahöhle nach Lungenresektionen oder Eingriffen am Ösophagus
3. Wundinfektionen bei immunsupprimierten Patienten nach Lungentransplantation.

Das Patientenkollektiv in der Thoraxchirurgie umfasst vor allem Patienten zwischen dem 40 und 70 Lebensjahr in einem relativ guten Allgemeinzustand. Multimorbide Patienten mit Diabetes Mellitus, multiplen Gefäßkrankheiten etc. sind eher in der Minderheit. Jedoch trifft man durchaus auf Patienten mit komplexen Krankheitsbildern, seien dies Patienten mit fortgeschrittener COPD, onkologische Patienten im Endstadium ihrer Krankheit oder solche, die für eine Lungentransplantation vorgesehen sind.

Wie überall sollten zunächst präventive Maßnahmen verstärkt werden. In erster Linie sollte auf eine sterile Arbeitsweise geachtet werden. Sowohl im OP, als auch auf der Station vor und nach dem Eingriff. Hier kann bereits der wichtigste Schritt zur Prävention gesetzt werden. Weiters sollte auf einen guten Ernährungszustand geachtet werden. Dies trifft vor allem auf Patienten zu, die nach Induktionstherapie, adjuvanten Therapien oder langen präoperativen Aufenthalten auf der Intensivstation zur Operation kommen. Die Beachtung dieser einfachen Verhaltensregeln kann in vielen Fällen helfen, unnötige Infektionen zu vermieden.

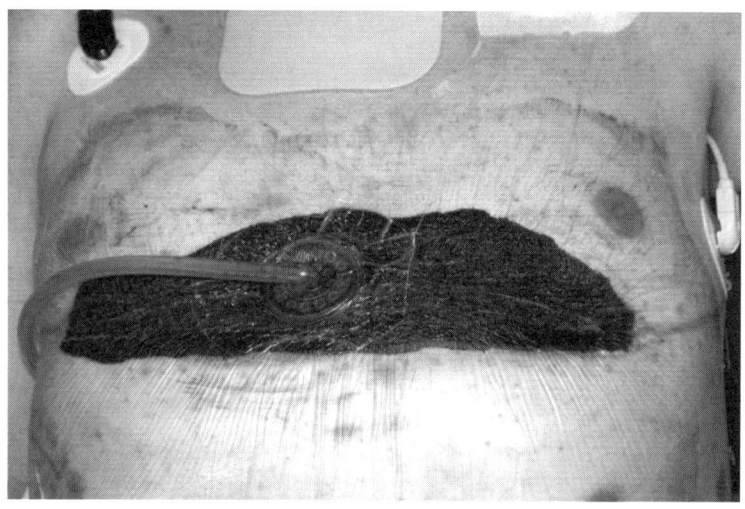

Abbildung 1: **Thorakales Vakuumtherapie-System nach Clamshell Inzision**

Die Hauptfrage bei Infektionen nach thoraxchirurgischen Eingriffen ist immer,
ob es eine Kommunikation in die Pleurahöhle gibt, oder ob der Infekt lediglich auf
den extrathorakalen Bereich beschränkt ist. Nach Lungenresektionen (Lobektomien,
Pneumonektomien) sollte immer eine Bronchoskopie durchgeführt werden, um eine
mögliche bronchopleurale Fistel zu identifizieren. Weiters sollte eine Computer-
tomographie des Thorax durchgeführt werden, um intrathorakale Infektionsherde
auszuschließen.

Für Infektionen im Bereich der Weichteile nach Thorakotomien hat sich vor
allem das Vakuumtherapie-System als sehr effizient erwiesen. Vor allem bei infi-
zierten und/oder großflächigen Wunden (Abbildung 1) bietet es gegenüber allen
anderen konventionellen Therapien große Vorteile. Um unnötige Verwendungen
der Vakuumtherapie zu vermeiden, sollten an jeder Abteilung klare Indikationen
für die Initiierung einer Vakuumtherapie aufgestellt werden. Neue Materialien
(Silberverbände, medizinischer Honig, Schaumstoffe, Hydrokolloidverbände,
etc.), die eine moderne feuchte Wundtherapie ermöglichen, sollten nicht verges-
sen werden.

Bei der Therapie thorakaler Wunden muss darauf geachtet werden, dass die durch
die vorangegangene Lungenresektion bereits reduzierte respiratorische Funktion
nicht noch weiter eingeschränkt wird. Es sollte daher in erster Linie eine Therapie
gewählt werden, die möglichst ein hohes Maß an Effizienz und Schmerzfreiheit
gewährleistet, aber auch die Mobilisation des Patienten nicht verzögert. Manche
Patienten empfinden ein Gerät, das sie mit sich herumtragen müssen, als Belastung.
Hier ist oft Einfühlungsvermögen und diplomatisches Geschick des behandelnden
Arztes gefragt.

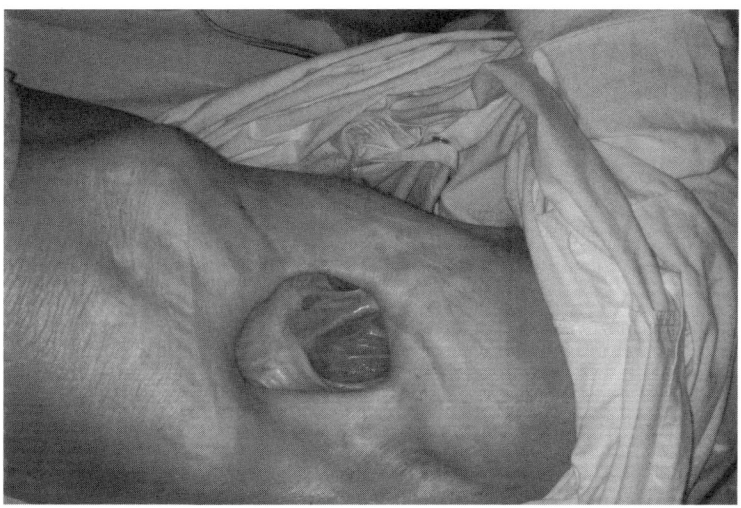

Abbildung 2: **Thoraxwandfenster**

Intrathorakale Infektionen nach Lungenresektionen stellen eine große therapeutische Herausforderung dar. Noch vor einigen Jahren konnte diese gefürchtete Komplikation in vielen Fällen nur mit Anlage eines Thoraxwandfensters (siehe Abbildung 2) in den Griff bekommen werden. Das diese radikale Therapievariante für die Patienten ein große physische und psychische Belastung darstellt liegt auf der Hand.

Die Behandlung intrathorakaler Infektionen sollte in zwei Phasen erfolgen: zuerst muss in der Pleurahöhle Keimfreiheit erzielt werden, danach ist ein effektives Pleurahöhlenmanagement erforderlich. Eine erfolgreiche Bewältigung der Infektion ist die Grundvoraussetzung, um einen Wundverschluß durchführen zu können.

Zur Reinigung der Pleurahöhle kann entweder eine Saug-Spül Drainage eingebracht oder eine operative Sanierung durchgeführt werden. Ob in ersterem Falle mit Antibiotikalösungen gespült wird oder bei letzterer Option Antibiotikaplomben angewendet werden, ist von Abteilung zu Abteilung verschieden. Klinische Daten über die Effizienz einer solchen Prozedur gibt es nur wenige. Natürlich sollte bei allen Infektionen eine adäquate Antibiotikatherapie erfolgen. Bei fehlenden lokalen oder systemischen Infektionszeichen ist diese nicht notwendig. Hier sollte auf jeden Fall das Ergebnis eines Wundabstriches abgewartet werden. Die lokale Antibiotika Applikation kann den aktuellen Infektions-Guidelines folgend nicht empfohlen werden.

Nach erfolgreicher Reinigung der Höhle, sollte diese komplett mit vitalem Gewebe aufgefüllt werden. Hier bieten sich vor allem lokale Muskelflaps (Latissimus dorsi, Pectoralis major) oder ein Hochzug des Omentum maius an. An dieser Stelle muss nachdrücklich darauf hingewiesen werden, dass es keinen Sinn macht eine nicht keimfreie Höhle mit einem Muskellappen oder Omentum maius Hochzug zu versorgen. Die Infektion würde den Lappen wieder zerstören und diese Option wäre für immer verloren. Es würde nur eine Thorakoplastik (hier erfolgt eine Resektion mehrerer

Rippen, wodurch es zu einem Kollaps der Thoraxwand kommt und dadurch das Volumen der Pleurahöhle verringert wird) oder die Anlage eines Thoraxwandfensters als Option übrig bleiben. Da diese Alternativen wie bereits erwähnt für den Patienten eine große vor allem psychische Belastung darstellen, stellt die intrathorakale Applikation eines Vakuumtherapie-Systems eine interessante Alternative dar. Arbeitsgruppen aus Münster (Groetzner et al., 2009) und Lausanne (Saadi et al., 2011) haben in Patientenserien von 13 bzw. 27 Patienten eine intrathorakale Vakuumtherapie bei Infektionen nach Eingriffen in der Thoraxhöhle angewendet. Die Indikationen reichten von Postresektionsempyemen nach Lobektomie bzw. Pneumonektomie mit oder ohne bronchopleurale Fisteln bis zu gastrointestinalen Lecks. Nach einer Anwendung von im Schnitt 22 Tagen (Range 5-66 Tagen) konnte das Vakuumtherapie-System ausgebaut werden und die Wunde verschlossen werden. Diese Serien machen Hoffnung, dass in Zukunft auch bei schweren Verläufen intrathorakaler Infektionen, diese erfolgreich konservativ therapiert werden können.

Wundinfektionen bei immunsupprimierten Patienten werden prinzipiell gleich therapiert wie bei nicht immunsupprimierten Patienten. Man sollte sich aber immer bewusst sein, dass eine mögliche Exzerberation viel akuter und gefährlicher verläuft. Daher gilt es, die optimale Therapie möglichst rasch einzuleiten. Sicher sollte hier ein aggressiveres therapeutisches Vorgehen eingeschlagen werden. Eine Reduktion der Immunsuppressiven Therapie ist nur bei schweren systemischen Infektionen notwendig. Die wenige Literatur, die es zu diesem Thema gibt, zeigt ganz klar, dass Wundinfektionen bei thorakalen Infektionen eine gefährliche Komplikation darstellen (vgl. Mattner et al., 2007). Die Etablierung effizienter Therapiekonzepte ist daher unabdingbar.

Infektionen in der Thoraxchirurgie stellen wie in allen chirurgischen Disziplinen ein alltägliches Problem dar. Ein effizientes und rasches Management unter Einbeziehung aller wichtigen Fachdisziplinen unter Verwendung der neuesten Therapiekonzepte führt nicht nur zu einer Verringerung der entstehenden Kosten für das Gesundheitssystem sondern auch zu einer deutlichen Reduktion der Mortalität und Morbidität.

Literatur

Groetzner J., Holzer M., Stockhausen D., Tchashin I., Altmayer M., Graba M., Bieselt R. (2009): Intrathoracic application of vacuum wound therapy following thoracic surgery. Thorac Cardiovasc Surg, 57, 417-420.

Saadi A., Perentes J. Y., Gonzalez M., Tempia A. C., Wang Y., Demartines N., Ris H. B., Krueger T. (2011): Vacuum-assisted closure device: a useful tool in the management of severe intrathoracic infections. Ann Thorac Surg, 91, 1582-1589.

Mattner F., Fischer S., Weissbrodt H., Chaberny I. F., Sohr D., Gottlieb J., Welte T., Henke-Gendo C., Gastmeier P., Strueber M. (2007): Post-operative nosocomial infections after lung and heart transplantation. J Heart Lung Transplan, 26, 241-249.

Die Erforschung des Einflusses von Übergewicht und Gewichtszunahme auf die Schwangerschaft

Ľudmila MATULNÍKOVÁ
Bratislava

Michaela GALKOVÁ
Wien

1. Einleitung

Übergewicht und Adipositas sind Auswirkungen der Interaktion von genetischer Prädisposition und umweltbedingten Risikofaktoren. Für ihre Entwicklung sind zwei Faktoren charakteristisch: das langfristige Ungleichgewicht zwischen dem erhöhten Kalorienverbrauch und der Senkung von Energiekosten. Der Effekt dieser Faktoren wird durch den Lebensstil und die soziokulturellen Einflüsse verstärkt. Die Prävalenz von Übergewicht und Adipositas nimmt weltweit zu. Infolge der für die Definition von Übergewicht und Adipositas unterschiedlichen Klassifizierung erfassen wir in den verschiedenen Ländern verschiedene Prävalenzzahlenangaben. In den europäischen Ländern ist die Prävalenz in den letzten 10 Jahren um 10-50% gestiegen. In der Slowakei von 15% (2002) auf 23,8% (in den Jahren 2003-2007)(vgl. Lobstein, 2005; ACOG, 2005). In Österreich nimmt die Häufigkeit von Übergewicht und Adipositas bei Schwangeren mit steigendem Alter zu. Interessant dabei ist, dass sich ein ausgeprägtes Ost-West – Gefälle zeigt (vgl. Elmadfa, 2008).

Den größten (dreifache) Anstieg registriert Großbritannien. 23,5% der Frauen haben einen BMI $\geq 30\,kg/m^2$ und 50% der Frauen sind übergewichtig (BMI von $25,0\,kg/m^2$). Die signifikanten Änderungen des Körpergewichts bei den Schwangeren werden zu einem neuen schweren Gesundheitsproblem (vgl. Rees, 2008).

Übergewicht und Adipositas werden zu den wichtigsten Risikofaktoren für Komplikationen in der Schwangerschaft und für die Morbidität und Mortalität des Kindes. Dabei wird negativ beeinflusst:

- Management von pränataler Betreuung
- Monitoring von Schwangeren

- Kosten im Gesundheitswesen
- das Komplikationsrisiko der Mutter im Laufe der Schwangerschaft, Geburt und Wochenbett
- das Komplikationsrisiko des pränatalen und postnatalen Kindes (vgl. CEMACH, 2007; Barker, 2003; Downs, 2009; Browm, 2011; Kulie, 2011).

2. Methodik

In unserer Studie konzentrieren wir uns auf Übergewicht und Adipositas von schwangeren Frauen. Unsere Forschung haben wir nach der Genehmigung der Ethikkommission auf der Geburtsabteilung im Lehrkrankenhaus in Trnava/SK durchgeführt. In einer retrospektiven Studie, im Laufe von vier Monaten, haben wir unsere Aufmerksamkeit den Indikatoren gewidmet. Diese Indikatoren haben wir aus den Krankengeschichten erworben.

Durch die festgelegten Indikatoren haben wir bei den Schwangeren den Zusammenhang zwischen dem Körpergewicht vor der Schwangerschaft und den geburtlichen Outcomes ermittelt. Diese Daten wurden bei 801 Frauen analysiert, die in den Monaten Juni, Juli, August und September 2010 entbunden haben. Bewertet wurden das Körpergewicht vor der Schwangerschaft, die Gewichtszunahme in den einzelnen Trimestern, die Anzahl an Krankenhausaufenthalten, die Blutdruckwerte, der Gestationsdiabetes und die Komplikationen während der Schwangerschaft. Wir haben die Art der Geburt, das Geburtgewicht des Kindes und seinen Gesundheitszustand ausgewertet. Ein BMI (Body mass index) wurde berechnet und nach der IOM Klassifikation beurteilt (vgl. Richens, 2010). Die schwangeren Frauen wurden in vier Gruppen unterteilt: untergewichte Frauen (BMI < 18,5 kg/m²), normalgewichtige Frauen (BMI 18,5-24,9 kg/m²), übergewichtige Frauen (BMI 25-29,9 kg/m²) und adipöse Frauen (BMI >30 kg/m²).

Von den demographischen Variablen wurden das Alter, der Familienstand, die Parität und der Wohnort ermittelt. Weiters wurden die Lebensaktivität, das Rauchen und die Beschäftigung beurteilt. Aus den Krankengeschichten haben wir die Informationen über Kreislaufkomplikationen, Blutdruckwerte, Frühgeburtrisiko, Infektionen (Streptococcus agalactiae) und metabolischen Problemen erworben.

Einige Einschränkungen haben die Datensammlung erschwert z.B. die kontroversen Daten über den Zustand des Kindes. Vier von den Befragten waren nie anwesend in der pränatalen Klinik. Dem entsprechend wurden sie aus der Studie ausgeschlossen. Alle anderen Indikatoren haben wir verfolgt. Die erhaltenen Daten wurden durch das Computerprogramm SPSS 18 analysiert und durch den Chi-Quadrat, Cramers V und Spearmann's Rho Korrelationskoeffizient berechnet. Es wurde die deskriptive Statistik verwendet.

3. Ergebnisse

In der untersuchten Gruppe von 801 Schwangeren waren 394 (49,2%), 301 (37,6%) Zweitgebärende und 106 (13,2%) Mehrgebärende. 75,6% waren verheiratet und 6,4%

Raucherinnen. 514 (64,2%) der Schwangeren hatten eine Beschäftigung mit einer niedrigen Bewegungsaktivität (Sitzbeschäftigung). 181 (22,6%) waren untergewichtig mit einem BMI < 18,5 kg/m², 454 (56,7%) normalgewichtig mit einem BMI 18,5-24,9 kg/m² und 117 (14,6%) übergewichtig mit einem BMI 25-29,9 kg/m². Die Adipositas fand sich bei 45 (5,6%) der Frauen.

Das durchschnittliche Körpergewicht war 63,89 kg. Der Krankenhausaufenthalt im Durchschnitt war 2,69 des Tages. 645 (80,5%) der Frauen hatten den Blutdruck im Normbereich (bis 140/90 mm/Hg) und 156 (19,5%) der Frauen hatten erhöhten Blutdruck (über 140/90 mm/Hg). Der Gestationsdiabetes war positiv bei 26 (3,6%) der Frauen. Die häufigsten Komplikationen waren kardiovaskulär 132 (16,5%), die Frühgeburt 76 (9,5%) und die metabolischen Komplikationen 41 (5,1%). 71 (8,9%) der Schwangeren hatten eine Streptokokkus B Infektion. 481 (60,0%) der Frauen hatten keine Komplikationen. Die Spontangeburt fand sich bei 528 (65,9%) der Frauen und die Schnittentbindung bei 265 (33,1%) der Frauen. Die Forcepsextraktion (die Zangengeburt) ist bei 0,1% und die Vakuumextraktion bei 0,9% der Frauen vorgekommen. 7,1% der Schwangeren hatten den Nachwuchs mit dem Geburtsgewicht über 4000 g.

Aus den demographischen Variablen wurde festgestellt: BMI > 30 kg/m² vor der Schwangerschaft ist öfter bei den älteren Frauen vorgekommen. BMI > 30 kg/m² war im Alter von 17-24 Jahren bei 6,3% der Frauen, im Alter von 25-29 Jahren bei 2,7% der Frauen, im Alter von 30-34 Jahren bei 7,1% der Frauen und im Alter von 35-44 Jahren bei 9,4% der Frauen. Diese Ergebnisse waren statistisch relevant *Spearmann´s rho = 0,112 p < 0,01.*

BMI vor der Schwangerschaft haben wir in Bezug zum Ortschaft der Schwangeren ausgewertet. 17,1% der schwangeren Frauen auf dem Lande waren übergewichtig und 7,0% adipös. Das Übergewicht ist bei 12,0% Frauen und die Adipösität bei 4,2% Frauen in der Stadt vorgekommen. Die Unterschiede sind statistisch relevant *p = 0,03; Cramer V = 0,106.* Von den beobachteten Indikatoren wurde ein BMI vor der Schwangerschaft bezüglich der Komplikationen, erhöhtem Blutdruck und Sectiorate ausgewertet. Die Schnittentbindung war bei den adipösen schwangeren Frauen (BMI > 30 kg/m²) öfter als die Spontangeburt. 9,8% der adipösen Schwangeren haben per Sectio und 3,4% spontan entbunden. Unterschied war statistisch relevant *p = 0,002; Cramer V = 0,138.*

3.1. Blutdruckwerte und kardiovaskuläre Komplikationen

Der Anteil von kardiovaskulären Komplikationen war höher bei den adipösen Schwangeren. Kardiovaskuläre Komplikationen hatten 14,8% der schwangeren Frauen mit einem normalen BMI (18,5-24,9 kg/m²), 29,9% der übergewichtigen Frauen (BMI 25-29,9 kg/m²) und 42,2% der adipösen Frauen (BMI > 30 kg/m²). Erhöhte Blutdruckwerte hängen mit kardiovaskulären Komplikationen zusammen. Die Blutdruckwerte zeigt die Tabelle 1.

Tabelle 1: Blutdruckwerte bei den Schwangeren nach BMI vor der Schwangerschaft (n = 797)

		Blutdruckwerte bei den Schwangeren nach BMI vor der Schwangerschaft				
		<18,5 kg/m²	18,5 – 24,9 kg/m²	25 – 29,9 kg/m²	> 30 kg/m²	
<140/90mmHg	n	168	378	77	18	641
>140/90mmHg	%	92,8%	83,3%	65,8%	40,0%	80,4%
	n	13	76	40	27	156
	%	7,2%	16,7%	34,2%	60,0%	19,6%
	n	181	454	117	45	797
	%	100,0%	100,0%	100,0%	100,0%	100,0%

Ergebnisse: ein BMI vor der Schwangerschaft bezugnehmend der Blutdruckwerte in der Schwangerschaft zeigt statistisch relevante Unterschiede auf *Spearmann´s rho = 0,287; p < 0,01.*

3.2. Gewichtszunahme der Schwangeren in den einzelnen Trimester

Bei jeder schwangeren Frau ist wichtig die Gewichtzunahme in den einzelnen Trimestern zu beobachten. Die durchschnittliche Gewichtszunahme in kg wurde berechnet und verglichen mit der empfohlenen Gewichtszunahme (kg/Woche).

Tabelle 2: Gewichtszunahme der Schwangeren (ein BMI vor der Schwangerschaft)

Gewichtszunahme der Schwangeren in den einzelnen Trimester			
BMI vor der Schwangerschaft	I. Trimester	II. Trimester	III. Trimester
BMI < 18,5 kg/m²	1,16 kg	7,47 kg	4,88 kg
BMI 18,5-24,9 kg/m²	1,17 kg	7,25 kg	5,07 kg
BMI 25-29,9 kg/m²	1,25 kg	6,83 kg	5,06 kg
BMI > 30 kg/m²	1,27 kg	6,53 kg	4,54 kg

Die adipösen und übergewichtigen schwangeren Frauen hatten im Vergleich zu den normalgewichtigen Schwangeren durchschnittlich höhere Gewichtszunahme im I. Trimester. Im II. und III. Trimester war die Gewichtszunahme vermindert. Den Gewichtszunahmeunterschied in den einzelnen Trimestern zeigt die Tabelle 3.

Tabelle 3: Gewichtszunahmeunterschied bei den Schwangeren in II. und III. Trimester

Gewichtszunahme der Schwangeren in einer Woche in II. und III. Trimester					
BMI vor der Schwanger-schaft	II. Trimester			III. Trimester	
	Die empfohlene Gewichtszunahme (Gramm/Woche)	Die festgestellte Gewichtszunahme (Gramm/Woche)	Pro-zentuell	Die festgestellte Gewichtszunahme (Gramm/Woche)	Pro-zentuell
BMI 18,5-24,9 kg/m²	450 g	557 g	23,7%	390 g	13,3%
BMI 25-29,9 kg/m²	270 g	525 g	94,4%	389 g	44%
BMI > 30 kg/m²	230 g	502 g	118%	349 g	51%

Die Ergebnisse zeigen auf, dass die übergewichtigen Frauen die empfohlene Gewichtszunahme im zweiten Trimester fast zweifach und die adipösen Frauen mehr als zweifach überschritten. Die übergewichtigen Frauen im dritten Trimester haben die empfohlene Gewichtszunahme fast um die Hälfte und die adipösen Frauen um mehr als die Hälfte überschritten. Bei den normalgewichtigen Frauen im zweiten Trimester wurde die empfohlene Gewichtszunahme fast ¼ übertroffen und im dritten Trimester haben sie den empfohlenen Durchschnitt nicht erreicht. Die Gewichtszunahme war aber in der empfohlenen Wertbreite (von 360 bis 450 g).

Die Ergebnisse zeigen weiter auf, dass die übergewichtigen und adipösen Frauen höhere Unterschiede in der Gewichtszunahme während der Schwangerschaft haben. Sie sind auch mehr von erhöhtem Blutdruck und den Schwangerschaftskomplikationen bedroht. Das Alter von Schwangeren als ein Prädiktor spielt eine wichtige Rolle für einen höheren BMI vor der Schwangerschaft, bzw. das Komplikationsrisiko und die Interventionen während der Geburt.

4. Diskussion

Die übergewichtigen und adipösen Schwangeren (BMI von 25,0 kg/m² oder BMI 30 kg/m²) sind mehr von Komplikationsrisiko wie Fehlgeburten, Schwangerschaftshypertonie, Eklampsie, Gestationsdiabetes, Missbildungen bei Nachwuchs, Blutungen, Operationen, vermehrte Interventionen bei der Geburt und vermehrte Krankenhausaufenthalte bedroht. Wenn das Übergewicht und die Adipositas zusammen mit höherem Alter und der Mangelbewegung vorkommen, steigt das Komplikationsrisiko bei der Geburt und chronischen Erkrankungen (vgl. Spellacy, 1986; Salihu, 2003; Cleary-Goldman, 2005).

Mehrere Datenbanken zeigen auf, dass 42% der Frauen mit ein BMI > 30 kg/m² Erstgebärende waren. Die Adipositashäufigkeit korreliert mit dem Alter. 25,0% der

Frauen im Alter von 35-44 Jahren sind adipös, gegenüber den 14% der jüngeren adipösen Frauen (16- 24jährigen) (vgl. Bhattacharya, 2007; CEMACH, 2007). Ein Schwangerschaftsgewicht beeinflusst die Änderungen im Stoffwechsel der Mutter und in dem plazentaren Stoffwechsel des pränatalen Kindes. Die Gewichtszunahme der Mutter und ein BMI sind starke Prädiktoren für das Geburtgewicht des Kindes (Panahandeh, 2009). Neugeborene mit einer Mutter, die eine Gewichtzunahme von über 18 kg hatten, wurden öfter auf der Neugeborenenintensivstation betreut, litten auf eine Hypoglykämie, Polycytemie und waren häufiger beatmet (vgl. Stotland, 2006) als andere Neugeborene. Die adipösen Frauen hatten makrosomische Kinder entbunden (Geburtsgewicht mehr als 4000 g), oft auch mit einer Asphyxie. Das Komplikationsrisiko bei der Geburt und nach der Geburt im Sinne Schulterdystokie, Fractura Claviculae, niedrige Apgarscore, Mekoniumaspiration und Prädisposition für Diabetes Mellitus Typ II ist öfter vorhanden (vgl. Golditch, 1978; Addo, 2010; Zafeiriou, 2008).

5. Schlusswort

Der Ausgangpunkt für die Betreuung von der übergewichtigen und adipösen Schwangeren hängt von einem BMI der Mutter vor der Schwangerschaft und von ihr Alter ab. Dies all bestimmt die Ergebnisse des Schwangerschaftsverlaufes vor. Das an die übergewichtigen und adipösen Schwangeren orientierte Programm wird der Ernährung und Bewegungsaktivität pränatal und postnatal gewidmet. Der Schwangerschaftsverlauf stellt ein von den drei kritischen Zyklusphasen in der Adipositas vor. Die adipösen oder übergewichtigen Mutter prädisponieret für die Adipositas ihr Nachwuchs. Unsere Priorität, bezugnehmend der Adipositas, ist sowohl die Analyse von Risikofaktoren in der Schwangerschaft als auch in der zwei kritischen Schwangerschaftsperioden.

Literatur

American College of Obstetricians and Gynecologists: ACOG (2005): Obesity in pregnancy. Obstet Gynecol. 671-675.
Addo V. N. (2010): Body Mass Index, Weight Gain during Pregnancy and Obstetric. http://www.ncbi.nlm.nih.gov/pmc/articles/PMC2994149/ (20.1.2011).
Bhattacharya S. (2007): Effect of Body Mass Index on pregnancy outcomes in nulliparous women delivering singleton babies. http://www.biomedcentral.com/1471-2458/7/168 (10.1.2011).
Barker D. (2003): The developmental origins of disease. European Journal of Epidemiology, 18, 733-736.
Brown J. E. (1990): Report of a Special Panel on Desired Prenatal Weight. Gains for Underweight and Normal Weight Women. http://www.ncbi.nlm.nih.gov/pmc/articles/ PMC1579983/pdf/pubhealthrep00198-0026.pdf (12.3.2011).
CEMACH (2007): Saving Mothers' Lives: Reviewing maternal deaths to make motherhood safer – 2003-2005. The Seventh Report of the Confi dential Enquiries into Maternal

Deaths in the United Kingdom. http://www.mdeireland.com/pub/SML07_Report. pdf (10.3.2011)

Cleary-Goldman J., Malone , Fergal D. et al. (2005): Impact of Maternal Age on Obstetric. Outcome Obstetrics & Gynecology, 105, 5, Part 1, 983-990.

Downs E., Laakso L., Smith B. (2009): The Link Between Maternal Nutrition and Childhood Obesity. http://www.plu.edu/~smithmd/doc/community-health.doc (20.1.2011).

Elmadfa I., Freislig H., Nowak V., Hofstädter D. (2008): Österreichischer Ernährungsbericht 2008. http://bmg.gv.at/cms/home/attachments/5/6/0/CH1048/CMS1288948560136/ der_gesamte_ernaehrungsbericht.pdf (30.1.2012).

Golditch I. M., Kirkman K. (1978): The large fetus. Management and outcome. Obstet Gynecol, 52, 26-30.

Kulie T., Slattengren A., Redmer J., Counts H., Eglash A., Schrager S. (2011): Obesity and Women's Health: An Evidence-based Review. The Journal of the American Board of Family Medicine, 24, 75-85.

Lobstein T. (2005): The challenge of Obesity in the WHO european Region and the strategies for response. WHO Europe. http://www.euro.who.int/__data/assets/pdf_file/0010/ 74746/E90711.pdf (10.3.2011).

Panahandeh Z. (2009): Gestational Weight Gain and Fetal Birth Weight in Rural Regions of Rasht/Iran. Iran Journal Pediatrics, 19, 1, 18-24.

Rees M., Karoshi M., Keith L. (2008): Obesity and Pregnancy. The Royal Society of Medicine Press Ltd. London.

Richens Y., Lavender T. (2010): Carefor Pregnant Women who are Obese. Huntingdom, Cambridgeshire.

Salihu H. M., Shumpert M. N., Slay M., Kirby R. S. (2003): Childbearing Beyond Maternal Age 50 and Fetal Outcomes in the United States. Obstet Gynecol, 102, 5, 1006-1014.

Spellacy W. N., Miller S. J., Winegar A. (1986): Pregnancy after 40 years of age. Obstet Gynecol, 68, 452-454.

Stotland N. E., Cheng Y. W., Hopkins L. M., Caughey A. B. (2006): Gestational weight gain and adverse neonatal outcome among term infants. Obstet Gynecol, 108, 635-43.

Zafeiriou D. (2008): Obstetrical Brachial Plexus Palsy. Pediatr Neurol, 38, 235-242.

„Die Ökologie der menschlichen Entwicklung" in der Neonatologie
Familienzentriertes Beratungsmodell in der Frühgeborenenpflege

MICHAELA GALKOVÁ
WIEN

HELENA KOŇOŠOVÁ
BRATISLAVA

1. Einleitung

Die Fortschritte in der Neonatologie haben die Überlebensprognose für frühgeborene Kinder deutlich verbessert. Die weitere Entwicklung der Frühgeborenen
hängt proportional vom Gestationsalter und Geburtsgewicht ab. Das unreife Gehirn
des Kindes wird durch eine Frühgeburt unerwarteten Reizen während der inten-
sivmedizinischen Betreuung und Versorgung ausgesetzt. Diese Reize können zu
funktionellen und feinstrukturellen Fehlentwicklungen während der vulnerablen
Entwicklungsphase des Gehirnes führen. Die Belastung der Eltern von unreifen
Frühgeborenen ist gut dokumentiert und wissenschaftlich erfasst. Die Situation
von frühgewordenen Eltern wird als Krise oder auch als traumatisches Ereignis
beschrieben. In dieser für Eltern und Kind schwierigen Ausgangssituation ist es
wichtig, den Eltern beim Aufbau der Eltern-Kind Beziehung zu helfen und ihnen
Hinweise zu geben, wie sie und das Personal der Klinik die Eltern-Kind Interaktion
fördern können. Das der ökologischen Perspektive etablierte familienzentrierte
Beratungsmodell gibt Vorschläge dazu, wie man den Eltern helfen kann zu verstehen und die neuronale Fehlentwicklung für das Frühgeborene zu mildern oder
zu verhindern.

2. Die „Ökologie" der menschlichen Entwicklung

Der Mensch entwickelt sich in aktiver Auseinandersetzung mit seiner alltäglichen Umwelt. Bronfenbrenner als Autor der ökologischen Theorie meint mit dem Begriff „Ökologie" eine vom Menschen selbst gestaltete und gestaltbare Umwelt. Ausgangspunkt ist ein bestimmtes Verständnis der in Entwicklung begriffenen Person und ihrer Umwelt, insbesondere der allmählich entstehenden Wechselwirkung zwischen beiden. Entwicklung wird definiert als dauerhafte Veränderung der Art und Weise, wie die Person die Umwelt wahrnimmt und sich mit ihr auseinandersetzt. Die Umweltereignisse, die sich am unmittelbarsten und folgenreichsten auf die Entwicklung einer Person auswirken, sind Aktivitäten, die andere mit ihr oder in ihrer Anwesenheit aufnehmen. Aus ökologischer Perspektive umfasst die Umwelt mehr als die augenblickliche, direkt auf die sich entwickelnde Person einwirkende, Situation mit Objekten, auf die sie reagiert, und Leuten, mit denen sie interagiert. Ebenso wichtig erscheinen die Verbindungen zwischen anderen im Lebensbereich anwesenden Personen, die Art dieser Verbindungen und der Einfluss, den sie über direkte Kontaktpersonen auf die sich entwickelnde Person ausüben (vgl. Bronfenbrenner, 2004, 1-7).

„Das Individuum ist eine ‚wachsende dynamische Einheit', die einerseits ihre Umgebung beeinflusst sowie verändert und andererseits selbst auch von ihrer Umwelt beeinflusst wird" (Heimlich, 1997, 1). Aus ökologischer Perspektive erscheint die Umwelt als eine ineinander geschachtelte Anordnung konzentrischer, ineinander gebetteter Strukturen. Diese Strukturen werden als Mikro-, Meso-, Exo-, Makro-, und Chronosysteme bezeichnet (Abb. 1).

Ein Mikrosystem ist ein Muster von Tätigkeiten und Aktivitäten, Rollen und zwischenmenschlichen Beziehungen, das die in Entwicklung begriffene Person in einem gegebenen Lebensbereich mit seinen eigentümlichen, physischen und materiellen Merkmalen erlebt. Ein Lebensbereich ist ein Ort, an dem Menschen leicht direkte Interaktion mit anderen aufnehmen können – die Familie, das Klassenzimmer (vgl. Bronfenbrenner, 2004, 1-7). **Ein Mesosystem** umfasst die Wechselbeziehungen zwischen den Lebensbereichen, an denen die sich entwickelnde Person aktiv beteiligt ist (für ein Kind etwa die Beziehungen zwischen Elternhaus, Schule und Kameradengruppe in der Nachbarschaft). Unter **Exosystem** verstehen wir einen Lebensbereich oder mehrere Lebensbereiche, an denen die sich entwickelnde Person nicht selbst beteiligt ist, in denen aber Ereignisse stattfinden, die beeinflussen, was in ihrem Lebensbereich geschieht, oder die davon beeinflusst werden (vgl. Heimlich, 1997, 1-16). „Der Begriff des **Makrosystems** bezieht sich auf die grundsätzliche formale und inhaltliche Ähnlichkeit der Systeme niedrigerer Ordnung (Mikro-, Meso- und Exo-), die in der Subkultur oder der ganzen Kultur bestehen oder bestehen könnten" (Matulníková, 2009, 550). **Das Chronosystem** bezieht sich auf langfristige Forschungsmodelle, in denen die zeitliche Veränderung oder Stabilität nicht nur der sich entwickelnden Person, sondern auch des Umweltsystems in Betracht gezogen werden können (vgl. Heimlich, 1997, 1-16).

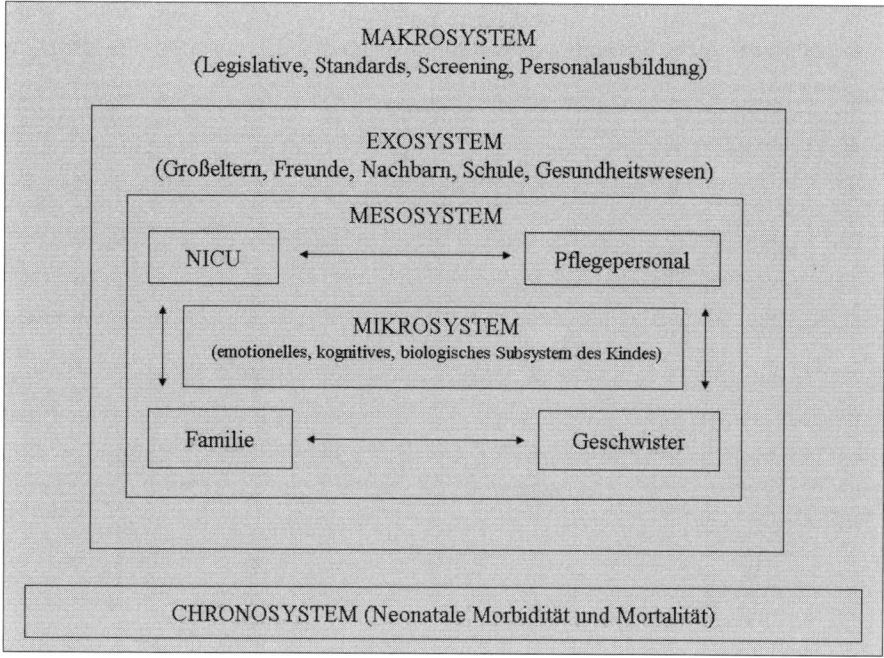

Abbildung 1: **Die Ökologie der menschlichen Entwicklung** (adaptiert von Galková nach Bronfenbrenner, 2004)

In Untersuchungsbereichen, die mehr als zwei Personen umfassen, muss der indirekte Einfluss Dritter auf die Interaktion von Dyadenpartnern in Betracht gezogen werden. Diese Erscheinung nennen wir einen Effekt zweiter Ordnung. Veranschaulichen lässt sich dies z.B. in einer Krankenhaussituation mit den Beteiligten, wie Vater, Mutter und Neugeborenem.

Vater wie Mutter äußerten dem Kind gegenüber mehr positiven Affekt (Lächeln) und zeigten mehr exploratives Verhalten, wenn der Ehepartner anwesend war. Dies zeigt, dass die Muster der Eltern-Kind-Interaktion durch die Anwesenheit eines weiteren Erwachsenen modifiziert werden (vgl. Bronfenbrenner, 2004, 1-7).

2.1. Das Mikrosystem

Das Mikrosystem von Frühgeborenen wird durch ein emotionelles, kognitives und biologisches Subsystem des Kindes definiert, in direkter Interaktion mit der Familie und den Geschwistern. Durch die speziellen Maßnahmen verbessert eine Neugeborenenintensivstation das erste Mikrosystem des Kindes. Die entwicklungsfördernde, familienzentrierte, individuelle Betreuung kann sowohl die neuronale Entwicklung der Frühgeborenen als auch die Eltern-Kind-Beziehung positiv beeinflussen. Das familienzentrierte Beratungsmodell auf der Intensivstation orientiert sich auf:

- die Neugeborenenintensivstation als eine extrauterine Umgebung von Frühgeborenen im Sinne der Schaffung einer harmonischen Pflegeumgebung für Eltern und Kind
- das frühgeborene Kind mit seinen Bedürfnissen und Kommunikationsvermögen
- das Verhaltensassessment von Frühgeborenen
- die Förderung der Eltern-Kind Interaktion.

2.1.1. Die Neugeborenenintensivstation

Eine Frühgeburt bedeutet für ein Kind die Trennung von der vertrauten intrauterinen mütterlichen Umgebung. Meistens überwiegen auf der Neugeborenenintensivstation Stress und Schmerz anstatt angenehme Stimulation und Geborgenheit. Das alles beeinflusst negativ das Wohlbefinden und die Entwicklung des Frühgeborenen. Überstimulation auf der Intensivstation wirkt iatrogen. Unter Berücksichtigung aller Sinne und dem Reifezustand des frühgeborenen Kindes sollte eine vertraute und stressarme Umgebung geschaffen werden.

2.1.2. Das frühgeborene Kind

Die Umgebung der Intensivstation hat Auswirkungen auf die Entwicklung von Emotion und Verhalten des Kindes. Die kognitive Entwicklung von Frühgeborenen verläuft in dem Integrationsprozess, der von mehreren Pflegeaspekten und der Persönlichkeitswahrnehmung des Kindes abhängig ist und seine emotionelle Entwicklung wird durch die Sozialumgebung beeinflusst (vgl. Sparshott, 2009, 272). Die Pflege, die auf die Stärken des Kindes und seiner Familie baut, wird als entwicklungsfördernde Pflege bezeichnet.

2.1.3. Das Verhaltensassessment von Frühgeborenen

Kinder kommunizieren mit Hilfe ihres Verhaltens und ihr Verhalten stellt die Informationsquelle über ihre Bedürfnisse, Fähigkeiten und Belastungen dar. Das Verhalten von Frühgeborenen wird durch vier interaktive Subsysteme beurteilt:
- Bewusstseinszustand (Schlaf- bzw. Wachzustände)
- Autonomes System (physiologische Funktionen)
- Motorisches System (Haltung, Bewegung, Muskeltonus)
- Aufmerksamkeit, Interaktion (Fähigkeit, Stimuli aus der Umgebung zu verarbeiten).

Ein fünftes – Autoregulatorisches System (Fähigkeit zur Interaktion, Rückkehr in den Zustand des Gleichgewichts, der Entspannung) – befindet sich innerhalb eines jeden der genannten vier Subsysteme. Diese Verhaltensweisen bilden die Methode, mittels derer Kinder mit Pflegenden kommunizieren (vgl. Young, 1997, 97-103).

Die Beobachtung von kindlichem Verhalten zeigt, dass nicht nur die Intensivmedizin wichtig ist, sondern auch die Bedürfnisse des Kindes und seiner Eltern.

2.1.4. Die Eltern-Kind Interaktion

Der ungestörte Kontakt von Eltern und ihrem Frühgeborenen schafft die Basis für eine dauerhafte einzigartige Beziehung. Das Unterbrechen des Bondings durch die Klinikroutine hat Konsequenzen auf den Zustand des Kindes und auf das Verhalten der Mutter. Die innere Bindung, die Eltern zu ihrem Kind entwickeln, ist ein Prozess, für das ein Blick, enger Körperkontakt, Streicheln, Schmusen, Berührung und intensives Sprechen charakteristisch sind. Die Mutter-Kind Beziehung ist die wichtigste Beziehung in unserem Leben und hat Einfluss auf alle weiteren Beziehungen. Die psychosoziale Betreuung von Anfang an stabilisiert die Eltern als wichtigste Bezugspersonen, an denen sich das Kind in seiner Entwicklung nonverbal orientieren wird und hilft der Familie, sich mit der neuen Situation und den Zukunftsperspektiven vertraut zu machen. „Förderung der Eltern-Kind Interaktion und die neonatale stillfördernde Pflege spielen die wichtigste Rolle in der Eltern-Kind Bindung. Das Pflegepersonal der neonatologischen Intensivstation findet bezüglich der Eltern-Kind Interaktion als bedeutsamste Aufgabe die Schaffung einer Privatsphäre für die Eltern." (vgl. Matulníková, 2011). Porz betont diese konkreten Maßnahmen zur Verbesserung der emotionalen Regulation des Kindes und der Eltern-Kind Interaktion:

- Der Reizverarmung des Kindes entgegenzuwirken
- den Eltern zu helfen, sensibel und angemessen in der sozialen Interaktion mit ihrem Frühgeborenen umzugehen
- Den Eltern zu helfen, die emotionale Krise nach der Frühgeburt zu überwinden (vgl. Porz, 2004, 1-4).

2.2. Das Mesosystem

Das Mesosystem wird als Interaktion im Rahmen des Mikrosystems bezeichnet und durch die Beziehung zwischen der Familie und des Pflegepersonals definiert. Christ-Steckhan betont die Triangulation in der Eltern-Kind-Pflegepersonal Beziehungen (vgl. Christ-Steckhan, 2005, 204). Bei dem familienzentrierten Beratungsmodell handelt es sich um ein strukturelles psychosoziales Beratungskonzept, in dem sowohl die präpartale als auch postpartale Betreuung inbegriffen ist. Die Integration der Eltern in die Pflege und „bedside teaching" während des stationären Aufenthaltes spielt eine wichtige Rolle in der Bewältigung der Krise „Frühgeburt". So werden die Eltern zum Partner in der Betreuung ihres Kindes. Die Erhöhung der Elternkompetenz durch die frühzeitige Integration in die Pflege und die Schulung der Eltern (discharge teaching) sind die Bestandteile des familienzentrierten Beratungsmodells. Die Pflege auf der Neugeborenenintensivstation erfolgt nach dem Bezugspflegesystem. Die Pflegeperson stellt sich den Eltern als primärer Ansprechpartner vor und leitet die Eltern in der Versorgung ihres Kindes.

2.2.1. Känguru-Methode

Die „Kängurupflege" wird heute als essentiell für die Entwicklung frühgeborener Kinder angesehen. Vorteile des Hautkontakts, frühen Bondings und Känguruens sind wissenschaftlich gut belegt (vgl. Lawn, 2010, 144-154; Nyqvist, 2010, 21-28). Bei der Känguru Methode werden die Kinder nackt den Eltern direkt auf die nackte Brust gelegt. Durch diese Form des Haut zu Haut Kontaktes weinen die Kinder weniger und das Känguruen stimuliert sie zum Riechen, Schmecken und Saugen. Es fördert nachweislich den Stillerfolg: die Trinkmenge und die Stillfrequenz erhöht sich, die Milchproduktion ist stabiler und die Mütter stillen länger (vgl. VELB, 2006). Kinder fühlen sich wohler, geschützter und sind entspannter und stabiler. Vorteile der „Anti-Stress-Känguru Therapie":

- Förderung des frühen Bondings
- Intensive Eltern-Kind Beziehung
- Längere Schlafperioden
- Besserer Schutz vor Kältestress
- Stabile Vitalzeichen
- Kräftigeres Saugen
- Raschere Gewichtszunahme
- Höhere Stillfrequenz.

2.2.2. Stillen und Abpumpberatung

Erfolgreiches Stillen von Frühgeborenen ist von der Schaffung eines stillfreundlichen Umfelds abhängig. Dabei ist die Ernährung mit Muttermilch ein ganz wichtiger Aspekt. Durch die Gewinnung der Muttermilch kann die Mutter einen aktiven Beitrag für die Entwicklung ihres Kindes leisten. Das Stillen ist ein komplexes Geschehen, dass viele Faktoren stark beeinträchtigen kann. Bei frühgeborenen Kindern liegen besonders ungünstige Bedingungen vor:

- Überstimulation durch die Intensivtherapie
- die häufigen oralen Manipulationen (Absaugen, Magensonde)
- eine Störung der Saug-Schluck Koordination
- sensorische Deprivation durch die Inkubatorpflege
- Störungen der Eltern-Kind Interaktion.

Von Anfang an ist die sog. „Non-nutritive sucking" eine ersetzbare Methode, die zur Überwindung dieser Probleme beiträgt und früheres Stillen ermöglicht. Die Reifung der Saugkompetenz zeigt jedoch eine große individuelle Variabilität unabhängig vom Gestationsalter. Deshalb können für den oralen Fütterungsbeginn keine fixen Grenzen angegeben werden. Unsere Aufgabe ist es, die Mütter zum Stillen zu ermutigen und ihnen dabei zu helfen. Wichtige Faktoren für einen solchen Stillerfolg sind:

- frühes Anlegen
- Mitaufnahme der Mutter
- Unterstützung der familiären Ressourcen
- individuelle Stillberatung.

Die 5 Schritte nach Meier stellen einen Weg zum erfolgreichen Stillen von Frühgeborenen dar:

- Entscheidung zum Stillen/Pumpen
- Gewinnung, Sammlung und Aufbewahrung von Muttermilch

- Sondenernährung mit Muttermilch
- Stillen im Krankenhaus
- Stillen zu Hause (vgl. Biancuzzo, 2005, 265).

Das Stillen eines frühgeborenen Kindes ist eine große Herausforderung für die Mutter. Aus diesem Grund benötigen sie professionelle Unterstützung um die Vorteile des Stillens zu erkennen und zu genießen. Je mehr die Mutter in die Betreuung ihres Kindes einbezogen wird, um so intensiver entwickelt sich die Mutter-Kind Beziehung und um so sicherer geht sie mit ihm um.

2.2.3. Basale Stimulation

Durch die Integration der Basalen Stimulation in der Pflege wird versucht, den Mangel der frühgeborenen Kinder an Eigenerfahrung, Eigenbewegung und Auseinandersetzung mit der Umwelt zu kompensieren. Es wird ihnen ein Kontakt zur Außenwelt und zum eigenen Körper mit seinen somatischen, vestibulären, olfaktorischen, taktilhaptischen, auditiven und visuellen Wahrnehmungen ermöglicht. Es gilt, das Kind so wenig wie möglich in seiner Befindlichkeit zu stören und die Entwicklung eines biologischen Rhythmus, im Gegensatz zu einem Therapierhythmus zu fördern. Das Konzept nach Fröhlich und Bienstein umfasst:

- Wahrnehmung, Bewegung und Kommunikation angepasst an den Entwicklungsstand des Kindes
- Beobachtung und Erkennen von Bedürfnissen und Fähigkeiten vom Kind
- Gestaltung und Planung des Tagesablaufs
- Gestaltung von Aktivitäten
- Integration der Eltern in die Pflege
- Gestaltung der unmittelbaren Umgebung
- Schmerz- und Stressreduzierung
- Schutz vor Reizüberflutung und Monotonie (vgl. Friedlová, 2007).

2.2.4. Kinesthetics infant handling

Kinästhetik ist das Lernen durch Bewegung. Das Konzept von Kinesthetics infant handling kann helfen, die jeweilige Situation des Kindes zu analysieren und eine angepasste Unterstützung anzubieten. So können vorgeburtliche Lern- und Entwicklungsbedingungen nach der Geburt fortgesetzt werden. Dabei unterstützt die Bewegung die Integration aller anderen Sinne und gleichzeitig wird das Verhalten des Kindes beeinflusst. In der professionellen Pflege werden die sechs kinästhetischen Konzepte angewandt:

- Interaktion
- funktionelle Anatomie
- menschliche Bewegung
- Anstrengung
- menschliche Funktion
- Umgebung.

Durch Berührung und Bewegung können Kinder kommunizieren, bei täglichen Handlungen aktiv teilnehmen und sich sensorisch und motorisch besser entwickeln (vgl. Maietta, 2000).

2.2.5. Hilfe zur Entlassung

Das geregelte Entlassungsmanagement hilft den Eltern den Weg in die häusliche Situation optimal vorzubereiten und zu gestalten. Pflegerisches Entlassungsmanagement im stationären Bereich umfasst:

- Kompetenz der Eltern im Pflegealltag stärken (Basale Stimulation)
- Schulungen und praktische Anleitungen (Badeanleitung, Babymassage)
- spezielle Gesprächsangebote (Beratungsgespräche, Entlassungsgespräche)
- Gruppenangebote (Elterngruppe, Säuglingspflegekurs)

(vgl. Christ-Steckhan, 2005, 121).

Der Zeitpunkt für den Beginn der Entlassungsvorbereitung ist sehr individuell und hängt sowohl von den Bedürfnissen des Kindes als auch der Familie ab. Die gute Zusammenarbeit und Vernetzung im interdisziplinären Team ist unerlässlich.

Die Elternbeziehung und die unmittelbare Umgebung (Geschwister, Großeltern, Freunde) bilden das Exosystem von Neugeborenen. Das Makrosystem wird durch die Legislative, durch Leitlinien und Richtlinien im Rahmen von Screenings, Standards und Personalausbildung definiert. Die Überwachung der neonatalen Morbidität und Mortalität kann man als das Chronosystem bezeichnen. Auffälligkeiten in der Entwicklung des Kindes müssen so früh wie möglich erkannt und behandelt werden um Schädigungen zu minimieren. Deswegen müssen regelmäßige Kontrolluntersuchungen direkt nach der Entlassung begonnen werden (vgl. VanVleet, 2010, 1-2).

3. Schlusswort

Die ökologische Perspektive von Bronfenbrenner stellt das komplexe System von den Sozialinteraktionen vor, die der Person bei der Adaptation auf die Umgebung helfen. Die Familie als Mikrosystem beteiligt sich zumeist an der Entwicklung des Individuums. (vgl. Matulníková, 2009, 548-554). Das familienzentrierte Beratungsmodell in der neonatologischen Pflegepraxis humanisiert die Frühgeborenenpflege, fördert die Eltern-Kind Beziehung, beeinflusst die Entwicklung von Frühgeborenen positiv und ermöglicht den Eltern die aktive Teilnahme an der Kindesversorgung. Außerdem stellt die Gestaltung von Edukation-behavioralen Modellen einen wichtigen Faktor der Pflegequalität dar.

Literatur

Bronfenbrenner U. (2004): Appendix B. Bronfenbrenner´s Ecological Model of Child Development. Some Principles of the Ecology of Human Development. Urie Bronfenbrenner and the Ecology of Human Development. http://www3.uakron.edu/schulze/401/readings/BronfenbrennersEcologicalModel.pdf (15.8.2011).

Biancuzzo M. (2005): Stillberatung. München. Urban Fischer Verlag, München.

Lawn J. E., Mwansa-Kambafwile J., Horta B. L., Barros F. C., Counsens S. (2010): ,Kangaroo mother care' to prevent neonatal deaths due to preterm birth complications. Oxford Journals Medicine International Journal of Epidemiology, 39, 1, i144-i154. http://ije.oxfordjournals.org/content/39/suppl_1/i144.full (1.10.2011).

Friedlová K. (2007): Bazální stimulace v základní ošetřovatelské péči. Grada, Praha.

Heimlich A. (1997): Die ökologische Perspektive in der Entwicklungs- und Sozialisationsforschung nach Urie Bronfenbrenner. http://paedpsych.jk.uni-linz.ac.at:4711/LEHRTEXTE/Bronfenbrenner.html (1.11.2010).

Nyqvist K. H., Anderson G. C., Bergman N., Cattaneo A., Charpak N., Davanzo R., Ewald U., Ludington-Hoe S., Mendoza S., Pallás-Allonso C., Peláez J. G., Sizun J., Wiström A. M. (2010): State of the art and recommendations. Kangaroo mother care: application in a high-tech environment. Breastfeed Rev, 18, 3, 21-28. http://www.ncbi.nlm.nih.gov/pubmed/21226419 (1.10.2011).

Christ-Steckhan C. (2005): Elternberatung in der Neonatologie. E. Reinhardt Verlag, München.

Maietta L., Hatch F. (2011): Kinaesthetics Infant Handling. Hans Huber Verlag, Bern.

Matulníková L. (2009): Aplikácia ekologickej teórie v Mercerovej modely dosahovania materskej roly. In: Boledovičová M. (Hrsg.): Ošetrovateľstvo 21. storočia v procese zmien. Universität von Konstantin Filosof, Nitra, 548-554.

Matulníková L. (2011): Význam bondingu v postnatálnom období. Vortag im Rahmen des Symposiums Prenatálne dieťa, 12.-13.5.2011, Bratislava.

Porz F. (2004): Förderung der Eltern-Kind-Interaktion bei Frühgeborenen. http://www.familienhandbuch.de/cmain/f_aktuelles/a_gesundheit/s_709.html (5.1.2010).

Sparshott M. (2009): Früh- und Neugeborene pflegen. Stress- und schmerzreduzierende, entwicklungsfördernde Pflege. Hans Huber Verlag, Bern.

Young J. (1997): Frühgeborene: fördern und pflegen. Ullstein Mosby, Wiesbaden.

VanVleet M. W. (2010): The Ecology of Neonatology In Rhode Island: Improving Care For Newborns. http://www.rimed.org/medhealthri/2010-05/2010-05-132.pdf (1.10.2011).

VELB – Verband der Europäischen Still- und Laktationsberaterinnen (2006): Kangaroo Mother Care. http://www.velb.org/deutsch/docs/kanguroo-mother-care.pdf (10.11.2011).

Männer in der Pflege

SABINE SPERKER
WIEN

1. Theoretischer Hintergrund

„Das Geschlecht eines Menschen ist ein Merkmal, das nicht nur die biologische und sexuelle Entwicklung entscheidend beeinflusst, sondern auch für die psychosoziale Entwicklung eines Menschen große Bedeutung hat" (Alfermann, 1996, 7).

Ob und inwieweit das Geschlecht eines Menschen in der Arbeitswelt eine Rolle spielt, ist schon seit Jahrzehnten ein viel diskutiertes Thema. Geschlechtsunterschiede scheinen offensichtlich und werden durch die Aufteilung von Mann und Frau in unterschiedliche Arbeitsbereiche noch verstärkt wahrgenommen. Doch entspricht diese Aufteilung der Welt in einen männlichen und einen weiblichen Arbeitsbereich auch den wahren Interessen und Begabungen der beiden Geschlechter? Ist die Theorie des weiblichen beziehungsweise männlichen Arbeitsvermögens an der Realität orientiert, oder spiegelt sie lediglich stereotype Vorstellungen von typisch weiblich und typisch männlich wahrgenommenen Eigenschaften wider? Diese Fragen sind nicht einfach zu beantworten. Diverse empirische Studien[1] haben jedoch gezeigt, dass Geschlechtsunterschiede nicht bestätigt werden konnten und die Begabungen eines Menschen nicht an seinem Geschlecht ablesbar sind. Trotzdem gibt es sogenannte Frauen- oder Männerberufe, die für das jeweilige Geschlecht besonders attraktiv zu sein scheinen. Frauendominierte Berufe finden sich typischerweise in stark serviceorientierten oder sozialen Bereichen, wie der Pflege. Hier wird von einer „Feminisierung der Berufsbilder" gesprochen, die den Zustrom von Männern in diese Berufe stark einschränkt (vgl. Anker, 1998, 24-26).

Im gehobenen Dienst der Gesundheits- und Krankenpflege zeichnet sich ein eindeutiges Bild ab: Obwohl der Männeranteil von 1998 bis 2008 um 41,4% gestiegen ist, ist der Pflegeberuf nach wie vor eine eindeutige Frauendomäne. Von ungefähr 53.000

---

[1] Vgl. Trautner, 1991; Beall, 1993.

diplomierten Gesundheits- und Krankenpflegepersonen in ganz Österreich waren 2008 immer noch 86,6% Frauen. Hinzu kommt, dass Männer sich in bestimmten Bereichen der Pflege konzentrieren. So wies zum Beispiel die psychiatrische Gesundheits- und Krankenpflege im Jahr 2008 einen Männeranteil von 43,8% auf, während die Kinder- und Jugendlichenpflege einen Männeranteil von nur 1,2% verzeichnen konnte und es keine männlichen Hebammen gab (vgl. Statistik Austria, 2009, 70-71). Diese Zahlen zeigen einen eindeutigen Mangel an Männern in der Pflege. Dabei merkt Dorffner (1998, 99) an, dass die Krankenpflege „erst im ausgehenden 18. und im 19. Jahrhundert ... mit den vielfach propagierten ‚weiblichen Tugenden' in Verbindung..." gebracht wurde.

Wie es zur Geschlechtersegregation des Arbeitsmarktes kommt, hat viele mögliche Ursachen. Während akteurtheoretische Ansätze, wie die Sozialisationstheorien, die Ursache in erlernten Geschlechtsunterschieden suchen, führen strukturtheoretische Ansätze, wie die „Token-Theorie" von Kanter (1977), die Gründe für geschlechts- spezifische Unterschiede in der Berufswahl auf bestehenden Arbeitsbedingungen in verschiedenen Berufen zurück (vgl. Heintz et al., 1997, 25-26, 36-37).

Der strukturtheoretische Ansatz von Kanter (1977, 965) zeigt, wie die stereotype Wahrnehmung der Frau einen erheblichen Beitrag zur Geschlechtertrennung am Arbeitsmarkt leistet. Anker (1998, 22-23) zählt positive, negative und neutrale Ste- reotype über Eigenschaften von Frauen auf, die eine Ausgrenzung aus bestimmten Arbeitsmarktbereichen bewirken können. Positiv konnotierte weibliche Stereotype sind dabei Eigenschaften wie Fürsorglichkeit, Talent in hauswirtschaftlichen Tätigkeiten und Fingerfertigkeit. Durch diese zugeschriebenen Eigenschaften scheint die Frau besonders geeignet für pflegende und dienende Berufe, wie z.B. für den Beruf der Krankenschwester. Negativ konnotierte Stereotype sind vor allem mit Ängstlichkeit, geringerem Führungstalent und körperlicher Schwäche verbunden. Diese Art von Stereotypen bewirkt vor allem die Ausgrenzung von Frauen aus typischen Männer- domänen, wie z.B. Managementpositionen. Die stereotype Wahrnehmung von Frauen und den für sie passend erscheinenden Berufen kann allerdings auch Männer davon abhalten, in typischen Frauenberufen Fuß zu fassen. Neutral konnotierte Stereotype der Frau, wie die höhere Akzeptanz von Anweisungen und niedriger Bezahlung, beeinflussen wiederum die Rahmenbedingungen typisch frauendominierter Berufe. Diese sind meist durch niedriges Einkommen, niedrigen Status und hohe Flexibilität gekennzeichnet (vgl. ebenda, 23-27).

Im Rahmen der Theorie der sozialen Identität nach Tajfel und Turner (1986) wird die stereotype Wahrnehmung von Mann und Frau durch die Herstellung von Wertunterschieden zwischen Gruppen aufgrund des Bedürfnisses nach einem positiven Selbstkonzept erklärt (vgl. Tajfel, 1978, 61-64). Eine positive Bewertung der Eigengruppe ist nur durch sozialen Vergleich und damit nur durch Bewertung der Eigengruppe auf Kosten der Fremdgruppe möglich (vgl. Tajfel, 1978, 64). Somit kommt es vor allem dann zu einer stereotypgestützten Abgrenzung der Eigen- ge- genüber der Fremdgruppe, wenn die positive soziale Identität der Eigengruppe gefährdet scheint.

Interessant ist in diesem Zusammenhang auch die Beurteilung der Geschlechts-rollenorientierung. Sie beinhaltet Attribute, Interessen, Verhalten, Rollen und Ein-stellungen, die in das Selbstkonzept übernommen werden und die Person als Träger einer Geschlechterrolle ausmachen. Dabei gibt es nach dem Androgyniekonzept von Alfermann (1994) vier Ausprägungen: Feminine, maskuline, androgyne oder unbestimmte Geschlechtsrollenorientierung. Androgyne Typen sind jene, die sowohl positiv konnotierte männliche als auch positiv konnotierte weibliche Attribute und Verhaltensweisen zeigen, während die Unbestimmten auf beiden Dimensionen nied-rige Übereinstimmung mit den jeweiligen stereotypen Eigenschaften von Mann und Frau zeigen. Feminine und maskuline Typen schreiben sich dagegen hauptsächlich typische Merkmale ihres eigenen Geschlechts zu (vgl. Alfermann, 1996, 60).

Viele internationale Studien[2] beschäftigen sich mit der stereotypen Wahrnehmung von Frauen und ihrem eingeschränkten Zugang zu Führungspositionen. Vergleichs-weise wenige Studien gibt es dagegen über die Schwierigkeiten von Männern in Frauenberufen. Vor allem mögliche Stereotypisierungen und Vorurteile gegenüber Männern in Frauenberufen wurden meist nur am Rande untersucht. Dabei ist die größte Schwierigkeit, dass Männer in Frauenberufen meist als unmännlich oder sogar homosexuell stereotypisiert werden (vgl. Lupton, 2006, 45). In Österreich gibt es in dieser Richtung nur eine Studie, die sich allerdings auf die Altenpflege konzentriert (vgl. Kada, Brunner, 2009). Diese Studie beschäftigte sich mit der Geschlechtsrollen-orientierung von Männer in der Pflege in Form eines quantitativen Befragungsdesigns (n = 115) und der Stigmatisierung der Männer in der Pflege in Form einer qualitativen Befragung von 13 diplomierten Gesundheits- und Krankenpflegern und Pflegehel-fern. Die Ergebnisse der Untersuchung zeigten, dass sich Männer in der Altenpflege signifikant maskuliner beschreiben als andere Berufsgruppen und dass in Österreich noch sehr viele Vorurteile und Stereotype über die Pflege als typischer Frauenberuf mit niedrigem Ansehen vorhanden sind (vgl. ebenda, 105-107).

Dieser und weiterer Untersuchungen zum Thema „Männer in frauendominierten Berufen" aus Deutschland, der Schweiz und aus dem englischsprachigen Raum[3] ist gemein, dass sie – mit dem Ziel diese Berufe für andere Männer attraktiver zu machen – erforschen, welche geschlechtsspezifischen Barrieren die Berufswahl von Männern beeinflussen. Die vorliegende Studie verschiebt den Fokus dabei auf die Verantwortung des Personalmanagements und die Verbesserung der Situation bereits praktizierender männlicher Pflegekräfte. Daher war es Ziel dieser Untersuchung, folgende Forschungs-frage zu beantworten:

Fühlen sich Männer in der Gesundheits- und Krankenpflege aufgrund ihrer Unterrepräsentation in einem frauendominierten Beruf durch Geschlechter-stereotype benachteiligt?

---

[2] Diese Studien thematisieren unter anderem die horizontale Segregation des Arbeitsmarktes, die auch in Frauenberufen vorherrschend ist. (vgl. u.a. Kanter, 1977, 965-990; Yap und Konrad, 2009, 605-613).

[3] Vgl. Heintz et al., 1997; Cross und Bagilhole, 2002; Jinks und Bradley, 2004; Simpson, 2005; Kasiske et al., 2006; Lupton, 2006; Pullen und Simpson, 2009; McKinlay et al., 2010.

2. Methode

Zur Erhebung der Daten wurden 14 problemzentrierte Interviews geführt. Diese Art des Interviews wird in der qualitativen Sozialforschung für theoriegeleitete Untersuchungen verwendet, bei denen eine Problemanalyse an den Anfang gestellt wird. Es handelt sich dabei um offene, halbstrukturierte Interviews nach Mayring (1993, 48-49).

Zielgruppe der vorliegenden Studie waren diplomierte Gesundheits- und Krankenpfleger, die auf Stationen mit hohem Frauenanteil arbeiten. Zu allen Interviewteilnehmern wurde über die Pflegedirektion der jeweiligen Krankenanstalt Kontakt aufgenommen. Unter den teilnehmenden Krankenanstalten waren die Privatklinik Döbling und das Krankenhaus Hietzing mit Neurologischem Zentrum Rosenhügel.

Die Aufteilung der Interviewteilnehmer pro Krankenanstalt stellt sich wie folgt dar:

Tabelle 1: **Anzahl und Ausbildung der Interviewteilnehmer pro Krankenanstalt**

Privatklinik Döbling	2 Allgemeine Dipl. Gesundheits- und Krankenpfleger
	1 Diplomierter Intensivpfleger
Krankenhaus Hietzing mit Neurologischem Zentrum Rosenhügel	6 Allgemeine Dipl. Gesundheits- und Krankenpfleger
	1 Psychiatrischer Dipl. Gesundheits- und Krankenpfleger
	1 Diplomierter Intensivpfleger
	3 Stationsleiter

Zur Durchführung der Interviews wurde ein Interviewleitfaden verwendet, der je nach Situation in unterschiedlicher Reihenfolge abgefragt bzw. durch Ad-hoc-Fragen ergänzt wurde, um einen offenen Gesprächscharakter zu ermöglichen. Die Interviewteilnehmer waren zwischen 23 und 50 Jahre alt und zum überwiegenden Teil als einziger Mann auf ihrer Station tätig. Die Interviews wurden in einem Zeitraum von drei Wochen, während der Dienstzeit am Arbeitsort der Interviewpartner geführt und dauerten zwischen 50 und 110 Minuten.

Als Auswertungsverfahren wurde die strukturierende qualitative Inhaltsanalyse nach Mayring (1993, 86) verwendet. Ausgehend von der Bildung von Kategorien und Kodierregeln, zur genaueren Abgrenzung der Inhalte der einzelnen Kategorien, wurden alle Gespräche analysiert und Schritt für Schritt den unterschiedlichen Kategorien zugeordnet. Um zu einer zusammenfassenden Darstellung der Ergebnisse zu gelangen, wurden Übereinstimmungen und Widersprüche der Aussagen überprüft und dokumentiert. Zur Beantwortung der Forschungsfrage wurden die unten angegebenen fünf Auswertungs-Kategorien gewählt, um alle Aspekte einer möglichen Benachteiligung von Männern in der Pflege zu analysieren. Folgende Abbildung 2 soll die Auswertungs-Kategorien in ihrer Beziehung zur Fragestellung illustrieren.

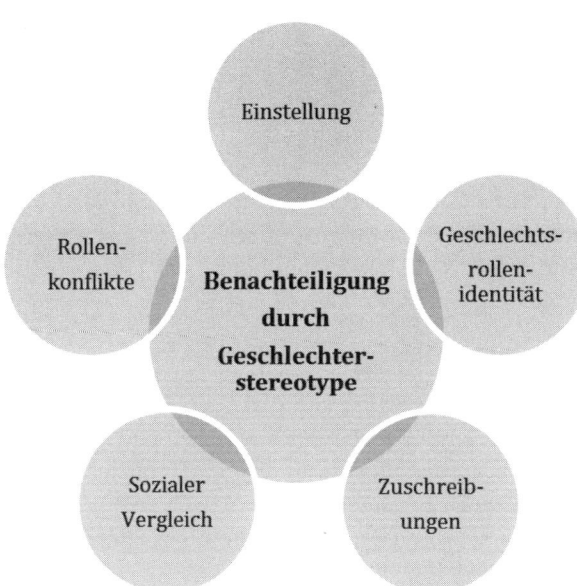

Abbildung 1: **Einflussfaktoren auf die Benachteiligung von Männern in der Pflege**

3. Ergebnisse

Auf die direkte Frage, ob sich die Befragten als Männer in der Pflege benachteiligt fühlen, folgte meist ein verständnislos fragender Gesichtsausdruck und die Gegenfrage: Benachteiligt? Wieso? Ganz im Gegenteil: Der Großteil der Befragten war überzeugt davon, keine Nachteile im Pflegeberuf zu haben, wie folgende Zitate veranschaulichen: *„Als Mann hat man es am schönsten in der Pflege, weil man einfach nur Vorteile hat."* / *„Ich sehe da gar keine Nachteile. Bis jetzt wurde ich nie benachteiligt. Besser behandelt ja, von weiblichen Kolleginnen vielleicht."*

Diese Aussagen zeigen, dass in der Arbeit im Krankenhaus kaum Ausgrenzungsversuche gegen Männer in der Pflege stattfinden. In jenen Bereichen, in denen Männer noch einen ausgeprägten Außenseiterstatus haben und die Geschlechtszugehörigkeit eine große Rolle spielt, wie z.B. in der Kinderkrankenpflege, sind Ausgrenzungsversuche aufgrund von Geschlechterstereotypen noch denkbar und wurden auch von zwei Interviewpartnern beobachtet: *„Manche Führungspersonen mögen einfach Männer nicht oder sagen die haben da nichts verloren. Das habe ich zum Beispiel auf Kinderabteilungen sehr stark zu spüren bekommen."*

Motive den Pflegeberuf zu ergreifen waren vor allem die Unzufriedenheit mit der ersten Berufswahl mit anschließender positiver Erfahrung als Sanitäter beim Bundesheer oder als Zivildiener und der Einfluss externer Instanzen, wie Berufsberatungen oder Krankenschwestern im nahen Umfeld. Auch die Versorgung der Familie wurde als Berufswahlmotiv genannt. Positiv auf die Berufswahl wirkten sich auch die leichte Zugänglichkeit und die Arbeitsplatzsicherheit des Pflegeberufes aus, wie folgendes

Zitat zeigt: *„Ich wollte einfach einen Job, der sicher ist, der gut bezahlt ist ... und ich wollte unbedingt was machen mit Leuten."*

Bezugnehmend auf die Geschlechtsrollenidentität ergab die Befragung, dass Intensivpfleger und Stationsleiter sich eindeutig mehr männlich konnotierte Eigenschaften zuschrieben, während sich die allgemeinen Krankenpfleger eher durch weiblich konnotierte oder geschlechtsneutrale Eigenschaften beschrieben. Das heißt, die befragten Krankenpfleger von allgemeinen Stationen tendierten eher zu einer femininen Geschlechtsrollenidentität als die befragten Intensivpfleger oder Stationsleiter. Am häufigsten genannte Stärken waren Einfühlungsvermögen bzw. Empathiefähigkeit und Kommunikationsgeschick. Weitere häufig genannte Stärken waren Genauigkeit, Teamfähigkeit, Geduld, Zuverlässigkeit und Kritikfähigkeit. Wobei die meistgenannten Eigenschaften eindeutig der weiblichen Geschlechterrolle zugeordnet werden können, während die restlichen Eigenschaften, wie Genauigkeit und Zuverlässigkeit, eher geschlechtsneutral sind. Als eindeutig männlich konnotierte Eigenschaften wurden vor allem körperliche Kraft und Durchhaltevermögen bzw. Belastbarkeit genannt. Folgende Zitate unterstützen die Vermutung, dass Männer in der Pflege eher eine femininere Geschlechtsrollenidentität besitzen: *„Ich glaube schon, dass viele Pfleger auch ziemlich viele Eigenschaften mitbringen, die man normalerweise den Frauen zuspricht."* / *„Wir können auch die weibliche Seite im Beruf besser ausleben."*

Die Untersuchung vorhandener Rollenkonflikte kann versteckte bzw. unbewuste Barrieren für Männer in der Pflege aufdecken. In diesem Zusammenhang zeigte sich in den Interviews, dass zwischen dem männlichen Selbstbild der Befragten und der weiblich konnotierten Berufsrolle ein innerer Zwiespalt besteht. Interessant ist die Untersuchung vorhandener Rollenkonflikte, um versteckte bzw. unbewusste Barrieren für Männer in der Pflege auszumachen. Zu beobachten war ein Konflikt zwischen dem Selbstkonzept der Befragten als karriereorientierte, ehrgeizige Männer und den Aufstiegsmöglichkeiten im Pflegeberuf. Diesen Konflikt beschrieben sie, wie folgt: *„Für mich gibt es eigentlich in diesem Job keine Zukunftsperspektive, was jetzt Karriere betrifft, aber ich bleibe in der Pflege, solange es mir Spaß macht."*/*„Die nicht vorhandenen Karrieremöglichkeiten stören mich."*/*„Der Karriereweg ist ganz geradlinig und kann nicht umgangen werden ... die Perspektive fehlt."*

Bei einem der Befragten äußerte sich ein Konflikt durch die fehlenden Identifikation mit der Rolle als Krankenpfleger bzw. als Mann in einem frauendominierten Beruf: *„Diese vorgeprägten Bilder in den Köpfen der Leute, sodass man manchmal ein bisschen ein komisches Gefühl hat, wenn man von seinem Beruf redet."*

Angesprochen auf die beobachteten Unterschiede zwischen den Geschlechtern wurde zunächst jeglicher Unterschied negiert, doch mit der Zeit kristallisierte sich heraus, dass sich die Befragten sowohl in der physischen und psychischen Belastbarkeit, im Umgang mit technischen Geräten, in der Arbeit im Team und mit KlientInnen, als auch in der Beziehung zu ÄrztInnen überlegen fühlen. Dass das Geschlecht im Pflegealltag durchaus eine Rolle spielt, wird vor allem in dieser Beschreibung der Unterschiede zwischen Krankenpflegern und Krankenschwestern deutlich: *„Mit der Situation, wenn wir schwierige Patienten haben, kommen auch wir Männer besser klar ... wenn sie ausfallend werden, das tut mir nichts. Frauen nehmen das persönlicher, da haben wir*

Männer schon einen Vorteil. "/"Dinge die mit technischen Neuerungen zu tun haben, sind schon eher in Männerhand."/"Wenn wir Männer im Dienst sind, dann ist der Dienst einfach viel ruhiger ... das sagen die Damen selber ... es rennt ein bisschen der Schmäh, es ist lockerer."/"Ärzte werden bei Schwestern schon schneller überheblich ... da haben es Frauen vielleicht schwieriger."." Folglich fiel der soziale Vergleich zwischen Krankenpflegern und ihren Kolleginnen aus Sicht der Männer durchwegs positiv aus.

4. Diskussion

Zielsetzung der vorliegenden Arbeit war es, die subjektiven Erfahrungen von diplomierten Krankenpflegern und ihre Rolle als Mann in einem frauendominierten Beruf genauer zu analysieren. Aufgrund des Minoritäten-Status, den Männer in der Pflege einnehmen, ist es von großem Interesse, ob Männer die gleichen, oder ähnliche Ausgrenzungserfahrungen machen wie Frauen in Männerberufen. Werden Männer in der Pflege aufgrund traditioneller Geschlechterrollenerwartungen oder aufgrund vorhandener Geschlechterstereotype anders behandelt als ihre Kolleginnen? Kommt es zu diskriminierendem Verhalten von Vorgesetzten oder KlientInnen? Welche Klischees werden bedient? All diese Fragen wurden in der vorliegenden Arbeit angesprochen und durch die Empirie versucht zu beantworten.

Die geschilderten Berufswahlmotive zeugen von der Macht erlernter Geschlechterrollen: Männer kommen meist erst durch das Scheitern in einem männlich konnotierten, meist handwerklichen, Beruf oder durch die direkte Erfahrung im Berufsfeld auf die Idee, einen als typisch weiblich wahrgenommenen Beruf zu erlernen. In Sozialisationstheorien wird dieser Umstand in den, durch Primärsozialisation erlernten, traditionellen Geschlechterrollen von Mann und Frau begründet, wonach Männer einen handwerklichen und Frauen einen sozialen Beruf erlernen sollten.

Im Großen und Ganzen fühlen sich die Befragten aber sehr wohl in ihrer „Außenseiterrolle" und betonen ihre männlichen Stärken. Bezug nehmend auf die Theorie der sozialen Identität nach Tajfel und Turner (1986) heißt das, dass die Vergleichsprozesse zwischen der Eigengruppe „Mann" und der Fremdgruppe „Frau" für die Eigengruppe positiv ausfallen. Dies wird in der Theorie der sozialen Identität in erster Linie durch die Herstellung einer positiven sozialen Identität und der damit einhergehenden Aufwertung des Selbstwertgefühls begründet (vgl. Herkner, 2001, 491). Das heißt, die befragten Männer betonen in besonderem Maße ihre geschlechtsspezifischen Stärken, um sich von den Frauen positiv abzugrenzen. Die angesprochenen Unterschiede zwischen Männern und Frauen in der Pflege spiegeln dabei allerdings die typischen Geschlechterstereotype wider. Das Bild vom starken Mann, der wenig Emotionen zulässt und bei körperlichen Arbeiten der Frau überlegen ist, entspricht dem männlichen Stereotyp, während die Beschreibung der Krankenschwestern eindeutig dem weiblichen Stereotyp der schwachen, emotionalen und intriganten Frau entspricht. Nach Tajfel (1978, 63-64) wählen die Männer hier genau jene Vergleichsdimensionen, auf denen sie besser abschneiden als ihre Kolleginnen. Die Schwächen der Frau werden also automatisch zu Stärken des Mannes.

Ein anderes Bild liefert die Wahrnehmung des gesellschaftlichen Ansehens des Pflegeberufes in Österreich. Das Fremdbild der Pflege wird fast durchgehend als negativ empfunden. Dabei spielt das „Geschlecht des Berufes" eine besonders große Rolle. Aufgrund der Assoziation von Weiblichkeit mit Unprofessionalität und Inkompetenz leidet der Ruf des Pflegeberufes, der in der Gesellschaft meist mit niedrigen Tätigkeiten und der Unterordnung unter die Ärzteschaft in Verbindung gebracht wird. Diese Klischees scheinen auch die Berufswahl der Interviewpartner beeinflusst zu haben, die zum Großteil erst über Umwege in den Pflegeberuf gefunden haben. Dafür spricht auch, dass das oben dargestellte Bild der Pflege in der Öffentlichkeit lediglich von den befragten Krankenpflegern wahrgenommene Zuschreibungen widerspiegelt und nicht der Realität entsprechen muss.

Die Barrieren für Männer, einen frauendominierten Beruf zu ergreifen, scheinen daher nicht unbedingt von außen zu kommen, sondern eher mit eigenen Geschlechterstereotypen und einer ausgeprägten männlichen Geschlechtsrollenidentifikation verbunden zu sein. Vorhandene Rollenkonflikte zwischen dem männlichen Selbstbild und der weiblich konnotierten Berufsrolle zeigen, dass ein innerer Zwiespalt besteht.

Die befragten Männer haben allerdings verschiedene Strategien entwickelt, um sich von dem weiblich konnotierten Bild der „aufopfernden Pflege" zu distanzieren. Folgende Coping-Strategien wurden in den Interviews genannt:
- Betonung der gelebten Professionalität im Pflegeberuf als eigenständiger Tätigkeitsbereich und der Emanzipation von der Ärzteschaft.
- Abgrenzung vom weiblichen Geschlecht durch die Betonung stereotyp männlicher Eigenschaften, wie der höheren physischen und psychischen Belastbarkeit, Durchsetzungsfähigkeit und Kompetenz der Männer in der Pflege.
- Abgrenzung durch die Bildung von sogenannten „Inseln der Männlichkeit"[4] in medizinisch-technischen oder administrativen Bereichen, wie z.B. der Intensivstation und der Stationsleitung, die der männlichen Geschlechterrolle am ehesten entsprechen und einen höheren Männeranteil aufweisen.
- Ausblenden der weiblich konnotierten Berufsrolle im privaten Leben durch strikte Trennung von Privatleben und Beruf.

5. Schlusswort

Zusammenfassend kann also gesagt werden, dass die befragten Männer sich weder als Außenseiter unter den Frauen wahrnehmen, noch haben sie das Gefühl, von Vorgesetzten oder KlientInnen benachteiligt zu werden. Das Geschlecht ist bei der Arbeit zwar durchaus relevant und Geschlechterstereotype beeinflussen teilweise auch die Arbeitsaufteilung, allerdings wird dies nicht negativ gesehen. Lediglich die gesellschaftliche Stereotypisierung des Pflegeberufes als feminin und die fehlenden Entfaltungsmöglichkeiten im Beruf scheinen für einige der Befragten ein Problem

---

[4] Kada und Brunner, 2009, 102.

darzustellen, dem sie mit unterschiedlichen Bewältigungsstrategien, wie der positiven Abgrenzung von Kolleginnen, begegnen.

Folglich hat der Minoritäten-Status bei Männern nicht die gleichen Auswirkungen wie bei Frauen. Dass es nur selten zur Benachteiligung oder Ausgrenzung von Männern kommt, kann laut Hofmann (2004, 161) vor allem auf die Höherbewertung männlich konnotierter Eigenschaften zurück geführt werden. Das heißt, die stereotype Wahrnehmung von Männern hat mehr positive als negative Konsequenzen in der Zusammenarbeit mit Frauen. Grenzziehungen gehen daher auch im Falle ihrer Unterrepräsentation eher von Männern aus. Sie sind es, die sich in bestimmten Bereichen der Pflege konzentrieren und nach Führungspositionen streben. Trotzdem birgt auch die Stereotypisierung von Männern immer Gefahren, wie z.B. die geschlechtsuntypischen Eigenschaften nicht wahrzunehmen, vorschnell Urteile zu fällen und die Person durch Fixierung auf Klischees in eine falsche Rolle zu zwängen. Nicht jeder Mann strebt z.B. nach einer Karriere im Management.

Obwohl aufgrund der geringen Größe der Stichprobe keine allgemeingültigen Aussagen über die generelle Situation von Männern in der Pflege gemacht werden dürfen, leistet die vorliegende Arbeit dennoch einen Beitrag zu den bereits vorhandenen Studien zu Barrieren für Männer in frauendominierten Berufen. Durch den Fokus auf innerbetriebliche Verbesserungen des Geschlechterverhältnisses durch gezieltes Gendermanagement zeigt diese Arbeit eine neue Herangehensweise an die geschilderte Thematik und erweitert so die bisherige Diskussion über die Steigerung der Attraktivität des Pflegeberufes für Männer.

Welche Implikationen liefert die vorliegende Arbeit nun für einen möglichen Handlungsbedarf in Theorie und Praxis?

Sogenannte Gender Trainings können dazu beitragen, die stereotype Wahrnehmung von Mann und Frau und das Verharren in traditionellen Geschlechterrollen zu überdenken und die TeilnehmerInnen für das Thema zu sensibilisieren (vgl. Burbach, Döge, 2006a, 187). Ein idealtypisches Gender Training setzt sich dabei aus einer Organisationsanalyse, einer Analyse der Organisationskultur, Theorie-Input, Biografiearbeit, Wahrnehmungsübungen und Interaktionsanalysen zusammen (vgl. ebenda, 190-192). Dabei wird sowohl die Organisation als Ganzes und der/die einzelne MitarbeiterIn auf direkte oder indirekte Benachteiligungen der Geschlechter aufmerksam gemacht. Auf dieser Basis können in der Folge Veränderungsprozesse eingeleitet werden. Dies könnte, die auch in dieser Studie beobachtete, stereotype Wahrnehmung der Geschlechter und vorhandene Geschlechtsrollenerwartungen in der Pflege, wie eine höhere technische Begabung und die Bevorzugung von körperlicher Arbeit bei Männern, vermindern helfen. Auch Rollenkonflikte zwischen dem männlichen Selbstbild und der weiblich konnotierten Berufsrolle könnten durch gezielte Reflexion über die Macht von Stereotypen vermindert werden. Durch die Betonung von Gemeinsamkeiten der Teammitglieder kann es nach dem Rekategorisierungsmodell (vgl. Gaertner et al., 1989) auch zur Bildung einer gemeinsamen Identität als „Gesundheits- und Krankenpflegepersonen", ohne Unterscheidung des Geschlechts, kommen.

Da aber das niedrige Ansehen der Pflege in der Öffentlichkeit und die damit verbundenen negativen Reaktionen des sozialen Umfelds vor allem für Männer eine wesentliche Zugangsbarriere darstellt, sind auch in Richtung „Imageaufwertung der Pflege" Maßnahmen zu setzen. Ein gelungener Imagewandel des Pflegeberufes sollte laut Kada und Brunner (2009, 108) „...nicht nur dazu führen, dass sich mehr Männer für die Pflege entscheiden, sondern auch dazu, dass diese Männer weniger negative Reaktionen und Stigmatisierung erleben...". Wie ein solcher Imagewandel erreicht werden soll, ist allerdings fraglich und gibt Anlass für zukünftige Untersuchungen zum Thema Imageaufwertung der Pflegeberufe vor allem im deutschsprachigen Raum.

Prinzipiell besteht im deutschsprachigen Raum noch Handlungsbedarf die Situation von Männern in der Pflege anhand größerer Stichproben zu analysieren, da ein Großteil der bisherigen Untersuchungen zum Thema aus dem angloamerikanischen Raum stammt. Aufgrund kultureller und struktureller Unterschiede der Organisation des Gesundheitswesens ist die Generalisierbarkeit der Ergebnisse nationaler Studien allerdings eingeschränkt, weshalb eine tiefer gehende Auseinandersetzung mit der österreichischen Situation durchaus angebracht scheint.

Literatur

Alfermann D. (1994): Im Einklang mit sich und dem Leben. In: Meesmann H., Sill B. (Hrsg.): Androgyn: Jeder Mensch in sich ein Paar!? Androgynie als Ideal geschlechtlicher Identität. Deutscher Studien Verlag, Weinheim, 73-91.

Anker R. (1998): Gender and Jobs: Sex Segregation of Occupations in the World. International Labour Office, Geneva.

Beall A. E. (1993): A social constructionist view of gender. In: Beall A. E., Sternberg R. J. (Hrsg.): The Psychology of Gender. Guilford Press, New York, 127-147.

Burbach C., Döge P. (Hrsg.)(2006): Gender Mainstreaming: Lernprozesse in wissenschaftlichen, kirchlichen und politischen Organisationen. Vandenhoeck und Ruprecht, Göttingen.

Cross S., Bagilhole B. (2002): Girls' Jobs for the boys? Men, masculinity and non-traditional occupations. Gender, Work and Organization, 9, 204-226.

Dorffner G. (1998): Männer und Frauen in der Krankenpflege. In: Seidl E., Walter I. (Hrsg.): Rückblick für die Zukunft. Beiträge zur historischen Pflegeforschung. Pflegewissenschaft heute, Bd. 5, Verlag Wilhelm Maudrich, Wien, 98-114.

Gaertner et al. (1989): Reducing intergroup bias: The benefits of recategorization. Journal of Personality and Social Psychology, 57, 239-249.

Heintz B. et al. (1997): Ungleich unter Gleichen: Studien zur geschlechtsspezifischen Segregation des Arbeitsmarktes. Campus Verlag, Frankfurt am Main und New York.

Herkner W. (2001): Lehrbuch Sozialpsychologie. 2. Aufl., Huber, Bern.

Hofmann R. (2004): Grundlagen der Gender- und Diversitätstheorien. In: Bendl R., Hanappi-Egger E., Hofmann R. (Hrsg.): Interdisziplinäres Gender- und Diversitätsmanagement: Einführung in Theorie und Praxis. Linde Verlag, Wien, 159-180.

Jinks A. M., Bradley E. (2004): Angel, handmaiden, battleaxe or whore? A study which examines changes in newly recruited student nurses' attitudes to gender and nursing stereotypes. Nurse Education Today, 24, 121-127.

Kada O., Brunner E. (2009): Men who care: Eine Mixed Methods Studie über die Situation Männern in der Altenpflege. Zeitschrift für Gerontopsychologie und -psychiatrie, 22, 101-110.

Kanter R. M. (1977): Some effect of proportions on group life: Skewed sex ratios and responses to token women. American Journal of Sociology, 82, 965-990.

Kasiske J. et al. (2006): Zur Situation von Männern in ‚Frauen-Berufen'. In: Krabel J., Stuve O. (Hrsg.): Männer in „Frauen-Berufen" der Pflege und Erziehung. Budrich, Opladen, 30-105.

Lupton B. (2006): Explaining men's entry into female-concentrated occupations: Issues of masculinity and social class. Gender, Work and Organization, 13, 103-128.

Mayring P. (1993): Einführung in die qualitative Sozialforschung: Eine Anleitung zu qualitativem Denken. Beltz, Weinheim.

McKinlay A. et al. (2010): Student nurses' gender-based accounts of men in nursing. Procedia Social and Behavioral Sciences, 5, 345-349.

Pullen A., Simpson R. (2009): Managing difference in feminized work: Men, otherness and social practice. Human Relations, 62, 561-587.

Simpson R. (2005): Men in non-traditional occupations: Career entry, career orientation and experience of role strain. Gender, Work & Organization, 12, 363-380.

Statistik Austria (Hrsg.)(2009): Jahrbuch der Gesundheitsstatistik 2008. www.statistik.at/web_de/dynamic/statistiken/gesundheit (3.10.2010).

Tajfel H. (Hrsg.)(1978): Differentiation between Social Groups: Studies in the Social Psychology of Intergroup Relations. Academic Press, London.

Trautner H. M. (1991): Lehrbuch der Entwicklungspsychologie: Theorien und Befunde. Hogrefe, Göttingen.

Yap M., Konrad A. M. (2009): Gender and racial differentials in promotion: Is there a sticky floor, a mid-level bottleneck, or a glass ceiling? Industrial Relations, 64, 593-619.

AutorInnen

Blumenberg Petra
Gesundheits- und Krankenschwester, Diplom-Pflegewirtin, Studium der Pflegewissenschaft (FH), Mitarbeiterin im Deutschen Netzwerk für Qualitätsentwicklung in der Pflege an der Hochschule Osnabrück

Duft Markus
Dr. med., Oberarzt der Chirurgie, Krankenhaus Göttlicher Heiland, Wien

Fortner Norbert
DGKP, WDM, Stationspfleger der Klinischen Abteilung für Gefäßchirurgie, Allgemeines Krankenhaus – Medizinischer Universitätscampus, Wien
Sonderausbildung für leitende Krankenpflegepersonen, Weiterbildung Wundmanagement, Gründungsmitglied der Österreichischen Pflegekonferenz
Präsident der Österreichischen Gesellschaft für vaskuläre Pflege, Wien

Galková Michaela
DGKKS, Mgr., Abteilung für Neonatologie, IMC, Allgemeines Krankenhaus – Medizinischer Universitätscampus, Wien, Studentin im PhD Programm, FZaSP Trnavaer Universität, Lektorin der Sonderausbildung für Neonatologie

Hagauer Stefan Peter
DGKP, Mag. phil., Studium der Pflegewissenschaft an der Universität Wien

Heindl Patrik
DGKP, Mag. phil., Studium der Pflegewissenschaft an der Universität Wien
Allgemeines Krankenhaus – Medizinischer Universitätscampus, Wien

Koňošová Helena
Univ.-Doz., PhDr., PhD. Vorständin und Programmleiterin für Pflegewissenschaft, VSZaSP St. Elisabeth, Bratislava

Kozon Vlastimil

Univ.-Doz., Dr., PhD., DGKP, WDM, Abteilung Organisationsentwicklung in der Pflege, Bereich klinische Pflegewissenschaft, Direktion des Pflegedienstes im Allgemeinen Krankenhaus – Medizinischer Universitätscampus, Wien

Lektor für Pflegewissenschaft an der Universität Wien, Stellvertretender Vorsitzender der Österreichischen Pflegekonferenz, Wien, Vizepräsident der Österreichischen Gesellschaft für vaskuläre Pflege, Wien

Krczal Eva

Mag., Dr., Doktorat im Wirtschafts- und Sozialwissenschaften mit dem Schwerpunkt Gesundheitsmanagement, Lehrgangsleiterin an der Donau-Universität Krems, davor Universitätsassistentin in der Abteilung für Öffentliche Betriebswirtschaftslehre an der Alpen Adria Universität Klagenfurt und Teaching Assistant an der Universität Bozen, Italien

Matulníková Ľudmila

Hebamme, PhDr., PhD., wissenschaftliche Mitarbeiterin, VSZaSP St. Elisabeth, Bratislava, wissenschaftliche Mitarbeiterin FZaSP Trnavaer Universität, Slowakei

Mittermaier Michael

DGKP, MAS, PhDr., Direktor des Pflegedienstes, Psychotherapeut, nebenberufliche Tätigkeit als Referent für die Themengebiete Kommunikation, Beratung, psychosoziale Aspekte der Pflege, Pflegemanagement, Personal- und Organisationsentwicklung, Wien

Nierlich Patrick

Dr. med., WDM, Abteilung für Thoraxchirurgie, Universitätsklinik für Chirurgie, Allgemeines Krankenhaus – Medizinischer Universitätscampus, Wien

Rogner Michael

DGKP, Mag. phil., Studium der Pflegewissenschaft an der Universität Wien, Arbeitsschwerpunkte Palliative Care, Demenz, Primary Nursing und Public Health, Pflegeexperte und Teamleiter – Liechtensteinische Alters- und Krankenhilfe (LAK), Vertreter im Palliativnetz Liechtenstein und Autor des Weblogs IPD (Impulse für Palliative Care und Demenz), Schaan, Liechtenstein

Seidl Elisabeth

Univ.-Prof., Dr. phil., DGKS, Weiterbildung in Pflegepädagogik/-management an der Kaderschule Zürich. Studium der Psychologie und Soziologie in Wien. 1975-1999 Direktorin des Pflegedienstes und der Gesundheits- und Krankenpflegeschule des Rudolfinerhauses. 1995 Habilitation in „Soziologie der Pflege" an der Universität Linz. 1992-2010 Leiterin der Abteilung Pflegeforschung des Instituts für Pflege- und Gesundheitssystemforschung der Johannes Kepler Universität Linz (IPG). 2005-2007 Vorständin des Instituts für Pflegewissenschaft an der Universität Wien

Sperker Sabine

Mag., Studium der Internationalen Betriebswirtschaft am Institut für Personalmanagement der Wirtschaftsuniversität Wien, zurzeit arbeitet sie im Personalmanagement für Zentral- und Osteuropa einer der größten Banken Österreichs

Walter Ilsemarie

MMag. Dr. phil., DGKS, Studium der Psychologie, Soziologie, Geschichte und Übersetzungswissenschaft an der Universität Wien. 1976-1992 Lehrerin an der Gesundheits- und Krankenpflegeschule des Rudolfinerhauses. Seit 1992 Tätigkeit in der Pflegeforschung am Institut für Pflege- und Gesundheitssystemforschung der Universität Linz. 2000-2008 Lehrbeauftragte an der Universität Wien

Vlastimil KOZON, Norbert FORTNER
(Herausgeber)

KOMPETENZ IN DER PFLEGE

ÖGVP Verlag
Wien 2012

Copyright © Österreichische Gesellschaft für vaskuläre Pflege, Wien 2012
Sekretariat: Wiener Medizinische Akademie, Alser Straße 4, A-1090 Wien
Buchbestellung unter www.oegvp.at, office@oegvp.at

Alle Beiträge in diesem Buch wurden fachlich rezensiert.

ISBN 978-3-9502178-5-8